考虑融资约束的资源配置DEA理论、方法及应用

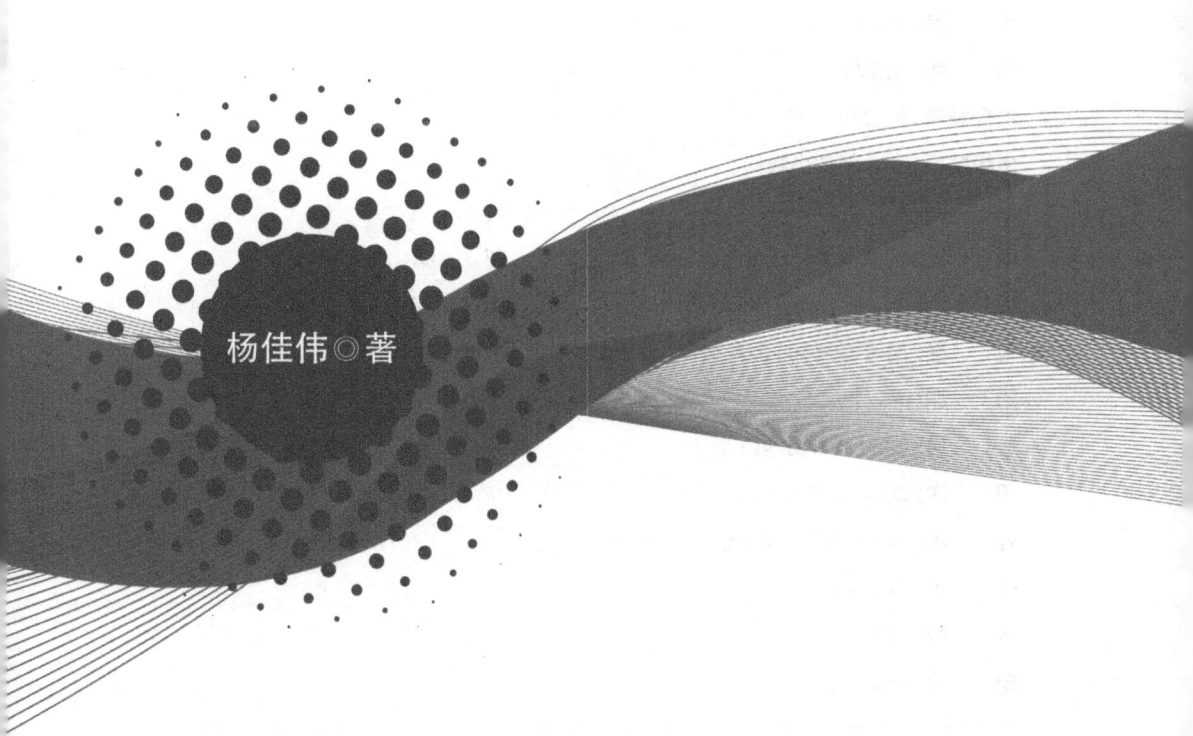

杨佳伟◎著

企业管理出版社
ENTERPRISE MANAGEMENT PUBLISHING HOUSE

图书在版编目（CIP）数据

考虑融资约束的资源配置DEA理论、方法及应用/杨佳伟著.
—北京：企业管理出版社，2024.8.—ISBN 978-7-5164-3114-6

Ⅰ.F124.5

中国国家版本馆CIP数据核字第2024VD4423号

书　　名	考虑融资约束的资源配置DEA理论、方法及应用
书　　号	ISBN 978-7-5164-3114-6
作　　者	杨佳伟
策　　划	寇俊玲
责任编辑	寇俊玲
出版发行	企业管理出版社
经　　销	新华书店
地　　址	北京市海淀区紫竹院南路17号　　邮　　编：100048
网　　址	http://www.emph.cn　　电子信箱：1142937578@qq.com
电　　话	编辑部（010）68411408　　发行部（010）68701816
印　　刷	北京亿友数字印刷有限公司
版　　次	2024年8月第1版
印　　次	2024年8月第1次印刷
开　　本	710毫米×1000毫米　　1/16
印　　张	11印张
字　　数	140千字
定　　价	68.00元

版权所有　　翻印必究　·　印装有误　　负责调换

前 言

资源的有效配置是企业或组织在市场中获取竞争优势的重要条件。无论是企业内部资源的优化配置，还是全球碳排放配额的分配，合理地配置资源已成为现实生活中一种常见且重要的决策问题。数据包络分析（DEA）作为一种非参数效率评价工具，已被广泛应用于资源配置、效率测度和目标设定等方面。近年来，基于 DEA 的资源配置研究取得了重要进展，并成功应用于固定成本分摊、碳排放配额分配和生产计划等项目中。然而，现有研究绝大多数从内部控制视角讨论资源配置相关问题，忽略了融资约束等外部因素对整个资源配置过程的影响。基于此，本书主要从融资约束视角出发，探讨非参数 DEA 框架下的资源配置系列问题，主要研究内容及研究结果有以下几方面。

（1）通过将融资约束纳入基于 DEA 的资源配置框架中，提出了一种考虑融资约束的资源配置 DEA 新方法（以下简称 FRA-DEA）。具体而言，在分散式场景下，构建了相应的分散式 FRA-DEA 模型，揭示了潜在利润增长与外部融资策略之间的关系。同时，还定义了融资利润概念，并证明融资利润递增是潜在利润增长的充分条件。此外，进一步将模型扩展至集中式情形，提出了集中式 FRA-DEA 模型，并在此基础上提出了新的集结利润无效率指数分解方法。最后通过实例验证其方法的可行性和有效性。

（2）考虑现实中普遍存在的需求不确定性情形，对确定 FRA-DEA 模型方法进行了理论扩展。具体而言，首先，在传统生产可能集构造方法的基础上，重新定义了一种新的截断需求生产可能集；同时，通过刻画存货及销量损失，构建了考虑需求不确定性的分散式 FRA-DEA 模型。其次，将考虑需求不确定性的分散式 FRA-DEA

模型扩展至集中式形式，并对分散式和集中式模型的非线性约束进行了线性化转换。最后，通过一个算例和实际应用对所提的方法进行了理论验证。

（3）考虑实际生产过程可能同时包含期望产出和非期望产出情形，提出了考虑非期望产出的 FRA-DEA 模型。具体而言，以"碳减排"任务分配为背景，首次尝试从融资约束视角探讨存在碳排放交易的最优"碳减排"任务分配决策问题。同时，为缓解个体"碳减排"分配过程中碳配额供需不匹配问题，构建了一种最大化决策单元"满意度"的碳配额"协商"模型。进一步，从实证角度验证了方法的可行性与优越性，研究发现通过适时引入融资扩张策略可以实现"碳减排"过程中资源的最优利用。

（4）考虑到现实中生产过程并非只是包含初始投入和最终产出的单阶段系统，本书提出了打开资源配置"黑箱"的两阶段 FRA-DEA 模型。以"生产—工业废水污染控制"系统为例，研究了融资约束对这一系统资源配置的影响。同时，为帮助决策者设置具体的融资信贷额，确定了提供连续生产方案的信贷额上下界，并在一定程度上识别了传统资源配置过程可能存在无解的情形。实证结果发现，消除技术无效率是保证有效资源配置过程的重要环节，而忽视融资扩张可能性将会降低其资源配置"利润"，并最终会影响整体"利润"水平。

本书在模型构建和结果意义阐述方面难免存在一些不足和疏漏之处，恳请各位专家、学者和读者提出宝贵意见，以便在今后的研究中不断改进和完善。

杨佳伟
2024 年 5 月

目 录

※ **第一章　绪论** ··· 1
　第一节　研究背景与研究问题 ····························· 1
　第二节　研究方法与研究内容 ····························· 6
　第三节　研究意义与研究贡献 ····························· 9
　第四节　本章小结 ····································· 14

※ **第二章　文献综述** ··································· 15
　第一节　融资理论及其相关研究 ··························· 15
　第二节　资源配置 DEA 理论及其相关应用研究 ··············· 18
　第三节　不确定性 DEA 方法及其相关应用研究 ··············· 22
　第四节　考虑非期望产出的 DEA 方法及其相关应用研究 ······· 25
　第五节　两阶段 DEA 方法及其相关应用研究 ················· 30
　第六节　本章小结 ····································· 35

※ **第三章　考虑融资约束的资源配置 DEA 框架** ············· 38
　第一节　研究背景 ····································· 38
　第二节　研究方法 ····································· 42
　第三节　应用研究 ····································· 55
　第四节　本章小结 ····································· 63

※ 第四章　考虑不确定需求融资约束的资源配置方法及应用 … 65
- 第一节　研究背景 …………………………………………… 65
- 第二节　研究方法 …………………………………………… 68
- 第三节　算例分析 …………………………………………… 75
- 第四节　应用研究 …………………………………………… 80
- 第五节　本章小结 …………………………………………… 85

※ 第五章　融资约束 DEA 模型在碳减排任务分配中的应用 …… 86
- 第一节　研究背景 …………………………………………… 86
- 第二节　相关文献评述 ……………………………………… 88
- 第三节　研究方法 …………………………………………… 91
- 第四节　应用研究 …………………………………………… 103
- 第五节　本章小结 …………………………………………… 114

※ 第六章　两阶段 FRA-DEA 方法及其应用 ……………………… 116
- 第一节　研究背景 …………………………………………… 116
- 第二节　研究方法 …………………………………………… 121
- 第三节　贷款上下界 ………………………………………… 131
- 第四节　应用研究 …………………………………………… 134
- 第五节　本章小结 …………………………………………… 144

※ 第七章　结论与展望 …………………………………………… 145
- 第一节　研究结论 …………………………………………… 145
- 第二节　研究展望 …………………………………………… 146

※ 参考文献 ………………………………………………………… 148

第一章 绪论

随着市场逐渐成熟，如何提升企业竞争力已成为理论界和实践界的关注热点。一直以来，资源配置都被视为企业的关键决策对象，有效地配置资源也被视为推动企业生产力增长的重要力量（Chen and Zhu，2011）。近年来，基于数据包络分析（DEA）方法的资源配置研究取得了重要进展。然而，现有研究主要聚焦于内部资源配置，较少探讨融资约束等外部因素对资源配置决策的影响。因此，本章首先简要概述融资约束和资源配置相关的理论和现实背景，并据此引出本书的主要研究问题和子问题。其次，根据不同的应用场景，描述本书的主要研究内容。再次，针对不同研究问题，提出相应的解决方法，并搭建具体的研究内容框架。最后，从理论和实践角度阐述了本书选题的研究意义，并对本书的主要研究贡献进行梳理和提炼。

第一节 研究背景与研究问题

一、现实背景

资源配置决策在实际应用中扮演着重要角色。有效的资源配置不仅有助于实现资源的最优利用，还能提升企业的比较优势。然而，实际资源配置问题面临各种限制条件和外部环境影响。因此，研究如何在复杂多变的市场环境下进行科学合理的资源配置，以提高企业的适应性和应对能力，具有重要意义。除了企业的微观层面，有效的资源配置在宏观层面如相关产业中也起着重要作用。根据国家统计局的数据，我国 2023 年的 GDP 超过 126.06 万亿元，经济总量居世界第二位。然而，中国经济的快速发展背后仍存在许多挑战，其中资源的不当配置或资源错配是影响中国未来经济发展的重要因素。例如，Hsieh 和 Klenow（2009）指出，如果中国能够达到美国的资本和劳动要素配置水平，那么中国制造业在 1998—2005 年间的全要素生产率将提高 30%～50%。因此，有效的资源配置对中国未来经济发展的潜力和质量均具有重要的影响。进一步地实施有效资源配置实践，在一定程度上可以为中国跨越"中等收入陷阱",实现从"中等收入"国家向"高收入"国家的转变提供强有力的保证。

二、理论背景

(一) 非参数 DEA 方法与资源配置

数据包络分析（Data Envelopment Analysis，DEA）是一种基于数学规划技术的非参数方法，最早由 Charnes 等（1978）提出，并被广泛应用于金融、环境、航空、教育等领域。DEA 方法具有多个优势：①它能够评价涉及多个投入和多个产出决策单元（Decision Making Units，DMUs）的相对效率；②DEA 方法不需要事先确定生产前沿函数的具体形式，因此，评价结果较为客观；③DEA 方法是一种数据驱动方法，通常可以转化为线性规划模型进行求解，因此计算过程具有较好的可操作性。鉴于 DEA 方法的诸多优势，许多研究者开始应用 DEA 方法解决资源配置问题。

国外的研究中，Golany 等（1993）首先提出了一系列针对资源配置问题的非径向投入导向 DEA 模型。这些模型在宏观层面上旨在优化组织的整体利润水平和技术效率。随后，Golany 和 Tamir（1995）通过对 DEA 方法进行理论扩展，研究了资源配置决策中效率、有效性和公平性三大目标的权衡问题。Korhonen 和 Syrjänen（2004）对 Golany 等（1993）及 Golany 和 Tamir（1995）的思想进行了一般化和理论扩展，并据此提出了一种交互式 DEA 模型，该模型结合了多目标线性规划技术，以确定符合决策者偏好的资源配置方案。此外，Fang 和 Zhang（2008）应用多目标线性规划技术，提出了一种新的集中式资源配置 DEA 模型。他们认为，在最大化整体组织集成效率的同时，也需要关注每个决策单元的个体效率。

国内的研究中，毕功兵等（2013）提出了一种考虑多期生产过程的动态资源配置 DEA 模型，并将其应用于企业的实际生产计划。柴磊和赵定涛（2016）针对银行的并联生产系统效率评价和资源配置问题，提出了一种基于总体效率最大化原则的并联系统资源配置 DEA 模型。张晓明等（2018）基于改进的 DEA 模型，研究了创新型企业的资源优化配置问题，并通过重新分配关键资源，提出了三种资源配置 DEA 模型，分别用于实现关键投入的最小化、重要产出的最大化，以及关键投入和重要产出的同时最优化等目标。

(二) 融资约束与资源配置

根据经典的 M-M 理论（Modigliani and Miller，1958），在完美资本市场的

假设下，企业的资本结构和流动性与其投资行为无关，此时企业可以自由获取所需的资本。然而，后续研究发现，现实中并不存在 Modigliani 和 Miller (1958) 所描述的完美资本市场（卢太平和张东旭，2014）。在不完全市场中，内部和外部资本市场的资本成本并不相同，企业在获取外部资本时往往需要支付较高的成本，其与内部资本的获取方式有所不同，从而对企业形成了一定的融资约束。例如，根据世界银行集团的企业调查报告的结果显示，在覆盖139个国家的13.1万个企业中，接近26.5%的企业将融资约束视为企业的主要限制因素（Zhou et al., 2020）。

在国内外竞争逐步加剧、市场不确定性增大的背景下，企业迫切需要从低效率的资源配置方式转向高效率的资源配置方式。资源的有效配置成为帮助企业获得比较优势、提升全要素生产率的关键（罗知和张川川，2015）。根据 Hsieh 和 Klenow (2009) 的研究，如果中国的资本和劳动要素配置能够达到美国的水平，制造业的全要素生产率将提高30%~50%，而如果中国能够避免资源错配现象，总产出水平可能提高110%。Brandt 等（2013）进一步研究发现，资源错配导致中国1985—2005年间的全要素生产率年均下降约30%。

鉴于有效资源配置的重要性，研究者从不同角度广泛研究了各种情境下的资源配置问题，旨在为资源配置决策提供理论指导。一方面，研究者通过分析资源配置效率状况，探索提高资源配置效率的路径和方法（Korhonen and Syrjänen, 2004）。另一方面，现有研究通过研究资源错配程度，试图找出资源错配的主要原因（盖庆恩等，2013；Walheer and Hudik, 2019）。然而，目前较少有研究从融资约束视角探讨其对资源配置决策的影响。换言之，现有研究主要基于传统的 M-M 理论，未充分考虑企业在内部和外部资本获取方面的差异性。

在实证研究领域，研究者广泛研究了各种情境下的资源配置问题，旨在为资源配置决策提供理论指导。例如，Jaud 等（2018）发现，在实体经济中，金融机构和金融市场对改善资源配置起到积极作用。类似地，Almeida 和 Wolfenzon (2005) 发现，通过增加企业的外部融资需求，可以有效改善企业的分配效率，尤其是在资本分配受限时。然而，在非参数 DEA 框架中，探索融资约束对基于 DEA 的资源配置决策的影响却较为少见。

目前，基于 DEA 的资源配置过程可以分为三类。第一类研究假设投入资源不受限，旨在分析理想情形下资源的最优配置决策。例如，Wu 等（2016）研究的"碳减排"任务分配过程中，假设投入资源可变且不受约束，只需确保投入资源构成的生产组合在生产可能集范围内。第二类研究假设投入资源上界为当前观测水平，旨在从事后角度研究资源的最优配置。例如，Wang 等

(2016)研究的碳排放交易的潜在得益,假设投入资源上界为当前观测水平,通过期望产出最大化 DEA 模型,确定最优碳排放水平。第三类研究聚焦于内部控制过程,假设投入资源受限于内部预算约束(Lozano et al.,2011)。然而,Lozano 等(2011)提出的集中式资源配置 DEA 模型存在两个不足之处:一是将预算视为无成本的扩张来源,与实际情况不符;二是模型可能存在无解情形。实际上,企业除了通过内部融资渠道获取资本外,还可以通过外部融资渠道(如贷款融资)补充资本金。另外,仅考虑预算约束的模型还可能低估收益,例如在销售旺季,若预算设置过低可能降低生产规模,影响下一个销售季节的绩效。因此,忽视这种潜在融资策略的影响,不仅会影响企业短期收益水平,还可能对企业的长期竞争力产生负面影响。

三、研究问题

基于上述研究背景,本书旨在基于非参数 DEA 框架研究融资约束对资源配置过程的影响。为了全面分析和探讨研究问题,本书提炼出以下几个子问题。

(1)非参数 DEA 框架下,融资约束是否影响有效资源配置过程?若有影响,主要原因是什么?

一般而言,常见的外部融资渠道包括负债融资,具体可参考"委托—代理"理论。根据该理论,许多研究者认为负债融资能够减少委托人(股东)和代理人(经理)之间的利益冲突。例如,为了获取高于市场水平的薪酬和激励,代理人(经理)可能选择投资那些扩大企业规模,但盈利能力未必最优的项目。但是,负债融资可以抑制这种过度投资行为,从而在一定程度上缓解委托人和代理人之间的利益冲突(童盼和陆正飞,2005)。在资源配置过程中,传统的资源配置模型没有考虑融资约束,即假设资源是无限且无成本的。这可能导致"过度投资"现象。因此,从理论和实践角度来看,消除资源错配并确定无偏资源配置方案至关重要。一方面,考虑外部融资的可能性使得资源配置模型更加实际和可行,从而使相应的资源配置决策更具科学性和合理性。另一方面,在得到考虑融资约束的资源配置方案后,决策者还可以深入分析内外部因素对资源配置决策的影响,从而更有效地探索实际资源配置无效率的主要原因。

(2)如何制定适应不确定需求的资源配置决策?进一步地,融资约束是否对不确定情境下的资源配置过程产生影响?如果是,又该如何设计相应的资源配置方案?

需求的不确定性是当今竞争激烈环境中的一个显著特征(Asadpour et

al., 2020)。然而, 传统的资源配置 DEA 模型主要基于确定性的研究框架, 即假设生产过程没有任何不确定性。然而, 在实际情况中, 企业的投入产出决策可能受到市场需求不确定性的限制。例如, 由于供求关系的不匹配, 企业生产的产品可能无法完全销售, 导致库存积压。在供应链中的上下游关系中, 上游供应商（如季节性产品制造商）拥有私有信息, 而下游零售商（如消费品零售商）则掌握即时市场需求等私有信息。因此, 对于上游供应商而言, 决策者面临的不确定性可能来自市场需求; 而对于下游零售商而言, 决策者面临的不确定性可能来自资源供应的不确定性。在这种情况下, 研究不确定性需求对资源配置决策的影响不仅可以进一步验证方法的有效性和鲁棒性, 还可以为企业缓解需求不确定性带来的影响提供理论支持。在研究不确定性需求对资源配置决策的影响时, 本书不仅能够验证方法的有效性和稳健性, 而且能够为企业提供理论支持, 以应对需求不确定性带来的影响。

（3）当生产过程涉及非期望产出时（如碳减排任务分配）, 融资约束是否对此情境下的资源配置决策产生影响? 如果是, 决策单元应如何协调生产?

传统的 DEA 模型假设所有产出为期望产出, 但在现实中, 生产过程不可避免地会产生一些非期望产出。例如, 在环境绩效评价中, 除了经济产出等期望产出以外, 还需要考虑废气和废水排放等非期望产出。虽然理论界对非期望产出进行了广泛的理论和应用研究（Dakpo et al., 2016）, 但遗憾的是, 鲜有研究从融资约束视角探讨其对考虑非期望产出的资源配置决策的影响。然而, 在现实中, 企业和政府为应对气候变化、支持节能环保建设, 积极参与绿色金融领域, 为环保和清洁能源等领域提供金融服务。例如, 百事可乐公司于 2019 年发行了 10 亿美元面值的绿色债券, 所筹集的资金将用于减少原生塑料的使用。在这种背景下, 将融资约束决策拓展至碳减排任务分配研究, 不仅可以提供实际可行的污染减排任务分配方案, 还可以加强实体与资本市场之间的互动, 为实现节能减排目标提供更多的技术支持。

（4）当生产过程涉及两个子系统时, 融资约束对两阶段资源配置决策的影响是怎样的? 以"生产—污染控制"两阶段系统为例, 融资约束是否对这两阶段系统产生积极影响? 决策单元获取外部融资的能力如何影响该系统的最优资源配置决策?

目前, 大部分基于 DEA 框架的资源配置决策都是基于单阶段 DEA 模型。这类模型将决策单元视为一个"黑箱", 忽略了其内部结构和子系统的生产情况。然而, 在实际生产过程中, 往往存在两个或多个子生产过程（Yu et al., 2016）。举例来说, 研究表明银行运营及相关产业通常包括资本积累和投资等两个子生产过程（Wang et al., 1997）。特别地, Charnes 等（1986）首次讨论了多阶段生产运营的绩效评价，他们发现军队招募至少包括两个子过程：一是通过发布广告来培养人们参军的意识；二是签订具体的合同。通过将大型生产运营分解为具体的子生产过程，决策者能够确定相应投入要素对整体运营的实际影响。类似地，在采用 DEA 方法进行资源配置时，打开决策单元内部的"黑箱"同样有助于分析资源在多阶段生产系统中的分配和利用等问题。因此，将融资约束纳入两阶段资源配置 DEA 框架中，不仅在一定程度上克服了传统两阶段资源配置过程中忽略融资约束的不足，而且为进一步探索决策单元内部资源的最优分配提供了有益的参考和借鉴。

第二节　研究方法与研究内容

一、研究方法

针对所提出的研究问题，本书采用了融合数学建模和实证研究的混合研究方法，以确保研究的规范性和结论的可靠性。具体而言，本书主要运用文献研究法、数据包络分析方法及实证研究法。通过综合应用这些方法，本书可以全面而深入地探讨融资约束对资源配置决策的影响。

（一）文献研究法

通过系统地收集、整理和评价以及与数据包络分析、资源配置、融资约束等主题相关的文献，本书总结现有研究成果并发现相关理论研究的空白和潜在研究方向。具体研究过程包括：确定研究目标、搜集文献、筛选文献、分析和整理文献、撰写文献综述等。主要文献来源包括相关领域的权威期刊，如《经济研究》《管理世界》等。

（二）数据包络分析方法

DEA 方法是一种非参数效率评价方法，用于衡量决策单元（如企业、组织或个人）的相对效率，并确定最优效率水平。DEA 方法的基本原理是将决策单元的输入和输出转化为一个线性规划模型，通过计算决策单元的相对效率得分进行效率评价。DEA 方法被广泛应用于资源配置和标杆识别等领域。资源配置 DEA 方法在不预先设定前沿函数形式的前提下，通过数据驱动的方式，为优化资源配置和推动有效资源配置决策提供技术支持。

（三）实证研究法

实证研究法通过观察、测量和分析实际数据，对现象进行客观描述、解释和预测。此方法强调对真实世界的观察和实际数据的使用,以验证理论假设、探索因果关系,并提供实际问题的解决方案。例如,本书将所提出的方法应用于快餐店的资源配置实例,通过预设的分散式和集中式场景,分析了以利润最大化为目标的饭店管理者在不同情境下的最优资源配置方案。同时,还分析了不同分配策略对个体和集中式管理者经营利润的影响。

二、研究内容

本书基于非参数 DEA 框架,从方法扩展和理论应用两个层面探讨了融资约束对资源配置决策的影响。全书共分七章,主要内容如下。

(一) 绪论

介绍研究背景、研究、方法。通过融资约束视角下的资源配置决策重要性这一现实背景,引出本书的研究问题和研究方法,并详细阐述了本书的研究意义和贡献。

(二) 文献综述

对相关理论进行综述,包括融资理论、资源配置 DEA 理论、考虑不确定性因素的 DEA 理论、考虑非期望产出的 DEA 理论和两阶段 DEA 理论。通过分析现有研究脉络和识别研究缺口,突出本书的研究价值和贡献。

(三) 考虑融资约束的资源配置 DEA 框架

从分散式角度提出一种考虑融资约束的资源配置 DEA 模型(FRA-DEA 模型),并引入"融资利润"概念。进一步将模型扩展至集中式情形,并提出新的集结利润无效率指数分解方法。通过餐馆实例验证模型的有效性和可行性。

(四) 考虑不确定需求融资约束的资源配置方法及应用

从分散式视角提出考虑需求不确定性的分散式融资资源配置 DEA 模型,并扩展至集中式情形,提供技术指导。通过实例验证模型的有效性和结果。

(五) 融资约束 DEA 模型在碳减排任务分配中的应用

构建分散式"碳减排"FRA-DEA 模型和碳配额"协商"模型,并将方法扩展至集中式情形,为碳减排任务分配提供理论指导。通过实证验证方法的可行性和优越性。

（六）两阶段 FRA-DEA 方法及其应用

以"生产—工业废水污染控制"系统为例，研究融资约束对两阶段资源配置的影响。提出两阶段 FRA-DEA 模型，并确定信贷额度的上下界，为决策者提供决策支持。

（七）结论与展望

对前面章节的研究内容进行总结，阐述研究结论的理论意义和实践贡献。分析研究的局限性和不足，并提出未来研究的方向。

三、本书的主要结构

以非参数 DEA 理论为基础，研究融资约束对基于 DEA 的资源配置决策的影响。首先阐述了有效资源配置过程的重要性，回顾现有理论研究，识别当前研究缺口，并引出本书的四个主体研究章节。

第一个主体章节提出了考虑可能融资策略的非参数资源配置 DEA 模型（FRA-DEA 模型），重点讨论分散式和集中式情境下的资源配置决策问题。同时，提出了一种新的利润无效率分解方法，为决策者和管理者提供决策单元利润效率的理论支持。

第二个主体章节在 FRA-DEA 框架基础上进一步考虑需求不确定性对融资资源配置决策的影响。通过构建"截断需求生产可能集"，提出了一种权衡需求不确定性和利润最大化目标的资源配置 DEA 模型。通过算例和实际应用研究，阐明了外部融资对缓解需求不确定性的作用。

第三和第四个主体章节在第一个主体章节基础上进行理论拓展和实证研究。第三个主体章节进一步区分期望产出和非期望产出，并构建了考虑非期望产出的 FRA-DEA 方法。将该方法应用于"碳减排"任务分配实践，丰富了考虑非期望产出的 DEA 理论研究和应用。

第五个主体章节在单阶段 FRA-DEA 框架的基础上，从两阶段视角考虑融资资源配置问题。将该方法应用于"生产—工业废水污染控制"系统的资源配置实践，为外部融资参与污染控制活动提供理论支持和经验证据。

最后，全面总结了本书的研究工作，并提出未来研究方向，基于四个主体章节的研究内容。通过这些工作，本书深入探讨了融资约束对资源配置决策的影响，并为相关领域的研究和实践提供了重要的理论支持。

第三节 研究意义与研究贡献

在非参数 DEA 框架下，本书旨在研究融资约束对资源配置过程的影响，并以理论、方法和应用的新视角丰富和扩展现有研究。通过充分回顾和总结现有文献，本书发现目前理论界与实践界存在一定差距。因此，本书确定了主要研究问题及相关子问题，包括考虑潜在融资策略的资源配置 DEA 方法及其应用研究、考虑不确定性需求的 FRA-DEA 方法及其应用研究、基于 FRA-DEA 方法的"碳减排"任务分配研究，以及两阶段 FRA-DEA 方法及其应用研究。这些研究问题涵盖了多个方面，为深入理解资源配置决策提供了新的框架和方法。

一、理论意义

本书的主要理论价值在于将非参数 DEA 理论与融资理论相结合，丰富和扩展了基于 DEA 的资源配置研究，并为决策单元实现有效资源配置提供了理论指导和决策支持。在下面的内容中，本书将根据四个核心章节的主要研究内容，进一步提炼和归纳本书的理论意义。

（一）丰富和扩展了基于 DEA 方法的资源配置相关研究

近年来，基于 DEA 方法的资源配置研究取得了重要进展，这些研究对于提升决策单元的竞争力和实现长期稳定发展具有关键意义。然而，现有的基于 DEA 的资源配置研究主要聚焦于内部控制过程，却忽略了外部融资渠道对资源配置的潜在影响。与以往研究有所不同，本书探索了融资约束对 DEA 资源配置过程的影响。理论上证明了考虑外部融资的可能性是实现有效资源配置的必要前提，并引入融资利润的概念，阐明了潜在利润增长与融资扩张策略之间的紧密联系。此外，提出了一种新的集结利润无效率分解方法，为决策单元实现有效资源配置提供了可行方案，并为挖掘集结利润无效的根源提供了切实途径。将非参数 DEA 理论与融资理论相结合，本书拓展了基于 DEA 的资源配置研究方向，填补了现有研究的不足。考虑融资约束对资源配置的影响，不仅能够提高资源配置的效率和准确性，还能为决策者提供更可靠的决策支持。此外，通过引入集结利润无效率分解方法，本书不仅可以识别资源配置中的潜在问题，还能为改进资源配置过程提供具体的解决方案。

（二）丰富和扩展了考虑需求不确定性的 DEA 相关研究

现有基于 DEA 框架的理论和应用研究，很少有考虑需求不确定性的研究，更缺乏从融资约束角度探讨相关资源配置问题的研究。本书的研究在一定程度上填补了在考虑需求不确定性的 DEA 方法研究领域的空白，同时也是对现有考虑需求不确定性的 DEA 理论的直接扩展。为了实现这一目标，引入了 Lee 和 Johnson（2014）提出的截断需求生产函数，并对传统生产可能集进行了修正。基于修正后的生产可能集，提出了新的需求截断生产可能集，以考虑融资约束的潜在影响。为了更全面地分析资源配置过程中存在的能力过剩或不足问题，本书还引入了一种量化存货和销量损失的方法。在此基础上，建立了分散式和集中式 FRA-DEA 模型，这些模型成为决策者制定有效资源配置方案的有力工具。

（三）为资本互动参与"碳减排"任务分配提供了理论支持

实现有效的碳减排任务分配对于实现相应的碳减排目标至关重要。本书以融资约束为视角探讨了实施有效的碳减排任务分配的具体方法和路径。目前的研究在设计碳减排任务方案时主要有两种思路：一是基于内部预算控制，即不考虑投入资源扩张的可能性，并从事后分析的角度评估当前决策单元在实施碳减排任务分配中的收益情况。二是基于无成本扩张，假设决策单元的资源水平没有限制，并以此研究碳减排任务分配的问题。然而，这两种思路在现实中并不常见。实际情况下，决策者既要考虑资源扩张的可能性，又需要在扩张成本与收益之间进行权衡。为解决这一问题，本书构建了考虑融资约束的碳减排任务分配 DEA 模型，以确保碳减排任务分配方案的可行性。该模型不仅提供了一种全面的分析框架，还将以往的方法归纳为特殊情况。换言之，根据不同的应用场景，决策者可以更全面地分析不同策略下的配置利润信息，从而为实施有效的碳减排任务分配提供保障。

（四）丰富和扩展了两阶段 DEA 相关研究

两阶段 DEA 方法为揭示决策单元内部无效因素提供了有力工具，打开了决策单元的"黑箱"，并通过构建两阶段框架下的资源配置 DEA 模型，为识别决策单元内部资源配置的无效程度提供了技术支持。然而，现有的两阶段资源配置 DEA 研究主要集中在效率视角，忽略了决策单元即时资源配置条件的变动。为解决这一问题，本书构建了一种考虑融资约束的两阶段 FRA-DEA 模型，对现有 FRA-DEA 理论进行了直接扩展，并为丰富两阶段 DEA 和基于

DEA 的资源配置研究提供了理论指导和技术支持。除此之外，本书的研究还深入分析了融资信贷额度的确定，并通过理论推演为个体决策单元或集中式权威，在实施两阶段框架下的有效资源配置融资决策提供了科学的指导。通过准确测定信贷额度的下界和上界，决策者可以更好地把握资源配置决策的范围，避免由于过度或不足的融资而导致的次优资源配置结果。

二、实践意义

本书的研究揭示了外部融资决策对实施有效资源配置的重要作用，并为决策单元设计有效资源配置方案提供了具体实施路径和解决方案。在当今经济全球化的背景下，资源的有效分配对于决策单元获取比较优势和实现长期稳定发展至关重要。通过运用非参数 DEA 工具，从融资约束视角研究决策单元实施有效资源配置的最优方案和路径，不仅能够准确识别决策单元内部资源配置的无效状态和程度，还可以帮助决策单元更好地整合内外部资源，充分发挥个体生产力优势，并建立健全的资源配置管理机制。下面根据四个核心章节的主要研究内容，对本书的实践意义进行提炼和归纳：

（一）为决策单元充分利用内外部资源实施有效配置提供理论参考

在科学技术快速发展的时代背景下，决策单元面临着不断变化的市场环境。为了在竞争激烈的市场中立足，决策单元必须充分调动可用资源，以实现最佳资源利用并获得持久竞争力。然而，过去的资源配置模型主要从内部控制的角度出发，忽视了外部资本互动对资源配置过程的影响。因此，这种方法可能导致不可行或者有偏的资源配置方案。为了解决这一问题，将融资约束纳入资源配置优化模型中具有重要意义。通过考虑融资约束对资源配置的影响，决策单元可以更好地应对快速变化的复杂环境。此外，这种方法还能帮助决策单元全面了解自身潜力，并基于此做出科学有效的资源配置决策。通过将融资约束纳入资源配置模型，决策单元可以更灵活地调整资源配置，以适应市场需求的变化。外部融资提供了额外的资本来源，可以增加决策单元的扩张能力和竞争力。此外，通过与外部资本互动，决策单元能够更好地评估资源利用的潜力和效果，从而优化资源配置决策。

（二）为决策单元缓解需求不确定性所带来的负面影响提供决策支持

决策单元在制定生产方案时，除了要了解自身资源和生产能力，还需要密切关注外部市场环境的变化及可利用的外部资源。其中，需求的不确定性是影响决策单元生产和资源配置的重要因素。特别是对于上游制造商而言，他们必须应对下游零售商即时市场需求的不确定性。在实际运营中，当市场需求超过决策单元当前的产能水平时，可能会发生缺货的现象。相反，如果市场需求低于当前产能水平，就会导致库存积压。因此，在制定资源配置决策时，需要综合考虑需求的不确定性等因素，并充分整合可能的外部融资渠道。通过综合考虑需求不确定性和外部融资渠道，决策单元可以采取相应的措施来缓解或削弱需求不确定性对其产生的负面影响。这意味着决策单元可以灵活调整资源配置，适应市场需求的波动，并利用外部融资渠道来平衡需求与资源之间的关系。这种综合考虑的决策过程将为决策单元提供更强大的应急管理能力，使其能够更好地应对市场的不确定性，提高资源配置的效率和灵活性。

（三）为实施有效的配额分配、落实"节能减排"政策提供技术指导

市场工具在污染减排领域引起了广泛关注，其中基于排放配额的交易机制是目前应用最广泛的一种工具（Muller and Mendelsohn，2009）。由此，理论界和实践界对实现有效碳排放配额分配的机制和方案一直充满兴趣。有效的碳减排任务分配需要确保分配机制的合理性和公平性，并且还要同时考虑决策单元的正常发展。对于现代企业或组织而言，能否达到减排任务标准不仅取决于内部因素，如资源和能力，还在很大程度上取决于外部投融资环境，例如绿色金融实践。因此，在制定有效的碳减排任务分配过程时，考虑融资约束具有重要意义。通过将外部融资可能性纳入减排任务分配过程中，可以为决策单元制订有效的减排任务分配方案提供技术指导，进一步推动节能减排政策的落实。

（四）为实施有效"生产—污染控制"，实现经济环保双目标提供科学帮助

在追求经济发展的同时，实现可持续发展也变得越来越重要。环境保护成为人们、企业和国家关注的焦点。有效的资源配置不仅需要考虑生产过程，还需要关注污染控制环节。在这一背景下，基于"生产—工业废水污染控制"系统两阶段视角的资源重新配置和充分利用内外部可利用资源，成为实现有效的"生产—工业废水污染控制"系统资源配置的关键，也是确保整个经济生态系统可持续发展的重要环节。另外，厘清污染控制成本与融资约束之间的关系是一项复杂的工作。通过对融资限额进行定界分析，可以为决策者提供关于是否采取融资扩张策略及具体融资额度等方面的信息。同时，它还为进一步实现两阶段"生产—工业废水污染控制"系统的有效资源配置提供了具体的指导和科学的帮助。

三、主要研究贡献

本书在非参数 DEA 理论、融资理论、线性规划理论及其他相关研究成果的基础上，系统地讨论了外部融资决策对基于 DEA 的资源配置过程的影响。下面根据四个核心章节的主要研究内容，对本书的主要研究贡献和理论突破进行提炼和归纳。

（1）在第一章中构建了从分散式和集中式的角度考虑融资约束的资源配置 DEA 理论模型。这一模型的引入有效地解决了现有资源配置 DEA 模型可能无法得出解的问题，并扩展了现有的资源配置 DEA 理论，为实际资源配置问题提供了更为可行的分配方案，即能够获得更高的分配后利润。与目前基于 DEA 方法的资源配置研究主要关注技术效率或收益效率不同，本章将利润效率作为评估决策单元绩效的指标。该做法不仅是对现有利润效率相关研究的延伸和补充，同时也更贴近实际情况。最后，本章将集结利润无效率分解为集结传统利润无效率、集结分配利润无效率和集结再分配利润无效率，这为决策单元识别利润无效率的根源，并改进其利润效率提供了切实可行的路径和科学的指导方案。

（2）在第四章中，对确定型 FRA-DEA 模型进行了理论扩展，融合了 Lee 和 Johnson（2014）提出的截断需求生产函数（DTPF）概念。这一扩展使本章能够在需求不确定情况下更好地分析个体决策单元的资源配置决策问题。本章通过定义一种新的截断需求生产可能集，并将能力过剩或能力不足的情况纳入分析框架，构建了一种量化存货和销量损失的分散式 FRA-DEA 模型。进一步地，本章将分散式 FRA-DEA 模型扩展到集中式情境，验证了第三章提出的 FRA-DEA 框架的有效性和稳健性。这不仅为解决集中式情境下考虑需求不确定性的资源配置决策问题提供了技术支持，也进一步巩固了本书研究的基础。最后，本章通过算例和实际应用对考虑不确定性需求的 FRA-DEA 方法进行了理论验证。研究结果表明，采取外部融资扩张策略能够提升需求不确定情境下的资源配置利润。此外，外部融资工具的运用不仅在一定程度上避免了因需求不确定性而导致的"投资不足"问题，也为缓解实际的"过度投资"等问题提供了可行的解决方案。

（3）在第五章中，进一步研究了融资约束对存在非期望产出的资源配置方案设计的影响。具体而言，在"碳减排"任务分配背景下，本章在 FRA-DEA 框架的基础上首次构建了考虑融资约束的"碳减排"FRA-DEA 模型。从理论角度出发，本章提出了分散式和集中式场景下相应的"碳减排"任务分配 DEA 模型，并揭示了分散式场景下可能存在的碳配额供需不匹配问题。

同时，在基于分散式"碳减排"FRA-DEA模型的基础上，本章构建了存在集中式权威情形的集中式"碳减排"FRA-DEA模型，并从理论上分析了集中式管理的潜在优势。此外，通过对中国省际"碳减排"任务分配潜力进行实证分析，发现中国各省的"碳减排"任务分配潜力仍然有待提高，尚未实现有效的减排任务分配。研究结果还显示，实现有效的"碳减排"任务分配不仅需要消除传统技术性无效率，还需要充分利用内外部资源，并在适当的时候引入外部融资扩张策略，以实现减排过程中资源的最优利用。综合而言，通过理论推演和实证检验，本章的研究全面阐明了适时引入外部融资扩张策略对于保证"碳减排"任务分配的有效性至关重要。这一研究成果不仅对其他相关领域的外部融资决策分析提供了借鉴，也为进一步推动可持续发展和环境保护领域的资源配置提供了宝贵的经验。

（4）在第六章中，进一步深入探讨了融资约束对于存在非期望产出的资源配置方案设计的影响。特别是在以"碳减排"任务分配为背景下，本章在FRA-DEA框架的基础上首次构建了考虑融资约束的两阶段FRA-DEA模型。从理论的角度来看，本章提出了一种基于数据驱动的两阶段FRA-DEA框架的新方法，并揭示了融资扩张实践对两阶段资源配置的正向影响。同时，本章还确定了可能的债务水平上下限，为避免投资不足或过度投资问题提供了指导。此外还发现，融资扩张实践不仅可以减少传统资源配置过程中常见的低效率问题，还在一定程度上确保了协调生产与可持续性方面的"双赢"局面。最后，通过对工业生产和废水处理系统的实证研究，验证了所提出方法的有效性。

第四节　本章小结

在本章中，从现实角度和理论角度出发，探讨与本书相关的研究背景，并确定了本书四个主体章节中需要研究的重点问题。本章将简要概述本研究的框架，并明确各章节之间的逻辑关系。最后，从理论和实践的角度说明本书的主要研究意义，并对主要研究贡献进行总结和提炼。在接下来的章节中，将全面回顾与本章相关的理论和重要文献。同时，重点介绍本书四个主体章节的研究背景、研究方法、理论发现及研究结果等内容。

第二章 文献综述

本章的主要内容是对与本书相关的重要文献和相关研究成果进行阐述。为了回答第一章中提出的相关研究问题,本章将从以下五个方面进行文献梳理和总结:融资理论及其相关研究、资源配置 DEA 理论及其相关应用研究、不确定性 DEA 方法及其相关应用研究、考虑非期望产出的 DEA 方法及其相关应用研究,以及两阶段 DEA 方法及其相关应用研究。

第一节 融资理论及其相关研究

一、融资理论

1958 年,莫迪利安尼(Modigliani)和米勒(Miller)在 *American Economic Review*(美国经济评论)发表了开创性的文章《资本成本、公司财务与投资理论》,此后与资本市场与实体经济相互作用有关的研究吸引了来自金融、管理和经济等领域的学者广泛关注,也为后续融资理论的发展奠定了坚实的理论基础(Modigliani and Miller, 1958; Myers, 1984)。莫迪利安尼-米勒(Modigliani-Miller)理论,即 M-M 理论,提出了公司资本结构和市场价值无关的观点,该理论核心思想是:在不考虑所得税影响的前提下,资本结构对企业的总价值没有影响。简而言之,M-M 理论成立需要满足一些基本假设,首先,资本市场是完美的,即不存在摩擦或限制;其次,信息是充分且完全的,市场没有交易费用或成本;再次,投资者均满足理性人假设,他们以最大化收益为目标;最后,所有债务都是无风险的,个人和机构可以无限借入资金,而且没有公司所得税。

显然,M-M 理论的假设条件比较严格。为此,Modigliani 和 Miller (1963) 在原始 M-M 理论的基础上放宽了一些假设,引入了公司税的概念,形成了 M-M 公司税理论。根据他们的研究,对无负债公司而言,其价值等于扣税后的现金流与企业权益资本成本之比;而对存在负债的公司来讲,其价值等于具有相同风险但没有负债公司的价值加上扣税后的收益。换言之,考虑了企业所得税后，负债经营的公司往往比忽略负债的公司更具价值。此外，企业负债越多，相应的企业价值也越大。M-M 公司税理论的出现在一定程度上填补了原始 M-M 理论的一些缺陷，也使得理论更贴近实际情况。

总的来讲，Modigliani 和 Miller（1958，1963）的研究对资本结构领域引发了广泛的研究讨论，并催生了一系列新的理论，如权衡理论（Trade-off Theory）、优序融资理论（Pecking Order Theory）、代理理论（Agency Theory）等（Serrasqueiro and Caetano，2015）。在这些理论中，权衡理论和优序融资理论是当前资本结构研究的两个主流理论（李延喜等，2007），它们与本书的研究论点有着密切关联。

（一）权衡理论

修正后的 M-M 理论虽然考虑了负债所带来的税收收益，但未充分考虑负债所带来的潜在风险和相关费用（陈容和干胜道，2008）。为弥补这一不足，学者们在 M-M 理论的基础上提出了"权衡理论"，认为企业的最优资本结构实际上是在负债税收收益和预期破产成本之间进行权衡（Kraus and Litzenberger，1973）。代表性的"权衡理论"研究包括 Robichek 和 Van Horne（1967）及 Kraus 和 Litzenberger（1973）。根据权衡理论，企业应在最大程度利用债务税盾优势的同时，降低破产可能性，以实现债务水平的统筹（Serrasqueiro and Caetano，2015）。例如，企业可以通过增加债务水平来利用税盾优势，从而提高企业的价值。然而，随着债务水平的增加，企业可能面临更大的财务风险和破产风险。因此，在设计资本结构时，企业必须在债务税盾优势和破产成本之间权衡考虑，以确定最适合企业实际情况的最优资本结构。

在权衡理论的基础上，许多学者进行了有益的扩展，逐渐形成了"后权衡理论"。其中，代表性的研究为 Diamond（1984）。后权衡理论将债务的成本从仅考虑破产成本扩展至考虑其他相关成本，如财务约束成本、代理成本和非债务税收收益损失等。更重要的是，后权衡理论同时考虑了负债和非债务税收收益，从而更全面地涵盖了企业的成本和收益范围。后权衡理论将企业的融资决策视为在税收收益和各种负债成本之间进行权衡（陈容和干胜道，2008）。通过引入权衡理论和后权衡理论，能够更全面地理解资本结构决策的复杂性，并能更好地指导企业在制定融资策略时的决策过程。这些理论的发展丰富了对企业资本结构的认识，并为实践提供了有价值的参考。在进一步研究中，可以深入探索权衡理论和后权衡理论的适用性，结合实际情况进行细致的分析，以推动资本结构决策理论和实践的发展。

（二）优序融资理论

优序融资理论，又称为啄食顺序理论（Pecking Order Theory），由 Myers（1984）和 Majluf（1984）提出。与经典的 M-M 理论假设完全信息的情况不同，优序融资理论将信息不对称引入资本结构分析中，并认为权益融资可能会传递与企业经营相关的负面信息，同时外部融资渠道往往需要支付比内部融资渠道更高的成本（李延喜等，2007）。此外，优序融资理论认为，按融资方式的优劣进行排序，债务融资优于权益融资，而内部融资又优于债务融资。企业的融资顺序可以表示为：内部融资＞债务融资＞权益融资。该理论的提出引发了大量学者从实证角度对其进行验证。

一些研究，如 Fama 和 French（2002）支持企业融资过程遵循优序融资理论所描述的顺序。然而，Frank 和 Goyal（2003）认为企业融资过程并不符合该顺序。此外，屈耀辉和傅元略（2007）在对中国上市公司进行的实证研究中发现，在外部融资顺序方面，他们的数据验证了中国上市公司整体上符合优序融资理论的预测。然而，在对分类样本进行分析时，结果并不完全支持优序融资理论。总体而言，优序融资理论的提出丰富了企业融资决策相关认识，并激发了实证研究的兴趣。然而，对于企业融资顺序的验证结果并不一致，这也表明了在实践中，企业的融资决策可能受到多种因素的影响，需要综合考虑实际情况来制定最佳的融资策略。

二、融资约束与资源配置

企业的资源配置过程受到融资约束等问题的影响，这一点在实践中也得到了体现。为了实现最优的资源分配，必须将融资约束等相关因素考虑在资源配置设计中。在实证研究领域，Almeida 和 Wolfenzon（2005）分析了企业外部融资对资本分配的影响，他们发现当资本分配受到投资者保护约束时，增加企业的外部融资需求可能会提高分配效率，例如通过将资本从低生产率项目重新分配到高生产率项目。类似地，Jaud 等（2018）从实证研究的角度分析了金融机构和金融市场在改善实体经济资源配置方面的作用，他们发现银行有助于加强产品市场的纪律性，并对实体经济资源配置的改善起到了重要而积极的作用。Jin 等（2019）通过对中国制造企业的非平衡面板数据进行研究，发现 90% 的样本企业面临着外部融资约束。此外，他们还发现，融资约束的影响具有双重性：一方面，通过减少"次优"投资来提高生产率，融资约束可以提高生产率；另一方面，融资约束也可能会降低生产率，因为资金不足会减少对高生产率项目的投资。通过这些研究结果可以看出，融资约束对企业资源配置和生产率具有重要影响，因此在资源配置决策中考虑融资约束因素的重要性日益凸显。

近年来，越来越多的研究表明融资对资源配置和生产决策等方面产生了重要影响。然而，在基于 DEA 的资源配置决策中，鲜有研究者探讨融资对该过程的影响。过去的研究主要集中在财务约束对利润和生产率的短期影响方面，如 Färe 等（1990）的研究结果表明，受财务约束的农场在平均效率上高于未受约束的农场。然而，这些研究并没有考虑融资成本和风险等方面的影响。

一些学者试图在基于 DEA 的资源配置过程或系统设计中分析内部预算的影响。例如，Lozano 等（2011）提出了一种考虑预算约束的集中式资源配置 DEA 模型，它在保证预算范围内的前提下，寻求一种使得总的加权产出增长比例最大化的资源配置方案。Wei 和 Chang（2011a）提出了一种基于 DEA 的最优系统设计模型，旨在通过考虑总可用预算约束来实现利润最大化的资源配置方案。然而，这些研究只关注内部融资，忽略了外部融资的影响。实际上，除了内部融资，许多企业为了生存和扩大化生产，还需要依靠外部融资，如贷款融资。中小型企业常常面临融资约束，根据我国商务部的数据，2013 年成功获得银行贷款的中小型企业仅占 25% 左右（Xiao et al., 2017）。因此，在基于 DEA 的资源配置决策中，不仅需要考虑内源融资的机会成本，还需要综合考虑外部融资的成本和风险。

第二节　资源配置 DEA 理论及其相关应用研究

数据包络分析（Data Envelopment Analysis, DEA）是一种非参数方法，利用线性规划技术评估同质决策单元之间的相对效率。该方法最初由 Charnes 等（1978）基于 Farrell（1957）提出的"相对效率评价"概念发展而来。自从提出 CCR 模型以来，DEA 的方法和应用研究得到了不断地改进和发展。除了 CCR 模型，还出现了 BCC 模型、FG 模型、ST 模型、加法模型、逆 DEA 模型、随机 DEA 模型、灰色 DEA 模型、动态 DEA 模型和网络 DEA 模型等。关于 DEA 的发展历程和文献综述，Cook 和 Seiford（2009）、John 等（2013）及杨国梁等（2013）进行了详细的总结。最近，学者们开始将 DEA 方法应用于资源配置领域。资源配置是将有限的资源分配给一系列相互竞争的组织或活动，以实现一个或多个给定目标的过程。基于 DEA 的资源配置研究可以大致分为方法研究和应用研究两个方面：方法研究主要是关注 DEA 模型的改进和创新，以提高资源配置的准确性和有效性；应用研究则是将 DEA 方法应用于不同领域，如生产效率评估、企业绩效评估和公共政策评估等，以探索资源配置的最佳实践。

一、资源配置 DEA 理论研究

资源配置问题是企业管理、运营管理及相关学科所研究的一个重要领域。在现实生活中，资源总是有限的，因此，如何对有限的资源进行合理配置在决定企业或组织未来发展，以及成长性等方面扮演着重要的角色，或许也正因如此使得资源配置研究正成为企业管理者及学术研究者所感兴趣的一个热门领域之一。一般来讲，根据决策单元之间的隶属关系，基于 DEA 的资源配置方法大致可以分为分散式资源配置 DEA 方法及集中式资源配置 DEA 方法两大类。其中，分散式资源配置 DEA 方法倾向于分别优化个体决策单元目标（如最大化个体决策单元的相对效率）。比如，求解传统径向或非径向 DEA 模型所得到的各决策单元投影值实际上就可以视为相应的资源配置方案。但是，为了更加具体地研究实际资源配置问题，通常把资源配置 DEA 模型理解为在 DEA 范式基础上，为解决实际资源配置问题（如固定成本分配）而特别提出的有针对性的 DEA 模型。

Golany 等（1993）首次将 DEA 方法应用于实际资源配置问题中，并提出了一种基于投入导向 DEA 模型的资源配置方法，该方法通过求解一个标准的加性 DEA 模型来测算每个决策单元相应的非标准效率值。随后，Golany 和 Tamir（1995）又提出了一种基于产出导向的资源配置模型，该模型考虑了总的投入消费上界约束，并且允许引入每个个体投入的改变范围或者投入消费的不平衡范围。在此基础上，Karabati 等（2001）采用一种基于 DEA 模型的最小、最大目标函数和方法来研究一系列非连续资源配置问题。Basso 和 Peccati（2001）提出了一种基于动态规划算法的资源配置 DEA 模型，该模型能在一定程度实现固定成本及活动水平限制下的最优资源配置方案。Hadi-Vencheh 等（2008）提出了一种解决资源配置问题的逆 DEA 方法（inverse DEA），该方法可以估计产出向量递增条件下投入向量增长的必要条件。Amireimoori 和 Tabar（2010）提出了一种基于 DEA 模型的固定资源配置方法，该方法能够在总产出提前确定的前提下同时得到决策单元各自的产出目标值。Korhonen 和 Syrjänen（2004）提出了一种基于效率分析的交互规范方法来实现资源配置目的。Cherchye 等（2013）提出了一种新的基于 DEA 的资源配置方法，该方法把综合效率分解为产出指定效率，并且指出了无效的源头。总的来讲，上述方法在研究资源配置问题中主要考虑是从"效率"视角出发。与之不同的是，Mandell（1991）提出了一种方法可以在"平等（equality）"和"有效性（effectiveness）"之间进行权衡的资源配置新方法。受 Mandell（1991）启发，Golany 和 Tamir（1995）则提出了一种基于 DEA 的资源配置模型来分析在平等、有效性及效率三个指标进行权衡的资源配置问题。最近，Karsu 和 Morton（2014）提出了一种解决资源配置问题的双标准（bi-criteria）框架，该框架下传统平等指标可以视为平衡（balance）指标的一个特例。

但需要注意的是，分散式资源配置 DEA 模型由于单独地优化个体决策的单元目标，因此有时可能忽略了样本决策单元的整体目标。但在现实生活中，决策单元可能受某集中式管理者所领导（比如医院分支机构及银行分支机构等），而对集中式管理者来讲，他们所感兴趣的可能是整体利益的最优而非单个决策单元个体的最优。以产出导向集中式资源配置模型为例，此时管理者追求的可能是所有决策单元总产出的最大化，而不是每个决策单元个体产出的最大化（Fang，2015）。近年来，学者们针对用 DEA 方法来解决集中式背景下的资源配置问题开展了一系列的研究。Lozano 和 Villa（2004，2005）率先提出了集中 DEA 模型概念，该模型旨在优化同一组织内所有决策单元总的资源消费，而不是单独考虑每个决策单元的投入消费。Korhonen 和 Syrjänen（2004）则提出了一种多目标线性规划 DEA 方法，该方法在优化投入资源的同时，也对所有决策单元总的产出进行了优化。Asmild 等（2009）提出了一种基于 BCC 模型的集中式资源配置模型，不同于 Lozano 和 Villa（2004）模型，Asmild 等（2009）所提的模型仅对无效 DMU 进行重新分配，最终将无效决策单元投影到有效前沿面上。Lozano 等（2009）建立了一种考虑三种目标的集中式资源配置 DEA 模型，这三种目标分别是：最大化集结期望生产、最小化集结投入资源消费及最小化集结非期望排放。Lozano 等（2011）建立了一系列非径向集中式资源配置 DEA 模型，并将其应用到西班牙国家港口系统资源配置中。Chang 等（2015）应用集中式资源配置 DEA 模型分析了在一个轮船公司控制下的多个集装箱码头运营效率问题。Fang（2015）考虑以往集中式资源配置 DEA 模型分配结果与现有资源可能差距较大，从而引起组织抵制等问题，进而提出了一种基于修正集中式资源配置 DEA 模型，且能帮助决策单元提高效率的渐进式提升路径。

二、资源配置 DEA 应用研究

（一）资源配置 DEA 在固定成本分配中的应用

资源配置 DEA 在固定成本分配中主要遵循效率不变法则和帕累托极小法则。Cook 和 Kress（1999）率先研究了基于 DEA 的固定成本分配问题，他们基于效率不变和帕累托极小法则，提出了一种基于DEA框架下的方法。随后，Cook和Zhu（2005）将其扩展为投入和产出双导向模型，并提供了线性规划形式的成本分配计算方法。Jahanshahloo等（2004）在Cook和Kress（1999）的基础上提出了一种优化固定成本分配的新模型。Li等（2009）认为将待分配成本作为额外的投入是有争议的，如果每个决策单元还有其他成本测度，待分配成本应与这些成本一起构成效率测度中的一个独立投入。Lin（2011）提出了一种能够保持每个决策单元分配后相对效率不变的方法。在随后的研究中，Lin等（2015）基于效率不变和零松弛法则提出了一种确定唯一固定成本分配方案的成比例共享模型。

在成本分配中，还有一种法则是效率最大化法则，即所有决策单元的效率都能够最大化，以达到有效的成本分配（Beasley，2003）。Korhonen和Syrjanen（2004）提出了一种基于DEA和多目标线性规划的规范化交互方法，以获得相对最优的分配方案。Lozano和Villa（2004）则提出了一种两阶段的资源配置DEA模型，该模型在最终产出受限的情况下，能够最小化总投入消耗，并确保所有决策单元在分配后都能够落在有效的前沿区域。与之不同的是，Asmild等（2009）提出了一种集中式的资源配置BCC模型，该模型只针对无效决策单元进行重新调整。Li等（2009）考虑了固定成本作为其他投入指标的补充物，而不是额外独立的投入，研究了成本分配和效率值之间的关系。Li等（2013）进一步提出了一种基于满意度且能够得到唯一固定成本分配的最大化模型及相应的算法。Du等（2014）提出了一种分配固定成本的DEA交叉效率方法，以确保固定成本作为额外的投入指标后，所有决策单元都能够达到有效。

（二）资源配置DEA在碳减排中的应用

碳减排（Carbon Emission Abatement，CEA）是当前研究领域中的重要议题之一（Feng et al.，2015）。为了实现碳减排目标，《京都议定书》尝试引入市场机制，将碳排放许可（carbon emission allowances）作为商品进行交易。目前，存在多种碳排放许可交易市场，其中最常见的是基于配额的交易市场，例如，欧盟碳排放交易系统（The European Union Emissions Trading System，EU-ETS）、美国区域温室气体行动计划（The Regional Greenhouse Gas Initiative in USA，RGGI），以及新南威尔士澳大利亚温室气体减排方案（The New South Wales Greenhouse Gas Reduction Scheme in Australia，NSW-GGAS）。中国也建立了类似的碳排放交易市场。然而，由于碳排放配额涉及国家、地区和政府的经济增长，目前国际上尚未达成一致的认识和共识，也尚未形成统一的分配方案。

在处理"碳减排"分配问题时,需要考虑二氧化碳排放作为非期望产出在生产过程中的特殊性质。因此,需要一种技术工具能够同时处理期望和非期望产出,而 DEA 方法正好满足这一需求。在应用 DEA 解决资源配置问题过程中,传统的 DEA 方法主要用于事后评价,而资源配置 DEA 则更注重 DEA 的事前计划功能。Lozano 等(2009)提出了一种 DEA 逼近方法,用于解决碳排放配额分配问题。Gomes 和 Lins(2008)通过零和 DEA(ZSG-DEA)模型和均一 DEA 方法研究了《京都议定书》签约国的碳排放分配问题。与传统方法不同,他们通过调整原始有效前沿,使得所有决策单元能够达到最大效率值,以实现相对公平的分配结果。Sun 等(2014)提出了两个基于 DEA 的资源配置模型,用于解决一系列造纸厂的碳排放配额分配问题。

(三)资源配置 DEA 在其他领域中的应用

Yu 和 Chen(2016)构建了一种基于网络 DEA 的集中式资源配置 DEA 模型,并将其应用于我国台湾集装箱运输公司所属的 14 条亚洲运输航线的生产效率评价中。Wu 等(2016)采用 DEA 方法研究了投入资源的重新分配和最佳合作伙伴的选择问题,他们考虑了两个优化目标:一是基于总收益最大化来选择最佳合作伙伴;二是基于 Shapley 值最大化来分配投入资源。Ray(2016)使用集中式资源配置 DEA 模型,从成本效率的角度分析了印度公共部门银行的最佳分支机构数量问题,他发现通过减少总的分支机构数量可以提高整个公共部门银行的成本效率。Boukherroub 等(2017)提出了一种新的资源配置框架,该框架考虑了经济、环境和社会福利三个方面的因素,并将其应用于加拿大公有森林的资源配置案例中。

第三节 不确定性 DEA 方法及其相关应用研究

在当今经济全球化的背景下,企业和组织面临着许多机遇和挑战。这些机遇和挑战主要源于不确定性环境,例如,迅速发展的信息技术、消费者偏好的波动、企业间的竞争及产品生产周期的缩短等。因此,决策者不仅需要关注提升自身能力,还需要考虑各种不确定因素,以实现在不确定环境下资源的最佳配置。这种最佳配置可以帮助企业或组织,在变化的环境中应对挑战并抓住机遇。在这样的环境中,决策者需要灵活应对,调整资源分配,以适应变化的需求和市场情况。只有通过优化资源配置,企业或组织才能在不确定性环境中取得竞争优势,并实现可持续发展。

一、不确定性 DEA 方法研究

传统 DEA 方法忽略了不确定性因素的影响，而实际上，不确定性因素是很常见的，比如市场需求的不确定性、数据的不确定性、经济环境的不确定性等。为了在评价中考虑不确定性因素，许多学者在传统 DEA 框架的基础上建立了考虑不确定性因素的 DEA 模型。总体来说，这些研究可以分为以下两大类。

第一类，研究将不确定性需求纳入 DEA 的分析框架中，该类研究主要基于 DEA 方法是一种投入产出导向的分析方法，以传统 CCR 模型为例，该模型目标是最大化个体效率，实际上得到的是一组满足个体 Pareto 效率的生产方案。但是，该生产方案没有考虑产出需求的不确定性，也就是说，当市场需求与生产方案的产出水平不匹配的时候，可能会导致产出过剩或者不足的情况，从而造成库存积压或者缺货的损失。例如，Du 等（2010）从集中式角度研究了存在不确定性需求的生产计划问题，他们讨论了需求变化情况下的最优生产计划设计问题，并根据不同优化目标提出了两种不同的集中式生产计划模型：一是优化整个组织的平均生产绩效；二是同时最大化总产出水平和最小化总投入消耗。Amirteimoori 和 Kordrostami（2012）在 Du 等（2010）工作的基础上进一步将运营单位规模纳入到生产计划设计过程中，他们同时考虑产出需求和投入供给的变化，并且新的生产计划还要求保证各决策单元的相对效率值要不低于当前观测的各决策单元相对效率值。近期，Lee 和 Johnson（2014）提出了一种称为主动 DEA 的短期能力计划方法，该方法可以量化在需求不确定性情况下企业生产系统的有效性。他们使用随机规划 DEA 方法，并通过考虑投入的边际收益递减特性对短期产能扩张模型进行了改进，新的模型还可以估计给定需求下有效性的预期估计值。其他相关研究还包括 Camanho 和 Dyson（2005）、Angalakudati 等（2014）、Lee（2014, 2015, 2016）。

第二类，研究专注于处理数据的不确定性。传统的 DEA 工具通常只能处理准确值（crisp value）的投入产出数据，但实际数据往往是不准确（imprecise）或是模糊的（vague）。为了应对数据的不确定性，许多学者将 DEA 方法与模糊逻辑框架相结合，提出了模糊 DEA 模型。模糊 DEA 模型使用模糊逻辑和模糊集来描述不确定和不准确的数据。模糊集的概念是由 Zadeh（1965）提出的模糊理论发展而来。根据 Hatami-Marbini 等（2011）的综述研究，目前的模糊 DEA 方法大致可分为以下四类。

（1）容忍度方法。例如 Sengupta（1992）提出了一种考虑容忍度的模糊线性规划方法，用于处理DEA模型中可能存在的模糊投入和产出数据。基于容忍度的模糊DEA方法主要依赖于约束服从性中的模糊性和不准确性概念，通过模糊多目标规划过程获得每个决策单元的绩效，其中优化目标是效率最大化和约束服从性（Dotoli et al.，2015）。

（2）α截集方法。该方法是一种处理模糊数据的方法，它使用不同的截集水平来描述投入产出数据，并据此确定每个决策单元效率值的上下界，进而建立效率隶属函数。例如，Saati等（2002）对基于α截集的模糊DEA方法进行了扩展，将模糊DEA模型定义为概率规划模型，并将其转化为整数规划问题进行求解。类似地，Liu（2008）基于截集方法和保证域概念提出了模糊保证域DEA方法。

（3）模糊排序方法。该方法通过适当的比较规则对模糊数进行排序，然后将模糊规划问题转化为准确数据规划问题。例如，Guo和Tanaka（2001）采用对称三角函数方法处理存在模糊投入和产出的效率评价问题。Kao和Liu（2011）运用该方法研究了两阶段环境下模糊数据的处理和建模问题。

（4）可能性测度方法。该方法是一种处理不确定性的DEA方法，它可以看作是机会约束DEA的一种等价形式。该方法的基本思想是引入可能违反包络问题或乘子问题约束的机会约束，使得DEA模型具有一定随机性（Dotoli et al.，2015）。在可能性测度方法中，不确定性参数被视为模糊变量，而约束条件则表示为模糊事件，并受到一定概率的约束，以实现最小期望水平。Lertworasirikul等（2003a）首次提出了基于可能性测度的模糊DEA方法。随后，Lertworasirikul等（2003b）基于可信度概念提出了可能性测度方法的变体，将模糊DEA模型转化为明确定义的可信度规划模型，其中模糊变量被预期信度（expected credits）替代，该信度可以表示为可能性和必要性的平均值。此外，基于可能性测度方法还应用于可变规模报酬建模（Khodabakhshi，Gholami and Kheirollahi，2010），并有其他相关研究，如Kao和Liu（2000）、Jahanshahloo等（2004）、Saati和Memariani（2005）、Tavana等（2018）。

二、不确定性DEA应用研究

（一）不确定性DEA在资源配置中的应用

前述研究中所涉及的不确定性DEA方法主要适用于特定的资源配置情境。然而，还有许多研究通过构建新的不确定性DEA模型来解决更具体的资源配置问题。例如，Bae和Lee（2012）使用非准确DEA（IDEA）方法评估朝鲜军用直升机的风险，并解决了风险分配问题。杨志华和张倩伟（2016）

结合 DEA 理论和合作博弈中的 Shapley 值方法，研究了决策单元投入产出数据模糊的资源配置问题。他们考虑了决策单元加入联盟前后对其自身效率值和联盟中其他决策单元效率值的影响，提出了一种相对公平的资源配置方案。崔玉泉等（2015）使用随机 DEA 方法，从生产效率、投入产出弹性和生产潜能三个方面综合分析了资源配置问题，并建立了相应的随机加权交叉效率资源配置 DEA 模型。

（二）不确定性 DEA 在其他领域中的应用

除了在资源配置问题中的应用，不确定性 DEA 方法还被广泛应用于其他领域。例如，Ignatius 等（2016）将碳排放视为非期望产出，并关注其在现实中可能存在数据难以准确测定的问题，由此提出了一种考虑非期望产出的模糊 DEA 方法，并应用于欧盟 23 个成员国的能源效率评价。该分析框架将投入和产出数据刻画为对称型和非对称型模糊数，并允许在不同水平上对环境效率进行估计。类似地，Khoshroo 等（2022）基于非径向 DEA 模型，并给予乐观、悲观和一般性视角，提出了三种相应视角下考虑非期望产出的 DEA 模型，并将其应用于伊朗农产品生产力测度中。其他应用领域包括银行系统绩效评价（Kao and Liu，2009）、新产品开发项目选择（Chiang and Che，2010）、柔性制造系统评价问题（Karsak，2008）等。

第四节 考虑非期望产出的 DEA 方法及其相关应用研究

在传统的 DEA 模型中，优化资源利用、提高产出水平是主要目标。然而，在实际生产过程中，还同时存在着另一种非期望产出（undersirable output），从企业角度来说，该类产出的水平往往是越少越好，例如，机场运营中航班延误的数量、银行贷款业务中的逾期债务、制造业中产生的空气污染物（CO_2、SO_2 等），以及固体废弃物等都属于非期望产出。尽管企业或决策者不愿产生这些非期望产出，但在实际生产中往往无法完全避免。由此，如何在存在非期望产出的情况下科学且合理地对其进行刻画与描述，就成了相关研究中的一个难点和重点。

一、考虑非期望产出的 DEA 理论概述

在 Pittman（1983）的研究基础上，Färe 等（1989）提出了一种双曲型产出导向效率测度方法，用于处理期望产出和非期望产出的不对称性。该方法

通过一个标量允许扩张所有期望产出，同时通过相应标量的倒数对非期望产出进行收缩。此后，处理非期望产出的 DEA 理论及应用研究取得了显著进展。总结起来，参考 Dakpo 等（2016）、Charles 等（2012）及 Abad 和 Briec（2019）等研究，现有的处理非期望产出的 DEA 理论研究可以大致分为五类。

第一类，将非期望产出视为可自由处置的投入（Hailu and Veeman，2001）。这种方法的理论基础在于，一方面，环境有害产品的排放实际上可看作是利用环境能力来处理污染（Dakpo et al.，2016）。因此，将非期望产出视为投入可在一定程度上解释为对自然资源的消耗（Dakpo et al.，2016）。另一方面，将非期望产出视为投入符合投入指标越少越好的思想。根据 Haynes 等（1993）的研究，非期望产出可以理解为一种不可避免的残留物（unavoidable residuals），而这些残留物在一定程度上属于污染生成型投入。因此，从上述意义来讲，非期望产出可被视为投入。然而，将非期望产出视为投入的做法存在一定的争议，因为它违背了物理定律和物料平衡原则。此外，将非期望产出视为投入也无法真实反映生产过程（Seiford and Zhu，2002），而且假设非期望产出满足自由处置特性可能导致一个有限投入要素可生产无限数量的非期望产出，这显然与质量守恒定律相悖（Podinovski and Kuosmanen，2011）。

第二类，采用数据转换方法，将非期望产出或非期望投入转化为期望形式（Charles et al.，2012）。其中，一种被称为加性转换的方法主要由 Koopmans（1951）提出，他将非期望产出或非期望投入数据转换为相应指标值的相反数。但是，该方法的一个缺点是转换后的数据可能包含负数，导致效率求解变得困难。另一种转换方法是采用倒数转换，以满足非期望产出越少越好的管理目标（Golany and Roll，1989）。然而，正如 Lewis 和 Sexton（1999）所指出的，上述非线性转换可能会破坏生产可能集的凸性关系。此外，另一种被广泛采用的数据转换方法是用一个较大的数减去相应的非期望指标值（如 Ali and Seiford，1990；Seiford 和 Zhu，2002）。然而，这种方法的缺点在于转换过程过于主观，且最终的结果排序或效率值很大程度上取决于较大数的选择（Charles et al.，2012）。综上所述，不同的数据转换方法可能会产生不一致的结果。一方面，经过转换后的数据可能会扭曲真实的生产过程（Dakpo et al.，2012）；另一方面，基于转换方法的 DEA 模型实际上隐含了一个假设，即减少非期望产出可以不带来任何费用，这显然与实际情况不符。

第三类，在刻画非期望产出时假定其满足弱可处置性（Dakpo et al.，2016）。弱可处置性概念认为产出之间存在紧密联系，它们的产量不能独立改变。减少非期望产出通常意味着相应期望产出也会按比例减少（Dakpo et al., 2016）。在非参数分析领域，弱可处置性假设方法得到广泛应用，包括 Chung 等（1997）、Boyd 等（2002），其他相关文献可参考 Leleu（2013）。然而，源于 Färe 等（1989）的弱可处置模型无意中假设所有决策单元采用相同的减排因子（abatement factors）。然而，Kuosmanen（2005）、Kuosmanen 和 Podinovski（2009）认为，采用相同减排因子可能与传统环境经济学中关注减排成本最小化的理念相矛盾。此外，Kuosmanen 和 Podinovski（2009）还证明了传统的相同减排因子方法所构建的环境生产可能集无法满足全局凸性的假设。为解决这个问题，他们提出了一种非一致减排因子的方法，并证明了 Kuosmanen 环境生产技术满足以下三个公理：①投入和期望产出的强可处置性；②非期望产出和期望产出的弱可处置性；③技术集的凸性。然而，Hailu 和 Veeman（2001）指出，传统的弱可处置方法要求非期望产出满足等式约束，意味着非期望产出的影子价格可以为正也可以为负，然而实际上只有满足非负影子价格的非期望产出才是理论上可接受的。因此，传统的弱可处置方法有待进一步修正。

第四类，考虑到非期望产出满足弱可处置性假设的缺陷，并结合物料平衡法则和相应生产理论，旨在构建满足物料平衡法则的生产技术（Lauwers 和 Van Huylenbroeck，2003）。Wang 等（2018）还应用该方法评估了中国火力发电产业的环境和处置效率。总而言之，该类研究的核心思想是结合一组满足会计恒等式的物质/能量平衡方程，将进入生产过程的物料数量与包含残值的产出数量等效地联系起来，使决策者能够按照估计的等成本线的方式来估计相应的等环境线（Dakpo et al., 2016）。然而，根据 Ebert 和 Welsch（2007）的观点，该类方法的一个缺点是其主要关注物料投入，忽略了物料投入与非物料投入之间可能存在的潜在交互作用。此外，无论决策单元是否依赖于非物料投入，该方法总是将使用较少物料投入的决策单元视为环境效率较高，从而在一定程度上忽视了非物料投入的影响，导致环境效率被高估的问题。此外，Hoang 和 Rao（2010）还指出，该方法的另一个不足之处是需要预先指定排放因子的权重，并要求期望产出和投入的单位一致。具体而言，他们以农业中的富营养化和气体污染为例，重点论述在物料平衡实例中整合两种排放因子的困难性。

第五类，建议使用两种子技术集来分别估计决策单元的实际生产技术，其中一种用于有意产出，另一种用于无意产出（Forsund，2009；Murty et al., 2012）。理论上，通过这两种子技术集，可以分别评估决策单元的运营效率和环境效率。然而，Murty 等（2012）指出，生产有意产出的子技术集和生产无意产出的子技术集是相互独立的。为了解决这个问题，他们提出了一种副生产模型，该模型要求生产无意产出的子技术集符合成本可处置性假设。然而，这种方法的一个限制是需要事先区分污染型投入和非污染型投入，而在实际情况下，决策者可能很难直接将某些投入区分为污染型和非污染型。另外，还有一种类似的方法通过引入自然处置性和管理处置性等概念来区分非期望产出和传统产出。自然处置性意味着通过减少相应的投入水平来减少污染，而无须管理方面的努力。管理处置性则意味着需要通过管理努力来实现减少污染的目标，例如采用先进的污染减排技术（Sueyoshi and Goto, 2012a; Sueyoshi and Goto, 2012b）。

二、考虑非期望产出的 DEA 在不同领域中的应用研究

（一）非期望 DEA 在资源配置中的应用

资源配置是一项重要的决策问题，而在实际情况中，也经常需要考虑非期望产出的资源配置。例如，在中国的不同地区之间实现"节能减排"的目标时，Li 等（2013）提出了一种基于 DEA 框架的多目标规划模型。该模型旨在最小化投入要素，并同时最大化期望产出水平，同时要求非期望产出满足自由处置特性。这种方法的应用可以帮助决策者科学地进行资源配置，以实现节能减排的目标。通过最小化投入要素，可以合理利用有限的资源；通过最大化期望产出水平，可以提高生产效率和绩效。同时，考虑非期望产出的自由处置特性，能够更好地处理非期望产出，并使其达到可接受的水平。

一般而言，传统的非期望 DEA 模型所得到的投影方案可以看作是一种特定情况下的最优资源配置方案。然而，基于非期望 DEA 的资源配置研究更侧重于设计特定的资源配置方案作为主要目标。近期，其中一个热点是利用非期望 DEA 方法研究污染排放配额或减排任务分配问题。除了已经在本章第二节介绍过的碳减排应用外，还有其他相关研究。Sun 等（2014）采用乘子型 DEA 模型研究了排放配额的分配问题。他们将非期望产出视为投入，并从个体效率最大化和整体效率最大化的角度对总排放配额减少情境下的排放配额分配问题进行了讨论。类似地，Feng 等（2015）基于 DEA 框架从个体和整体的角度分别讨论了碳减排任务分配及相应的补偿机制设计问题。他们发现，集中式分配方案可能面临实施困难等问题，因此提出了两种补偿机制来解决这一问题。Wu 等（2016）利用 DEA 方法研究了碳减排任务分配问题。考虑到决策单元可能不希望最小化或最大化特定投入或产出的情况，他们将投入和产出划分为正常和决策单元希望变动最小的两类。同时，他们还应用

Aparicio 等（2009）的最近目标方法，研究了在减排任务分配中如何确定最近目标。Wang 等（2016）基于非期望产出弱可处置性假设，研究了存在碳排放交易可能性的最优排放配额分配问题。他们考虑了空间和空间—跨期两种碳排放交易机制，并探讨了通过消除技术无效率、消除碳排放配额空间层面的次优分配，以及消除碳排放配额空间—跨期层面的次优分配来提高期望产出（如 GDP）增长潜力。在集中式情境下，通常会涉及所有子单元的参与，且每个子单元都对总生产做出自己的贡献。其他相关研究包括 Ma 等（2018）、Xie 等（2019）、Yu 等（2019）、曾文江和杨锋（2020）。

（二）非期望 DEA 在其他领域中的应用

非期望 DEA 方法不仅在资源配置领域得到应用，还广泛用于环境、能源、银行等领域的效率评价。例如，在环境（能源）领域，许多研究者基于不同的非期望 DEA 模型对企业、地区和国家等层面的环境（能源）效率进行评价。Zhang 等（2014）基于 Färe 等（1989）提出的非期望产出弱可处置性假设，提出了两种非径向方向距离函数方法来评估中国化石燃料发电厂的能源/碳效率。第一种是全要素方向距离函数模型，它同时考虑了所有投入和产出因素的无效率情况，用于测量化石燃料发电厂的联合效率。第二种是能源—环境方向距离函数模型，主要用于评估化石燃料发电厂的能源环境绩效水平。Wang 和 Wei（2016）采用修正后的非期望产出 DEA 模型，以保证非期望产出的影子价格为正，并对中国 30 个主要城市的区域能源和排放效率进行了分析。研究发现，提高能源利用效率对于提高城市工业部门的全要素生产率，以及缓解区域间城市发展不协调等问题具有重要作用。Wang 等（2016）提出了一种新的三阶段方法，结合共同前沿和非径向方向距离函数，用于测量全要素二氧化碳排放绩效和决策单元之间的技术差距水平。该方法应用于 54 个国家的二氧化碳排放绩效评价中，研究发现管理效率低下和技术差距对二氧化碳排放绩效产生了负面影响，其中管理效率低下起到了主导作用。其他相关研究包括 Wu 等（2016）、Du 等（2018）及 Li 等（2018）。

此外，非期望 DEA 方法还被广泛用于评估银行部门的效率。然而，在早期的研究中，并未考虑非期望产出。众所周知，银行运营中存在非期望产出，如不良贷款。因此，考虑不良贷款等非期望产出对于准确评估银行效率是必要的，否则可能导致偏差估计结果（Assaf, Matousek and Tsionas, 2013）。在早期尝试将非期望产出纳入银行效率分析的研究中，Park 和 Weber（2006）将不良贷款视为生产贷款过程中的一个副产品产出，并基于方向距离函数考虑了其对银行效率和生产力的影响。类似地，Fukuyama 和 Weber（2008）讨论了在测度日本商业银行效率时如何估计不良贷款的影子价格,他们认为在研究日本银行效率时不能忽视不良贷款的存在,并将其视为贷款生产过程中的一个非期望副产品。Barros 等(2012)应用 Russell 方向距离函数方法分析了日本银行 2000—2007 年的技术效率,并发现将不良贷款纳入效率分析可以为银行管理者和政策制定者提供更多决策支持和优化运营战略。Fujii 等(2014)将该方法扩展至动态情形,并应用于印度银行部门的效率和生产率评估,发现不同所有权结构的银行之间存在较大的效率差异。

第五节　两阶段 DEA 方法及其相关应用研究

一、两阶段 DEA 理论概述

从前面的综述分析可知,DEA 作为先进的效率分析工具,在资源配置、生产计划和效率测度等领域起着重要的作用。然而,在传统的 DEA 模型中①,决策单元被视为一个"黑箱",忽略了其内部结构(Li et al., 2012)。这种"黑箱"方法在实际应用中存在不足(Lewis and Sexton, 2004; Li et al., 2012)。一方面,此类方法往往会高估整体效率,导致效率估计结果有偏差(Tone and Tsutsui, 2009)。另一方面,这种方法无法准确指示效率低下的原因,也不能为决策者提供过程层面的效率改进指导(Lewis and Sexton, 2004)。

为了弥补传统 DEA 模型的不足,学者们开始将其扩展为两阶段或网络结构模型。与传统单阶段 DEA 模型将整个生产过程视为"黑箱"的方式不同,两阶段或网络结构的效率分析使决策者能够深入决策单元内部,获得更准确、全面的信息,为决策和管理提供支持。在 DEA 框架中,Färe(1991)率先引入了中间产品连接子系统的网络结构,随后 Färe 和 Grosskopf(2000)对此进行了扩展和补充,以打开决策单元的"黑箱"。

在网络结构中,两阶段结构是最简单且特殊的形式。近年来,学者们对两阶段 DEA 进行了重要的理论和应用研究。Charnes 等(1986)首次探讨了多阶段生产运营的绩效评价,例如,军队招募过程包含两个子过程:第一,通过广告培养人们参军意识;第二,签订具体合同。这种将生产过程分解为具体子过程的方法可以帮助决策者确定投入要素对整体运营的真实影响。之后,Seiford 和 Zhu(1999)将美国商业银行的内部结构划分为盈利化和市场

---

① 这里描述的传统 DEA 模型是指 Charnes 等(1978)提出的基础 DEA 模型及其后续的一些理论扩展(详见 Cooper et al., 2011)。

化等两个子系统。第一个子系统的投入指标（劳动力和资产）主要用于生产利润和收益等产出，同时第一个子系统的产出又作为第二个子系统的投入，用于生产市场价值、回报和每股收益等产出。然而，他们在效率测度过程中将这两个子系统独立起来，忽略了中间产出在两个子系统之间的重要协调作用。

为了解决这种冲突，Liang 等（2008）引入了非合作博弈理论，并提出了"领导者—追随者"模型和集中式两阶段 DEA 模型。Kao 和 Hwang（2008）提出了一种串联形式的两阶段 DEA 模型，将综合效率表示为两个子系统效率的乘积形式（乘性分解方法）。然而，乘性分解方法只适用于不变规模报酬情况，且第一阶段产出只能作为第二阶段的投入，限制了其适用范围。因此，Chen 等（2009）提出了一种加性分解方法，将综合效率表示为两个子阶段效率的加权平均形式，其中权重表示子阶段的相对重要性，需要事先指定。然而，Despotis 等（2016a）认为该方法存在偏差。为此，他们提出了一种新的方法来估计各个阶段的无偏效率值。更多关于该方法的讨论可参考 Despotis 等（2016b）以及 Guo 等（2017）的研究。

除了 Kao 和 Hwang（2008）及 Chen 等（2009）依赖的乘子型 DEA 范式之外，Tone 和 Tsutsui（2009）提出了一种基于松弛量测度（SBM）的两阶段 SBM 模型。随后，Fukuyama 和 Weber（2010）在 Tone 和 Tsutsui（2009）的工作基础上考虑了非期望产出，并提出了一种包含非期望产出的两阶段 SBM 模型。Chen 等（2013）指出 Tone 和 Tsutsui（2009）的方法可能无法满足阶段效率的特性，并建议重新审视两阶段效率的基本原理。他们认为基于乘子模型的两阶段 DEA 方法应用于确定阶段效率，而基于包络模型的两阶段 DEA 模型则应用于确定无效决策单元的前沿投影。

除了上述研究以外，学者们还在两阶段建模范式的基础上提出了一些改进的方法。例如，Chen 和 Zhu（2004）采用过程距离测度模型来研究投入效率和产出效率，将系统效率表示为两个子系统效率的加权形式，权重表示相应子系统相对整体系统的重要性。基于这一思想，Saranga 和 Moser（2010）基于两阶段价值链 DEA 模型评估了国际企业的购买和供给管理绩效。Liang 等（2011）提出了两种模型来处理包含反馈系统的效率测度问题：一是以最大化两个子系统的平均效率值为优化目标；二是赋予其中一个子系统更高的优先级。关于两阶段 DEA 的其他相关讨论和理论进展，请参考 Li 等（2012）、An 等（2016）、Wu 等（2016）、Guo 和 Zhu（2017）、Kao（2017）的研究。

二、两阶段 DEA 在不同领域中的应用研究

除了上一节阐述的两阶段 DEA 理论发展以外，两阶段 DEA 在资源配置、银行、创新评价、可持续等众多领域中得到广泛应用。限于篇幅，下面对其中几个主要应用场景进行简要综述：

（一）两阶段 DEA 在资源配置中的应用

早期的资源配置 DEA 研究仅考虑了单阶段结构，因此无法为决策者提供有关如何优化决策单元子系统（过程）的资源配置信息。基于两阶段 DEA 的资源配置研究可以分为两类：

第一类，针对固定成本分配问题的研究，其目标是通过考虑决策单元内部结构来设计实际可行的固定成本分摊方案。

例如，Yu 等（2016）应用加性两阶段网络 DEA 模型和交叉效率方法，研究了两阶段背景下的固定成本分摊问题。他们的研究发现，如果两个决策单元拥有类似的产出组合，那么投入较高的决策单元将承担较少的固定成本；而当两个决策单元拥有类似的投入组合时，则产出较高的决策单元将承担较多的固定成本。同样考虑基本的两阶段结构，Li 等（2019）提出了一种考虑决策单元运营规模的两阶段固定成本分摊 DEA 模型。他们的模型确保了所有决策单元分摊后的成本均为有效成本，并通过相应的分配算法确保了最终分配结果的唯一性。Chu 等（2019）从竞争的角度将两个子阶段视为博弈参与者，并提出了一种满意度讨价还价模型来解决两阶段固定成本分摊问题。为了克服非线性模型求解困难的问题，他们提出了一种可行算法来确定最终唯一的两阶段成本分摊结果。除上述研究外，还有一些类似的研究，如 Zhu 等（2019）。这些研究在固定成本分配问题上提出了不同的方法和模型。

第二类，研究主要利用两阶段 DEA 方法设计特定目标的资源配置方案。An 等（2016）从效率分析角度研究了两阶段系统中可能存在的内部资源浪费问题。他们的模型基于包络型 DEA 方法，因此优化后的投影方案可视为在既定目标下的最优资源配置计划。他们考虑了集中式两阶段系统、分散式两阶段系统和混合组织两阶段系统。通过提出考虑集中度的两阶段 DEA 模型，他们确定了不同模式两阶段系统的内部资源浪费情况。研究结果表明，当集中式两阶段系统仅包含一个中间产出时，可以完全消除内部资源浪费，而高的集中度可导致更多的期望产出和较少的内部资源浪费。Wu 等（2020）为了设计协调的生产方案，提出了一种考虑不满意度的两阶段讨价还价 DEA 模型。他们参考了博弈理论中的"领导者—追随者"分析范式，并提出了相应的两

阶段 SBM 模型。在不满意度方法的基础上，他们提出了最终的两阶段讨价还价 DEA 模型，用于确定期望的目标设定结果（即资源配置结果）。该方法应用于中国 30 个省市的两阶段污染控制系统的中间污染物调整和目标设定，为协调经济发展和污染控制提供了决策支持。Ang 等（2020）从"利润"最大化视角研究了两阶段系统的组织内和组织间的资源配置问题。他们考虑了集中式生产系统和分散式生产系统两种类型的组织系统。通过提出双层两阶段 DEA 模型，他们在上层模型中确定了优化后的投入资源和产出目标，以最大化整个系统的有效性。下层模型考虑了所有决策单元的效率约束情况。这些研究提出了不同的模型和方法来解决特定目标下的资源配置问题。其他相关研究包括 Yu 和 Chen（2016）、Sarah 和 Khalili-Damghani（2019）等。

（二）两阶段 DEA 在银行系统中的应用

银行业是世界上最复杂的产业之一，对国家的财富贡献重大（Paradi, Rouatt and Zhu, 2011）。如今，银行提供多样化的产品和服务，从简单的存款业务到住房抵押贷款、消费贷款、共同基金管理和供应链金融服务等。然而，随着金融系统的发展，银行业竞争也日益激烈。以中国为例，自 2001 年加入世界贸易组织（WTO）以来，国内银行不得不面对外国银行的竞争。特别是在 WTO 五年宽限期结束后的 2006 年，银行业进行了一轮改革，主要是为了使国内银行能够应对国外竞争（Wang et al., 2014）。提高银行效率被认为是确保银行在市场中保持竞争优势的重要举措。学术界的许多学者从不同角度为改善银行效率做出了重要的理论贡献。

近年来，学者们对运用两阶段 DEA 方法评价银行及相关产业的绩效产生了广泛兴趣（Fukuyama and Weber, 2010；Akther et al., 2013；Degl'Innocenti et al., 2017）。最初，Seiford 和 Zhu（1999）对美国 55 家商业银行的绩效进行了评价，将其运营过程划分为盈利化和市场化两个子系统。然而，这种方法忽略了中间产出在两个子系统之间的冲突，未能充分利用两阶段 DEA 的优势（Liang et al., 2008）。随着两阶段 DEA 理论的发展，学者们开始探索修正的两阶段 DEA 模型来分析银行业相关问题。例如，Fukuyama 和 Weber（2010）提出了一种考虑非期望产出的两阶段 SBM 模型，并应用于日本银行的效率评价和效率变动分析。研究结果显示，传统"黑箱"方法高估了银行效率，而两阶段效率估计方法得到的效率值更为准确。此外，Holod 和 Lewis（2011）基于无导向可变规模报酬的两阶段 DEA 模型，研究了银行存款作为中间产出情况下的效率估计问题。他们的方法不仅解决了存款角色的主观确定问题，还为获取一致的效率估计提供了理论指导。Akther 等（2013）基于

SBM 方法和方向距离函数方法对孟加拉国的 21 家银行在 2005—2008 年的绩效进行了分析。除了考虑存款作为中间产出外，他们还研究了不良贷款作为最终非期望产出对银行效率评价的影响。通过实证研究，他们发现，如果银行管理者能够有效运营，根据网络模型估计的结果显示，不良贷款大约可以降低 2.9%。

（三）两阶段 DEA 在可持续方面的应用

近年来，学者们在评估环境效率时，开始关注环境系统的内部结构，以便从内部视角识别导致环境低效的主要原因。Chen 等（2012）提出了一种两阶段 DEA 模型，用于评价可持续产品设计的绩效。他们将可持续产品设计过程分为工业设计和生物设计两个子模块，并分析了北美国家 534 款车型的设计绩效，发现通过创新设计决策可以实现产品规格与环境属性的整合，从而提高环境绩效。Liu 和 Wang（2015）将中国工业生产系统分为能源生产和能源消费两个子系统，提出了一种调整后的能源效率评价方法，避免了传统效率分解方法中的测量偏差。实证研究显示，该方法在评估中国工业部门能源效率时，纠正了传统模型对"能源出口"地区的偏估。Wu 等（2016）提出了一种基于加性分解策略的两阶段非合作 DEA 模型，考虑了工业生产中第二阶段非期望产出的回收再利用，并通过启发式算法解决了非线性模型的求解问题。该方法在中国 30 个省级地区的工业生产效率评价中得到了验证。Wu 等（2016）还提出了一种考虑决策者兴趣偏好的两阶段环境效率测量 DEA 模型，将生产系统分为生产子系统和污染处置子系统，通过引入兴趣偏好约束，构建了相应的两阶段 DEA 模型，并讨论了兴趣偏好参数与效率值变动的关系。该方法在中国 30 个省级地区的实证研究中被验证有效，并详细分析了非期望产出的影子价格等问题。

（四）两阶段 DEA 在其他方面的应用

除了上述研究领域，两阶段 DEA 方法还在奥运会、共同基金、创新和交通运输等领域得到广泛应用。例如，Li 等（2015）提出了一种用于评价奥运会参与国绩效的两阶段关联 DEA 模型，将获得奖牌过程分解为运动员准备和运动员比赛两个阶段。实证研究表明，大多数参与国在运动员准备阶段的效率值高于运动员比赛阶段的效率值。

在共同基金绩效评价方面，Galagedera 等（2016）针对第一阶段部分产出直接作为最终产出的情况，提出了一种包含溢出变量的两阶段 DEA 模型，并将其应用于美国 66 家共同基金的绩效评价。通过将共同基金运营分为运营管理和投资组合管理两个子阶段，并引入"投资者总现金流量"作为溢出变量，研究发现小型共同基金家族的绩效优于大型共同基金家族。Galagedera（2019）意识到企业在道德层面的政策可能反映了企业的长期承诺，并可能指导共同基金投资组合的构建。他提出了一种将道德水平作为非自由处置产出的两阶段 DEA 模型，并将其应用于评价美国 35 家大型股权共同基金的绩效水平。研究发现，样本共同基金的整体效率低下更可能是由于投资组合管理阶段的低效而非运营管理阶段的低效引起。其他关于共同基金绩效的研究还包括 Sánchez-González 等（2017）、Galagedera 等（2018）。

在创新领域，Guan 和 Chen（2012）提出了一个关联网络 DEA 模型，利用加性效率分解策略评价了 22 个 OECD 国家的创新效率。他们将国家的创新生产划分为上游知识生产子系统和下游知识商业化子系统，并发现大多数国家在这两个子系统之间存在不协调的问题。Chen 和 Kou（2014）在区域创新系统的评估中采用了加性分解策略，建立了一个复杂网络 DEA 模型，用于评估包含上游技术创造子系统和下游技术商业化子系统的区域创新系统。他们提出的两步评估流程为创新效率评估提供了全面的方法。Lee 等（2019）研究了韩国中小企业的研发合作效率，从中小企业创新效率的角度分析了不同合作及其类型的影响。研究发现，基于 DEA 方法测量的创新效率对形成合作相关的管理策略具有积极影响。

最后，在评价港口或运输部门效率的研究中，Azadi 等（2014）提出了考虑目标设定的两阶段 DEA 模型，并将其应用于公共运输服务提供商的绿色供应链管理绩效评价。他们的实证研究验证了该方法能够确保在设定相应目标后，决策单元能够投影到有效前沿上。Wanke（2013）利用 Liang 等（2008）提出的集中式两阶段网络 DEA 模型对巴西 27 家港口的绩效进行评价。他们将港口运营划分为物理基础设施和货运整合两个子生产过程。研究结果显示，私人管理对物理基础设施阶段的效率产生了积极影响，腹地规模和货物类型的运营对货运整合阶段的效率产生了积极影响。

第六节　本章小结

本章综述了融资理论、资源配置 DEA 理论、不确定性 DEA 理论、考虑非期望产出的 DEA 理论、两阶段 DEA 理论及相关应用研究，以系统性的方式回顾和梳理了这些领域的研究进展。通过对现有理论的研究脉络的分析，发现基于非参数 DEA 方法的资源配置研究需要从内部控制视角逐渐转变为同时协调决策单元内外部资源。因此，在这一部分，本书对现有理论和相关研究进行了综合评述，以进一步厘清研究思路，并识别出现有研究的缺口和可改进之处。

一、有效的资源配置需要充分整合内外部资源

现有基于非参数 DEA 框架的资源配置研究主要从内部控制视角考虑最优资源配置方案的设计问题，但往往忽略了外部资本对资源配置过程的重要影响。这可能导致不可行或有偏的资源配置方案。实证研究表明，外部资本互动可以帮助企业缓解资金困境，并通过增加外部融资需求来改善分配效率。然而，目前尚未有研究探讨外部融资对基于 DEA 的资源配置过程的影响。在类似研究中，Lozano 等（2011）提出了一系列集中式非径向 DEA 模型，以确定在预算约束下的资源配置方案。尽管他们的研究在考虑资金约束对资源配置的影响方面迈出了一步，但遗憾的是，他们的分配方案仅考虑了内部预算控制过程，忽略了外部资本对有效资源配置过程的潜在影响。因此，基于 Lozano 等（2011）的方法可能导致不可行或有偏的资源配置结果。

二、考虑需求不确定性的资源配置机制需要进一步深化

有效的资源配置过程需要同时考虑决策单元的即时生产能力和外部产出需求的变化。然而，在设计需求不确定情况下的资源配置方案时，（现有文献比如 Du et al., 2010; Amirteimoori and Kordrostami, 2012; Lee and Johnson, 2014）主要从内部控制视角出发，分析决策单元如何根据现有资源水平和生产能力进行资源配置，却忽略了决策单元可以利用的外部资源渠道。Du 等（2010）提出的集中式生产计划模型是一个典型例子，该模型通过考虑不确定性需求来重新分配投入和产出，以实现既定的组织目标。然而，这种分配机制建立在决策单元当前的生产能力和资源水平基础上。如果将当前观测阶段视为"无融资约束"阶段，而在后续资源配置阶段仍然假设"无融资约束"，可能会高估决策单元的融资能力，导致资源配置结果出现偏差。同样，如果将当前资源水平视为后续资源配置过程中可用资源的上限，就忽视了扩张生产的可能性。尤其是在相关产品的预期需求发生剧烈变动时，根据当前资源水平设计相应的资源配置方案可能导致供给不足或供给过剩，从而损害经济利益，降低企业相关产品的市场份额，甚至影响企业的声誉和市场竞争力。

三、碳减排任务分配需要同时协调个体利益和整体利益

近年来，基于 DEA 方法的"碳减排"任务分配在理论界和实践界都引起了广泛关注。现有研究大致可以分为两类：一类是通过事后效率分析评估决

策单元当前的生产和减排情况，从而提供提高效率的决策支持；另一类是通过资源再分配实现减排目标。例如，Wang 等（2016）研究了在决策单元当前生产能力和碳排放情况基础上，空间碳排放交易和"空间—跨期"碳排放交易两种机制下的排放配额分配问题。这种事后潜能分析在一定程度上能够帮助决策单元确定次优的减排任务分配方案。然而，正如前文所述，聚焦于内部控制视角可能忽略了外部融资的可能性，从而低估了相应分配机制的收益。对于生产率较高的决策单元，如果没有融资约束，通过外部融资工具进行生产扩张不仅能实现自身收益最大化，还能促进决策单元更好地参与减排相关的资本互动，达到减排主体利益最大化和碳金融市场良性发展的双赢局面。另一方面，现有研究很少对"碳减排"任务分配过程中的个体利益和整体利益进行统筹分析。尽管目标可能是最大化整体利益，但这通常意味着需要牺牲部分个体利益，可能引发组织内部的抵制。通过采用分散式和集中式的减排任务分配方式，并充分利用决策单元内外部的资源，不仅可以协调个体利益和集体利益之间的冲突，还能为进一步实施全局有效的减排任务分配提供决策支持。

四、亟须探索外部融资渠道对两阶段资源配置过程的影响

根据现有的资源配置 DEA 研究，大多数研究从单阶段视角出发，将决策单元视为一个"黑箱"。然而，近年来一些研究开始尝试打开传统资源配置过程的"黑箱"，探索两阶段或更复杂结构生产系统的资源配置问题。例如，Yu 等（2016）、Li 等（2019）、Chu 等（2019）从两阶段视角研究了两阶段生产系统下的固定成本分摊问题。Wu 等（2019）则从"生产—污染控制"两阶段视角研究了两阶段污染控制系统的生产和目标设定问题。然而，与之前提到的单阶段资源配置研究相似，目前尚无研究尝试分析外部融资决策对 DEA 框架下两阶段资源配置过程的影响。从逻辑上看，外部融资决策会对整个生产运营过程产生影响。然而，如果生产系统或部门之间存在严格的层次关系，仅从单阶段"黑箱"视角研究外部融资决策的影响可能会导致有偏甚至不可行的资源配置结果。举例来说，假设生产过程包含两个子系统，而外部融资主要影响第二个子系统的产出水平。因此，在设计相应的资源配置方案时，需要进一步打开决策单元内部的"黑箱"，通过研究特定子系统的融资扩张行为，为决策单元制定有效的资源配置方案提供更科学的指导和理论支持。

第三章 考虑融资约束的资源配置 DEA 框架

本章基于非参数 DEA 框架探讨融资约束对实际资源配置结果的影响，通过分析不同资源配置 DEA 模型所得到的分配后利润结果，构建相应的集结利润无效率指数分解方法，为决策单元（组织）实施有效的资源配置过程提供现实可行的路径。首先，本章第一节对相关研究背景进行阐述，同时分析本章研究动机及研究的重点内容。其次，第二节主要阐述本章所构建的理论方法，具体包括分散式和集中式情境下利润最大化导向的融资资源配置 DEA 模型（后面也称 FRA-DEA 模型）。再次，根据不同情境下所估计到的效率结果，提出了一种新的集结利润无效率指数分解方法。最后，第三节运用一个实际餐馆运营例子来说明本书所提方法的有效性和可行性，并在第四节总结了本章所得到的主要结果，同时给出与本章研究相关的几个未来研究方向。

第一节 研究背景

数据包络分析（DEA）是一种经典的非参数方法，它可以用于测度一组具有同质（homogeneous）特征决策单元的相对效率。DEA 方法自 1978 年由 Charnes、Cooper 和 Rhodes 提出以来，已经被广泛应用于各行各业。近年来，学者们对于利用数据包络分析（DEA）方法解决资源配置问题表现出了浓厚的兴趣（Athanassopoulos, 1998; Fang, 2016）。资源配置可以被理解为在一系列竞争性活动中分配有限资源以实现相应目标的过程（Pang and Chang-Sung, 1989）。总体而言，基于 DEA 方法的资源配置研究可分为两类。第一类倾向于使用乘子型 DEA 方法解决资源配置问题，该类方法主要继承了传统 DEA 模型（如 CCR 模型）的思想。特别是在固定成本分配问题中，该类方法得到广泛应用。例如，Cook 和 Kress（1999）首次尝试使用基于 DEA 的方法解决固定成本分配问题，并提出了两种规则用于设计相应的分配方案。第一种是效率不变法则，要求资源配置前后各决策单元的效率保持不变。第二种是帕累托极小法则，根据该法则定义，如果在不违反效率不变法则的前提下，无法将成本从一个决策单元转移到其他决策单元，则称该成本分配为投入帕累托极小。Cook 和 Zhu（2005）将 Cook 和 Kress（1999）的投入导向方法扩展为产出导向，并引入了一种用于解决多投入多产出情境的成本分配方法。然而，Lin（2011a）认为在引入一些特殊约束时，Cook 和 Zhu（2005）的方法可能无法找到可行解。类似地，Jahanshahloo 等（2004）在 Cook 和 Kress（1999）的基础上提出了一种备选方法，用于确定一种相对公平的分配方案，而且该方法无须求解任何线性模型，只需要根据一组公式即可实现。遗憾的是，Jahanshahloo 等（2004）的方法在实际应用中可能存在无解等问题（Lin，2011b）。其他类似的研究还包括 Lin 和 Chen（2016）、Li 等（2019）。除了上述研究外，Beasley（2003）还提出了一种不同的分配机制，他们要求分配后所有决策单元的效率达到最大化，因此也被称为效率最大化法则。基于 Beasley（2003）的方法，其他相关研究包括 Amirteimoori 和 Kordrostami（2005）、Li 等（2009）、Li 等（2013）。

与前述基于乘子型 DEA 模型的资源配置研究不同，另一类研究专注于应用类包络型 DEA 模型来解决相应的资源配置问题。从理论上讲，基于传统包络 DEA 模型计算的投影方法可以视为一种特殊的分配方案。然而，为了更好地区分以效率评价为目标的包络型 DEA 模型，基于 DEA 的资源配置方法通常是指那些运用包络型 DEA 方法解决特定或实际问题的方法。在现实中，经常出现组织或决策单元由集中式权威或超级决策者领导的情况。为了研究这类问题，许多研究者基于不同目标提出了不同的模型。其中，Golany，Phillips 和 Rousseau（1993）提出了一系列的投入导向非径向包络型 DEA 模型。他们的"宏观"层面模型基于最大化组织利润率和技术效率的目标进行设计。随后，Golany 和 Timir（1995）对 Golany 等（1993）的模型进行了扩展，以研究关于在效率、有效性和公平性之间如何进行权衡的一系列资源配置问题。在他们的模型中，目标规划方法主要用于寻找相应的配置目标，最终的资源配置方案通过最小化与上述目标偏离来计算得到。Korhonen 和 Syrjänen（2004）进一步对 Golany 等（1993）以及 Golany 和 Timir（1995）的方法进行了推广和扩展。特别是他们提出了一种基于 DEA 和多目标线性规划（MOLP）的交互模型，该模型可用于确定决策者首选的资源配置方案。

Fang 和 Zhang（2008）利用多目标线性规划工具研究了一个特定的集中式资源配置问题。他们认为决策权重应同时考虑最大化决策单元的集结效率和个体效率，即兼顾个体和整体利益。不同于上述研究，Lozano 和 Villa（2004）提出了两种正式的包络型 DEA 模型，以解决存在集中式权威下的资源配置问题。第一种模型旨在减少所有投入总消耗的径向程度，第二种模型在给定偏好结构下寻求每个投入的单独减少量。随后，Asmild 等（2009）对 Lozano 和 Villa（2004）的模型进行了重新思考，提出了只需在无效决策单元中进行调整的方法。Fang（2013）对 Lozano 和 Villa（2004）、Asmild 等（2009）的模型进行了一般化和扩展，并提出了一种有趣的效率分解方法，以揭示总体投入缩减的根源。此外，受到集中式组织若完全关闭某些决策单元对整体利益更有利的启发，Lozano 和 Villa（2005）提出了多种基于 DEA 的集中式资源配置模型，这些模型考虑了关闭某些决策单元的可能性。类似地，站在整个网络最优性的角度，Ray（2016）提出了一种基于成本效率的集中式资源配置 DEA 模型，旨在确定满足相应服务率前提下分支银行机构的最优数量，并实现运营成本的最小化。Lozano（2014）提出了一种基于松弛量测度的方法，解决了集中式情境下的固定分配和共同收益的确定问题。此外，他还考虑了固定成本作为另一种投入的互补品，以及不存在投入指标或产出指标的情况。

总的来说，上述研究对基于 DEA 的资源配置理论做出了重要贡献。然而，这些研究普遍忽视了融资约束对资源配置的影响。已有一些实证研究探索了外部融资与资源配置之间的关系，并发现融资约束会影响资源配置结果。例如，Jaud 等（2018）发现在实体经济中，金融机构和市场对改善资源配置起着重要积极的作用。此外，Almeida 和 Wolfenzon（2005）研究发现，当投资者保护较差时，企业可以通过增加外部融资需求来改善分配效率。从资本配置的角度来看，融资约束确实会影响企业的资源配置决策。然而，目前关于融资约束对基于 DEA 的资源配置方案影响的研究较少。Lozano 等（2011）提出了一系列产出导向的集中式非径向 DEA 模型，以确定在预算约束下的资源配置方案。他们的研究在制定受资金约束的资源配置方案方面具有重要意义。但遗憾的是，他们只关注内部资源配置过程，忽略了外部资本（如贷款融资）对最终资源配置方案的潜在影响。例如，如果决策单元（如餐馆）预算受到未来销售季节的影响（如区域内将举办重大活动，导致人流量大增），扩张（如增加雇员人数）可能是一种合理的策略。然而，很多企业面临资金约束，即在内部资金不足时需要寻求外部融资。此外，即使企业内部资金足够支持正常生产，企业也可能选择融资扩张策略，只要扩张所带来的额外收益大于扩张的成本（如贷款本金和利息）。[①]

[①] 当然，实施融资扩张的前提是决策单元有能力通过融资渠道筹措资金。而且，即使考虑到能力利用等原因而不采取融资扩张策略，本章的模型也可以很自然地转化为相应的不考虑融资扩张可能性的资源配置模型，换言之，传统资源配置 DEA 思路在一定程度上可以视为本章方法的一个特例。

基于以上分析，本章将提出一组新的基于 DEA 的模型，与以往研究不同，本章的模型首次考虑了负债融资决策对资源配置方案的影响。首先，考虑分散式情景，假设每个决策单元都优化其资源以实现给定目标的最优配置。与传统方法只考虑通过内部渠道（如预算）进行资源配置不同，本章的模型允许决策单元通过外部融资渠道实现资源与资本的最优配置。而且，与 Jaud 等（2018）的研究结论相似，笔者发现潜在融资扩张策略在基于 DEA 方法的资源配置中起到重要作用。此外，为了建立潜在融资扩张策略和潜在利润增长之间的联系，本章引入了一个重要概念——融资报酬。同时，本章还证明递增融资报酬是采取融资扩张策略的决策单元的充分条件。其次，本章对分散式融资资源配置模型进行了扩展，并提出了集中式 FRA-DEA 模型。与现有的集中式资源配置 DEA 模型（如 Lozano et al., 2011）相比，本章的方法不仅在一定程度上解决了目标不匹配导致的无解问题，而且提供了一种更可行且利润更高的资源配置方案。最后，为了揭示潜在集结利润无效率的主要原因，参考 Peyrache（2015），本章提出了一种新的集结利润无效率指数分解方法。具体而言，本章将集结利润无效率指数分解为三个部分：集结传统利润无效率指数（主要衡量决策单元偏离传统利润有效前沿的程度）、集结分配利润无效率指数（主要描述决策单元在战略选择上的失误）和集结再分配利润无效率指数（主要描述决策单元管理分散化的影响）。

总的来说，本章的贡献主要体现在以下三个方面。

（1）现有的基于 DEA 方法的资源配置研究大多基于技术效率或收益效率的视角（Fang, 2016）。然而，在实际情况中，利润效率可能更适合衡量决策单元的绩效。特别是对于营利性组织（For-Profit Organizations，FPOs），决策单元往往更倾向于追求利润最大化。因此，本章的研究在一定程度上填补了现有基于利润最大化视角研究资源配置问题文献的不足。

（2）本章将金融理论与基于 DEA 的资源配置方法相结合，与现有基于 DEA 的资源配置理论和应用研究有明显的区别。相比于这些研究，本章的方法具有两个显著的优势。首先，传统方法可以看作是本章方法的一个特例，因此本章提出的方法更具普适性。此外，传统方法可能存在无解情况，而本章提出的方法针对部分无解情况提供了科学合理的解决方案。其次，即使传统方法没有无解问题，本章也可证明在满足一些公理的前提下，本章的方法能够得到一个利润更大的资源配置方案。最后，本章提出了一种新的利润无效率方法，该方法清晰地阐明了导致集结利润无效率的主要原因。更重要的是，这为潜在的决策者或管理者提供了可行的路径和理论支持，帮助他们理解如何改善决策单元的利润效率并设计相应的资源配置方法。

第二节 研究方法

上一节对研究背景以及相关文献进行了简要梳理。下面主要对本章所用的方法进行具体阐述，具体来讲分为三个部分：第一部分主要阐述了分散式情境下的融资资源配置模型的构建；第二部分则通过扩展分散式情境构建了集中式融资资源配置模型；第三部分则为深入了解利润分配无效率主因进行了进一步阐述。

一、分散式融资资源配置情境

假设现有 n 个待评价决策单元。对每个决策单元 j 来讲，它们拥有 m 维的投入向量 $X_j = (x_{1j}, \cdots, x_{mj})' \in \Re_+^m$，$s$ 维的产出向量 $Y_j = (y_{1j}, \cdots, y_{sj})' \in \Re_+^s$，以及相应的投入产出价格向量 $C = (c_1, \cdots, c_m)' \in \Re_{++}^m$ 和 $P = (p_1, \cdots, p_s)' \in \Re_{++}^s$。

首先，定义以下生产可能集

$$T = \{(X, Y) \mid X \text{ 可以生产 } Y\} \quad (3.1)$$

式（3.1）描述了所有技术上可行的投入产出组合，在不同的假设条件下，这些组合可以通过上述 n 个观测决策单元数据实证地构造。特别地，如果生产可能集满足可变规模报酬（variable returns to scale, VRS）假设，那么根据 Banker 等（1984）估计的生产可能集 $\tilde{T}$ 可以被刻画为

$$\tilde{T} = \left\{(X, Y) \,\middle|\, X \geqslant \sum_{j=1}^n \lambda_j X_j;\ Y \leqslant \sum_{j=1}^n \lambda_j Y_j;\ \sum_{j=1}^n \lambda_j = 1;\ \lambda_j \geqslant 0,\ j = 1, \cdots, n\right\}$$
$$(3.2)$$

其中 $\lambda = (\lambda_1, \cdots, \lambda_n)'$ 表示各决策单元对应的强度权重（intensity weights）所组成的一个半正向量（semi-positive）。需要注意的是，式（3.2）中的第三项为相应的归一化约束，即 $\sum_{j=1}^n \lambda_j = 1$。在实证过程中，如果不考虑该约束，式（3.2）则意味着支持不变规模报酬（constant returns to scale, CRS）假设，在该假设条件下，可以很自然地根据式（3.2）来求解原始 CCR 模型（Charnes et al., 1978）。但是，正如 Färe 等（2007）所言，当需要测度利润无效的时候，不变规模报酬假设可能变得没有意义，因为它要么意味着无界利润要么意味着最大利润为 0（具体分析详见 Cooper et al., 2011）。因此，在后面分析过程中，将在可变规模报酬假设下进行分析和讨论。

基于生产可能集 $\tilde{T}$，同时参考 Lozano 等（2009），可以定义如下利润最

大化资源配置模型：

$$\max \sum_{r=1}^{s} p_r \hat{y}_{rk} - \sum_{i=1}^{m} c_i \hat{x}_{ik} \quad (3.3)$$

$$s.t. \sum_{j=1}^{n} \lambda_j x_{ij} \leq \hat{x}_{ik} \quad i=1,\cdots,m \quad (3.3.1)$$

$$\sum_{j=1}^{n} \lambda_j y_{rj} \geq \hat{y}_{rk} \quad r=1,\cdots,s \quad (3.3.2)$$

$$\hat{x}_{ik} \leq x_{ik} + \delta_{ik} \quad i=1,\cdots,m \quad (3.3.3)$$

$$\hat{y}_{rk} \geq y_{rk} \quad r=1,\cdots,s \quad (3.3.4)$$

$$\sum_{j=1}^{n} \lambda_j = 1 \quad (3.3.5)$$

$$\hat{x}_{ik} \geq 0 \quad i=1,\cdots,m \quad (3.3.6)$$

$$\hat{y}_{rk} \geq 0 \quad r=1,\cdots,s \quad (3.3.7)$$

$$\lambda_j \geq 0 \quad j=1,\cdots,n. \quad (3.3.8)$$

其中，$\hat{x}_{ik}$ 和 $\hat{y}_{rk}$ 分别表示决策单元 k 所对应的第 i 个投入和第 r 个产出的目标。约束式（3.3.1）～式（3.3.2）要求投射的投入和产出点应该在由所有观测决策单元组成的线性组合技术集内。约束式（3.3.3）限定了相应投入可以达到的上界，约束式（3.3.4）则提供了每个产出的相应最小目标。需要注意的是，约束式（3.3.3）～式（3.3.4）实际上提供了一种考虑现有观测投入产出组合的资源配置方案。更为一般地，很容易将模型式（3.3）拓展至更一般情形——此时投入上界及产出目标可以根据实际情况而定。具体地，约束式（3.3.3）替换为 $\hat{x}_{ik} \leq x'_{ik}$，其中 x'_{ik} 表示第 i 个可被决策单元 k 用于分配投入的上界值；同时约束式（3.3.4）替换为 $\hat{y}_{rk} \geq y_{rk}$，其中 y'_{rk} 决策单元 k 对第 r 产出指标设置的产出目标值。但是，为了描述方便，同时为确保相应资源配置模型的可行性，仅对观测到的投入、产出组合进行资源配置。

求解模型式（3.3），假设相应的最优解为 $(\hat{x}^*_{ik}, \hat{y}^*_{rk}, \lambda^*_j)$，此时，对待评决策单元 k 来讲，它的传统利润无效率（Traditional Profit Inefficiency，TPIE）可以定义为求解模型式（3.3）得到的最大利润值与其当前观测的利润值之差，即

$$TPIE_k = \left(\sum_{r=1}^{s} p_{rk}\hat{y}^*_{rk} - \sum_{i=1}^{m} c_{ik}\hat{x}^*_{ik}\right) - \left(\sum_{r=1}^{s} p_{rk}y_{rk} - \sum_{i=1}^{m} c_{ik}x_{ik}\right) \quad (3.4)$$

如果 $TPIE_k = 0$，那么称该决策单元为传统利润有效；否则，如果 $TPIE_k > 0$，那么称该决策单元为传统利润无效。实际上，式（3.4）所定义的 $TPIE_k$ 指标在一定程度上反映了该决策单元偏离其最优传统利润水平的程度。

但需要注意的是，模型式（3.3）实际上有几点不足之处。

第一，假设决策者希望根据实际情况来分配相应资源，那么如果当前投

入产出组合不在生产可能集内，此时很容易知道模型式（3.3）无可行解。比如，现实中由于投资或者现金流的限制，企业可能出现预算不足情形（Shi，1999）。此时，生产者可能难以提供实现相应产出目标的资源或者投入，比如反映到模型中即为 $x'_{ik} = x_i^{min}(\forall i, k)$ 及 $y'_{rk} = y_{rk}(\forall r, k)$，其中 $x_i^{min} = \min_{k=1,\cdots,n}\{x_{ik}\}$。如果将现实条件代入到模型式（3.3）则可能会导致模型式（3.3）无解，而反映到现实中则意味着生产中断。但在现实中，当预算或投入不足的时候，企业为了避免生产中断往往选择从银行或相关金融机构借钱（也有可能是私人借贷）以维持企业的正常生产（虽然借贷由于生产不确定可能存在风险，但如果中断生产企业将承担更大的违约风险等）。

第二，即便现实中决策者基于现有生产条件可以保证一个可行的资源配置方案，假定模型式（3.3）成立，实际上模型式（3.3）背后的分配机制是值得商榷的。比如，模型式（3.3）实际上清晰地假定了决策者只能通过内部资金渠道（比如将投入上界设置为观测的资源水平），而且假定获取内部资金是无成本的。但在现实生产过程中，除了内部资金渠道，外部融资（比如贷款融资）也是企业用于响应市场需求以避免可能的生产中断（比如预算不足）的一项重要战略措施。此时如果决策者完全忽略该资金获取渠道将可能低估相应的利润无效率情形，因为现实中可能存在一种可行的资源配置方案使得分配后利润大于根据模型式（3.3）所得到的分配利润。为刻画上述四项，首先定义本章第一个以利润最大化为目标的分散式资源配置模型：

$$\max \sum_{r=1}^{s} p_r \hat{y}_{rk} - \sum_{i=1}^{m} c_i \hat{x}_{ik} + \sum_{i=1}^{m} c_i \delta_{ik} - (1+\alpha) \times d_k \quad (3.5)$$

$$s.t. \sum_{j=1}^{n} \lambda_j x_{ij} \leq \hat{x}_{ik} \quad i=1,\cdots,m \quad (3.5.1)$$

$$\sum_{j=1}^{n} \lambda_j y_{rj} \geq \hat{y}_{rk} \quad r=1,\cdots,s \quad (3.5.2)$$

$$\hat{x}_{ik} \leq x_{ik} + \delta_{ik} \quad i=1,\cdots,m \quad (3.5.3)$$

$$\hat{y}_{rk} \geq y_{rk} \quad r=1,\cdots,s \quad (3.5.4)$$

$$\sum_{i=1}^{m} c_i \varphi_i \delta_{ik} \leq d_k \quad (3.5.5)$$

$$\sum_{j=1}^{n} \lambda_j = 1 \quad (3.5.6)$$

$$\delta_{ik} \geq 0 \quad i=1,\cdots,m \quad (3.5.7)$$

$$\hat{x}_{ik} \geq 0 \quad i=1,\cdots,m \quad (3.5.8)$$

$$\hat{y}_{rk} \geq 0 \quad r=1,\cdots,s \quad (3.5.9)$$

$$\lambda_j \geq 0 \quad j=1,\cdots,n. \quad (3.5.10)$$

模型式（3.5）中，除了约束式（3.5.3）、式（3.5.5）及约束式（3.5.7），其他约束实际上与模型式（3.3）中相应约束一致。特别地，约束式（3.5.3）和约束式（3.3.3）的唯一区别是式（3.5.3）中加入了变量δ_{ik}，该变量实际上指定了决策单元k第i个投入在现有资源基础上需要额外增加资源的数量。如果$\delta_{ik} > 0$，表示对决策单元k来讲，基于利润最大化目标考量应该对其第i个投入采取融资扩张策略（比如通过银行进行贷款融资）。反之如果$\delta_{ik} = 0$，那么对该决策单元的第i个投入来讲，融资扩张策略可能并不是最优的。在约束式（3.5.5）中，d_k表示应该从银行或相关融资渠道筹集资金的最小数额，同时假定该资金附加一个固定的利率$\alpha > 0$（$\alpha \in \Re$）。[①] 此外，由于通过融资获取的资金可能并不能完全用于转化为相应的资源，因此在这额外引入了一个缩放变量φ_i，该变量实际上可以理解为第i个投入指标的转换因子，并且满足$\varphi_i > 0$。如果$0 < \varphi_i < 1$，则意味着该投入的单位获取成本小于该投入当前的评估价格，即该投入资源的价格在下降；如果$\varphi_i = 1$，表示该投入的单位获取成本等于该投入当前的评估价格；否则如果$\varphi_i > 1$，则意味着该投入的单位获取成本大于该投入当前的评估价格，即该投入资源的价格在上涨。特别地，如果φ_i趋近于无穷，则意味着不能仅仅通过融资来扩张该资源，或者至少可以说在短期内仅仅通过融资来扩张该资源是不可行的，此时即$\delta_{ik} = 0$。总的来讲，约束式（3.5.5）确保了用于扩张相应投入的总成本不应该超过借贷资金数额。此外，由于约束式（3.5.5）的左侧是一个非负项，因此很容易证明决策单元k的最大融资数额也是非负的。在这里，实际上还可以引入一个关于贷款上界的融资约束。比如，可以把融资额限定在一个相对合理范围内，即$0 \leq d_k \leq T_k$，其中T_k表示决策k可以从银行或相关金融机构获取资金的一个上界。但是，为了方便起见，同时为了着重讨论本章的关键创新，假设所有决策单元实际上属于Tirole（1988）描述里的融资宽裕（purse）企业。在此假设条件下，所有决策单元都拥有足够的融资渠道，因此也就不存在融资困难。

为了更好地理解可能融资策略与生产扩张行为之间关系，接下来用一个实例来说明约束式（5.5）的合理性。例如，对于快速增长或初创企业来讲，基于资产的融资实际上已经被视为缓解这些企业融资困难的一项有效方式

[①] 需要说明的是，在这引入可能的贷款融资策略其优势主要体现在两个方面：一方面，在预算（或内部渠道）无法覆盖给定产出目标的最小成本时，可以通过贷款融资方式实现连续生产，即已有方法在此情形下可能出现生产中断；另一方面，对于生产力较高的决策单元来讲，通过贷款融资策略能够实现更高利润的资源配置结果。

(Buzacott and Zhang, 2004)。在基于资产 (asset-based) 的融资中，借方（比如银行）在把钱借给企业过程中通常会根据该企业的资产价值来限定最大贷款数额（比如基于存货、现金流以及固定资产等，详细讨论参考 Buzacott 和 Zhang, 2004）。因此，用于扩张的成本也就不应超过借款数额。否则，相应的资源配置计划成本就会超过该企业的授信额度，即该分配方案是不可行的。

最后，目标函数式（3.5）表示分别最大化每个决策单元的个体利润。其中，目标函数中的前两项与模型式（3.3）一致，分别表示分配后的收益减去相应分配后的成本。而第三项则表示使用观测价格计算得到的用于扩张资源的总成本，引入该项的主要目的是避免重复扣减相应的融资成本（因为第二项中已经包含该部分融资成本）。目标函数的第四项则表示决策单元 k 融资资金的本金减去相应利息。

定义模型式（3.5）的最优解为 $(\tilde{x}_{ik}^*, \tilde{y}_{rk}^*, \tilde{\lambda}_j^*, \tilde{d}_k^*, \tilde{\delta}_{ik}^*)$，那么决策单元 k 相应的策略利润无效（Strategic Profit Inefficiency, SPIE）可以定义为

$$SPIE_k = \Big(\sum_{r=1}^s p_r \tilde{y}_{rk}^* - \sum_{i=1}^m c_i \tilde{x}_{ik}^* + \sum_{i=1}^m c_i \tilde{\delta}_{ik}^* - (1+\alpha) \times \tilde{d}_k^* - \Big(\sum_{r=1}^s p_{rk} y_{rk} - \sum_{i=1}^m c_{ik} x_{ik}\Big) \quad (3.6)$$

该利润无效测度考虑了潜在融资策略的影响，而且估计了潜在融资策略对利润提升的大致程度。由此，很容易证明 $SPIE_k \geq TPIE_k$。参考 Peyrache (2015)，上述两个指标的差值可以理解为相应的分配利润无效成分，即

$$APIE_k = \Big(\sum_{r=1}^s p_r \tilde{y}_{rk}^* - \sum_{i=1}^m c_i \tilde{x}_{ik}^* + \sum_{i=1}^m c_i \tilde{\delta}_{ik}^* - (1+\alpha) \times \tilde{d}_k^*\Big) - \Big(\sum_{r=1}^s p_{rk} \hat{y}_{rk}^* - \sum_{i=1}^m c_{ik} \hat{x}_{ik}^*\Big) \quad (3.7)$$

式（3.7）中定义的分配利润无效测度了个体决策单元忽略潜在融资策略时候的潜在利润损失。考虑到上述定义，可以根据式（3.4）和式（3.7）把策略利润无效分解为以下两个部分：

$$SPIE_k = TPIE_k + APIE_k \quad (3.8)$$

式（3.8）左侧对应的是不考虑可能融资策略时的个体利润损失测度。式（3.8）右侧第一项把部分利润无效率归因于错误地选择相应的投入产出组合；第二项则测度了忽略可能融资策略时的个体利润损失，该项测度也可以理解为选择保守策略的代价。

接下来，为了更好地理解可能融资策略在资源配置中的作用及优势，将

着重介绍本章提出的一种新的融资利润（Profit To Financing, PTF）概念。首先，参考较为常见的规模报酬概念定义（Podinovski et al., 2016），把融资利润类型分为以下三类：

定义 3.1：在给定资源配置参数环境下（例如，x'_{ik}，y'_{rk}，c_i，p_r，φ_i 及 α_k），决策单元①

（a）通过采取融资扩张策略增加一个或多个投入时会导致相应利润的增长，那么该决策单元则表现为递增的融资利润（Increasing Profit to Financing, IPF）。

（b）通过采取融资扩张策略增加一个或多个投入时利润值保持不变，那么该决策单元则表现为不变的融资利润（Constant Profit to Financing, CPF）。

（c）通过采取融资扩张策略增加一个或多个投入时会导致相应利润的降低，那么该决策单元则表现为递减的融资利润（Decreasing Profit to Financing, DPF）。

为了提供确定融资利润类型更为直接的测度方法，提供如下混合整数线性规划模型：

$$\max \sum_{r=1}^{s} p_r \hat{y}_{rk} - \sum_{i=1}^{m} c_i \hat{x}_{ik} + \varepsilon \times \sum_{i=1}^{m} c_k b_{ik} - \varepsilon \times (1+\alpha) \times \sum_{i=1}^{m} (\varphi_i c_i b_{ik}) \quad (3.9)$$

$$s.t. \sum_{j=1}^{n} \lambda_j x_{ij} \leqslant \hat{x}_{ik} \qquad i=1,\cdots,m \quad (3.9.1)$$

$$\sum_{j=1}^{n} \lambda_j y_{rj} \geqslant \hat{y}_{rk} \qquad r=1,\cdots,s \quad (3.9.2)$$

$$\hat{x}_{ik} \leqslant x_{ik} + \varepsilon \times b_{ik} \qquad i=1,\cdots,m \quad (3.9.3)$$

$$\hat{y}_{rk} \geqslant y_{rk} \qquad r=1,\cdots,s \quad (3.9.4)$$

$$\sum_{i=1}^{m} b_{ik} \geqslant 1 \qquad\qquad\qquad (3.9.5)$$

$$\sum_{j=1}^{n} \lambda_j = 1 \qquad\qquad\qquad (3.9.6)$$

$$b_{ik} \in \{0,1\}, \qquad i=1,\cdots,m \quad (3.9.7)$$

$$\hat{x}_{ik} \geqslant 0 \qquad i=1,\cdots,m \quad (3.9.8)$$

$$\hat{y}_{rk} \geqslant 0 \qquad r=1,\cdots,s \quad (3.9.9)$$

$$\lambda_j \geqslant 0 \qquad j=1,\cdots,n. \quad (3.9.10)$$

---

①该决策单元不一定要投影至有效前沿上，决策单元既可以为有效决策单元也可以是无效决策单元。

模型式（3.9）中，目标函数式（3.9）表示考虑可能融资策略时最大化相应资源配置方案的利润。在这些约束条件中，式（3.9.1）、式（3.9.2）、式（3.9.4）、式（3.9.6）、式（3.9.8）及式（3.9.10）与模型式（3.5）中的相应约束一致。在其他约束中，约束式（3.9.3）中的 ε 表示一个足够小的正数，ε 的引入确保了所有选择扩张策略的投入增量是严格为正的。b_{ik} 是一个"二元"变量，因为要么 $b_{ik}=0$，要么 $b_{ik}=1$，因此对决策单元 k 来讲，其第 i 个投入指标要么选择融资要么不选择。约束式（3.9.3）描述了如果投入 i 选择相应融资策略的时候，那么对其来讲，其可被利用的资源数量为 $x_{ik}+\varepsilon$。约束式（3.9.5）主要为了确保选择融资扩张策略的投入指标的数量大于等于 1。因此，模型式（3.9）确定了一个这样的利润最大化资源配置方案，它要求至少有一个投入选择融资扩张策略。

基于模型式（3.9），下面通过更为直观的表述来阐述融资报酬类型。为此，令 π_k^{e*} 表示模型式（3.9）的最优目标值，同时令 π_k^{n*} 表示模型式（3.3）的最优目标值。由上面分析可知，模型式（3.9）确保了至少一个投入指标选择融资策略。有趣的是，当模型式（3.9）不考虑融资策略的时候（也就是令 $b_{ik}=0$），很容易知道模型式（3.9）实际上等价于模型式（3.3）。换句话说，模型式（3.3）是模型式（3.9）的一个特例。下面引理 3.1 给出了融资利润数学上定义：

引理 3.1：对于任意决策单元 $k(k\in\{1,\cdots,n\})$，根据定义 3.1，其相应融资利润类型可以根据以下条件确定：

(i) 如果 $\pi_k^{e*}>\pi_k^{n*}$，则该决策单元表现为递增的融资利润；

(ii) 如果 $\pi_k^{e*}=\pi_k^{n*}$，则该决策单元表现为不变的融资利润；

(iii) 如果 $\pi_k^{e*}<\pi_k^{n*}$，则该决策单元表现为递减的融资利润。

证明：首先，回到模型式（3.9），根据约束条件式（3.9.2）和式（3.9.5），很容易知道模型式（3.9）实际上保证了最终资源配置方案至少保证一个投入指标必须采取融资策略。因此，根据融资利润递增的定义，可以确定引理 3.1 中声明（i）是有效的，因为如果 $\pi_k^{e*}>\pi_k^{n*}$，那么对至少一个投入采取相应融资扩张策略将会导致利润的绝对增加。类似地，引理 3.1 中的声明（i）~（ii）可以分别根据定义 3.1（b）和 3.1（c）来证实。

基于定义 3.1 和引理 3.1，得到本书第一个重要定理 3.1，该定理从数学上严格证明了融资利润类型与待评决策单元 k 可能选择的融资策略之间关系：

定理 3.1：考虑当前投入、产出水平，即 $x'_{ik}=x_{ik}$，$y'_{rk}=y_{rk}$，那么 DMU_k 表现为 IPF 是决策单元 k 会采取相应融资扩张策略的充分条件，即至少存在一个投入指标其对应的 $\delta_{ik}>0(i\in\{1,\cdots,m\})$。

证明：下面通过反证法证明。因此，假设不存在投入指标满足 $\delta_{ik} > 0$，即 $\delta_{ik}^* = 0(\forall i)$。因为模型式（3.5）是可行的，则定义 $((\hat{x}_{ik}^*, \hat{y}_{rk}^*, \lambda_{jk}^*, \delta_{ik}^*, d_k^*))$ 为模型式（3.5）的最优解，其相应的最优目标函数值标记为 π_k^{w*}。通过比较模型式（3.3）和模型式（3.5），很容易知道 $(\hat{x}_{ik}^*, \hat{y}_{rk}^*, \lambda_{jk}^*)$ 是模型式（3.3）的一个可行解。需要注意的是，因为前面已经定义模型式（3.3）的最优目标函数值为 π_k^{n*}，因此可以得到 $\pi_k^{n*} \geqslant \sum_{r=1}^{s} p_r \hat{y}_{rk}^* - \sum_{i=1}^{m} c_i \hat{x}_{ik}^* = \pi_k^{w*}$。进一步地，由于 DMU_k 表现为 IPF，那么 $\pi_k^{e*} > \pi_k^{n*}$ 成立。因此，可以得到 $\pi_k^{e*} > \pi_k^{w*}$。

为完成证明，进一步定义 $(\tilde{x}_{ik}^{e*}, \tilde{y}_{rk}^{e*}, \tilde{\lambda}_{jk}^{e*}, \tilde{b}_{ik}^{e*})$ 为模型式（3.9）的最优解，同时定义 $\tilde{d}_k^* = \varepsilon \sum_{i=1}^{m} c_i \varphi_i \tilde{b}_{ik}^{e*}$ 以及 $\tilde{\delta}_{ik}^* = \varepsilon \times \tilde{b}_{ik}^{e*}$。那么，不难发现 $(\tilde{x}_{ik}^{e*}, \tilde{y}_{rk}^{e*}, \tilde{\lambda}_{jk}^{e*}, \tilde{\delta}_{ik}^*, \tilde{d}_k^*)$ 是模型式（3.5）的一个可行解。也就是说 $\pi_k^{w*} \geqslant \sum_{r=1}^{s} p_r \tilde{y}_{rk}^{e*} - \sum_{i=1}^{m} c_i \tilde{x}_{ik}^{e*} + \varepsilon \times \sum_{i=1}^{m} c_i \tilde{b}_{ik}^{e*} - \varepsilon \times (1 + \alpha) \times \sum_{i=1}^{m} c_i \varphi_i \tilde{b}_{ik}^{e*} = \pi_k^{e*}$ 成立。很明显，这与之前结论 $\pi_k^{e*} > \pi_k^{w*}$ 相矛盾。因此，上述假设不成立。也就是说，至少存在一个投入指标满足 $\delta_{ik} > 0 (i \in \{1, \cdots, m\})$。

定理 3.1 实际上提供了关于是否应该采取融资扩张策略的一个直觉理解。也就是说，当决策单元表现为递增的融资利润时，那么采取相应融资扩张策略将会比保持现状来讲更加有利可图。特别地，对于定理 3.1 为什么不是一个充要条件，其主要原因是存在融资利润不变的情形。当然，对于处在扩张期的企业来讲，它们可能更关注市场份额的增加（例如淘宝前期通过各种免费或补贴政策来提高市场份额）。因此，对于此类决策单元来讲他们也可能采取融资扩张策略以便抢占市场获取先动优势（即便扩张并没有带来利润的增加，但产量提升了）。总的来讲，定理 3.1 实际上表明完全忽视外部融资扩张策略而采取相应的保持现状等保守策略不一定是最优的，有时候可能会直接导致市场竞争力的下降。

二、集中式融资资源配置情境

在上一节中，本章描述了所有决策单元分别优化各自生产的情形。在本节中，本章将考虑存在集中式权威（比如银行分支机构受控于总行）前提下的资源配置情境。在此情境下，该集中式管理者（比如高层领导）允许有些投入在决策单元之间进行自由分配。例如，对银行系统来讲，总行可以根据具体需要，在不同分行或分支机构进行人员调配。为了将此类投入区分开来，进一步定义 $I^{realloc}$ 表示可以在决策单元之间进行再分配的投入子集。基于此，下面参考 Lozano 等（2011），将上一节的分散式 FRA-DEA 模型拓展至如下集中式形式：

$$\max \sum_{k=1}^{n}\sum_{r=1}^{s} p_r \hat{y}_{rk} - \sum_{k=1}^{n}\sum_{i=1}^{m} c_i \hat{x}_{ik} + \sum_{i \notin I^{reallo}} c_i \sum_{k=1}^{n} \delta_{ik}^{+} + \sum_{i \in I^{reallo}} c_i \left(\sum_{k=1}^{n} \delta_{ik}^{+} - \sum_{k=1}^{n} s_{ik}^{-} \right) - (1+\vartheta) \times D \tag{3.10}$$

$$\sum_{j=1}^{n} \lambda_j x_{ij} \leq \hat{x}_{ik}, \qquad i=1,\cdots,m;\ k=1,\cdots,n \tag{3.10.1}$$

$$\sum_{j=1}^{n} \lambda_j y_{rj} \geq \hat{y}_{rk}, \qquad r=1,\cdots,s;\ k=1,\cdots,n \tag{3.10.2}$$

$$\hat{x}_{ik} \leq x_{ik} + \delta_{ik}^{+}, \qquad i \notin I^{realloac};\ k=1,\cdots,n \tag{3.10.3}$$

$$\hat{x}_{ik} \leq x_{ik} + \delta_{ik}^{+} - s_{ik}^{-}, \qquad i \in I^{realloac};\ k=1,\cdots,n \tag{3.10.4}$$

$$\sum_{k=1}^{n} \delta_{ik}^{+} \geq \sum_{k=1}^{n} s_{ik}^{-}, \qquad i \in I^{realloac} \tag{3.10.5}$$

$$\hat{y}_{rk} \geq y_{rk}, \qquad r=1,\cdots,s;\ k=1,\cdots,n \tag{3.10.6}$$

$$\sum_{i \in I^{reallo}}\sum_{k=1}^{n}(a_i s_{ik}^{-}) + \sum_{i \in I^{reallo}}\left(c_i \cdot \varphi_i \cdot \left(\sum_{k=1}^{n} \delta_{ik}^{+} - \sum_{k=1}^{n} s_{ik}^{-}\right)\right) + \sum_{i \notin I^{reallo}}\sum_{k=1}^{n}(c_i \cdot \varphi_i \cdot \delta_{ik}^{+}) \leq D \tag{3.10.7}$$

$$D \geq 0 \tag{3.10.8}$$

$$\sum_{j=1}^{n} \lambda_{jk} = 1, \qquad k=1,\cdots,n \tag{3.10.9}$$

$$\delta_{ik}^{+} \geq 0, \qquad i=1,\cdots,m;\ k=1,\cdots,n \tag{3.10.10}$$

$$s_{ik}^{-} \geq 0, \qquad i \in I^{realloac};\ k=1,\cdots,n \tag{3.10.11}$$

$$\hat{x}_{ik} \geq 0, \qquad i=1,\cdots,m;\ k=1,\cdots,n \tag{3.10.12}$$

$$\hat{y}_{rk} \geq 0, \qquad r=1,\cdots,s;\ k=1,\cdots,n \tag{3.10.13}$$

$$\lambda_{jk} \geq 0, \qquad j=1,\cdots,n;\ k=1,\cdots,n \tag{3.10.14}$$

模型式（3.10）中，D 表示用于扩张再生产或者避免不可行问题所耗费的额外资金。类似于模型式（3.5），假设这些额外资金不是免费的。为此，定义率 ϑ 表示集中式情景下的利率，并满足 $\vartheta > 0 (\vartheta \in \Re)$。在这，需要说明的是 ϑ 与 α 并不一定相等，因为对集中式集团而言，它们的话语权（或者说议价能力）通常要比分支机构更大，因此在筹措资金过程中集中式集团的融资成本往往要小于分支机构，即 $\vartheta \leq \alpha$ [①]。在约束式（3.10.3）和式（3.10.4）中，δ_{ik}^+ 表示用于扩张决策单元 k 第 i 个投入的额外资源数量，s_{ik}^- 表示决策单元 k 相应可再分配投入的松弛量。特别地，约束条件式（3.10.3）类似于约束条件式（3.5.3），但是约束条件式（3.10.4）与式（3.5.3）有以下几点不同之处：一方面，约束条件式（3.10.4）主要是限制可再分配投入，而约束条件式（3.5.3）则是限制模型式（3.5）中的所有投入；另一方面，对于可再分配投入来讲，约束条件式（3.10.4）允许决策单元之间的再分配，且过量的投入在必要的时候可以被分配给其他决策单元再使用。约束条件式（3.10.5）要求对每一个可再分配投入来讲，所有决策单元用于扩张的投入总量应该大于或等于相应松弛量之和（因为除了再分配投入以外，投入资源还可以通过购买获取）。约束条件式（3.10.7）则要求所有决策单元耗费的总成本应该小于或等于相应外部融资获取的资金，而且 a_i 表示用于分配可再分配投入的单位成本 i。特别地，约束条件式（3.10.7）左侧第一项表示分配所有可再分配投入耗费的总的分配成本，第二项表示用筹措来的资金扩张相应可分配投入所花费的总成本，第三项则表示用筹措来的资金扩张相应不可再分投入所花费的总成本。最后，不同于分别优化各决策单元的个体利润值，模型式（3.10）旨在最大化所有决策单元的集结利润。同时，该模型还考虑了每个决策单元可能的融资策略。

定义 3.2：定义模型式（3.10）的最优目标函数值为 π_C^*，则集结利润无效率（Aggregate Profit Inefficiency，AGPIE）可以定义为模型式（3.10）得到的最大利润值与当前观测利润值的差值，即

$$AGPIE = \pi_C^* - \left(\sum_{k=1}^{n} \sum_{r=1}^{s} p_{rk} y_{rk} - \sum_{k=1}^{n} \sum_{i=1}^{m} c_{ik} x_{ik} \right) \quad (3.11)$$

一般来讲，指标 AGPIE 捕获了当前观测的资源配置情况偏离模型式（3.10）得到的最优集结利润水平的程度。比如，如果 $AGPIE = 0$，那么当前资源利用方案与最优集中式资源配置方案所得利润相同（从利润最大化视角

[①] 在这里，需要注意的是，多数情况下，如果决策单元属于同一机构，那么分散式决策单元应该与集中式部门拥有同样的评级。在此情境下，分散式决策单元的融资成本按理应该等于集中式部门寻求的融资成本。但是，如果个体决策单元并非完全隶属于一个集中式权威的话（比如个体决策单元拥有一定的自治权可以决策他们各自的融资行为），那么集中式组织和个体决策单元可能正好类比于大型和小型企业。这样的话，根据 Hennessy 和 Whited（2007），他们的融资成本实际上是不同的，而且大型企业可能表现得就如同他们面临较小外部融资成本一样，而小型企业则表现得如同他们面临较高的外部融资成本一样。因此，通过假定 $\vartheta \leq \alpha$，可以同时包含上述两种情形。

考虑),当前资源配置方案是集结利润有效的。如果 $AGPIE > 0$,则表示当前资源配置方案可以进一步通过采取相应融资策略并改变相应投入产出组合而得到优化,即当前资源配置方案是集结利润无效的。

定理3.2:对任意决策单元 k 来讲,由模型式(3.10)得到的投影点总是"帕累托($Pareto$)"有效的,其中($\hat{X}_k^*$, $\hat{Y}_k^*$)表示模型式(3.10)所对应决策变量 $\hat{X}_k = (\hat{x}_{1k}, \cdots, \hat{x}_{mk})'$ 和 $\hat{Y}_k = (\hat{y}_{1k}, \cdots, \hat{y}_{sk})'$ 的最优解。

证明:不失一般性,令向量 $\lambda_k^* = (\lambda_{1k}^*, \cdots, \lambda_{nk}^*)'$ 为决策单元 k 所对应强度向量的最优解,同时令 $\lambda^* = (\lambda_1^*, \cdots, \lambda_n^*)$。定义 (S_j^{+*}, S_j^{-*}) 和 D^* 为模型式(3.10)所对应决策变量 $(S_j^+, S_j^-) = (s_{1j}^+, \cdots, s_{mj}^+, s_{1j}^-, \cdots, s_{m'j}^-)$ 和 D 的最优解,其中 m' 表示可再分投入指标数量。下面通过反证法证明定理3.2。假设投影点 $(\hat{X}, \hat{Y}) = (\hat{x}_{1k}^*, \cdots, \hat{x}_{mk}^*, \hat{y}_{1k}^*, \cdots, \hat{y}_{sk}^*)$ 不是帕累托有效,那么意味着存在满足 $\sum_{j=1}^{n} \overline{\lambda}_{jk} = 1$ 的向量 $\overline{\lambda}_k = (\overline{\lambda}_{1k}, \cdots, \overline{\lambda}_{nk})'$ 使得其所对应的投影点在以下不等式中至少有一个产出或一个投入的不等式为严格不等,即

$$\overline{x}_{ik} = \sum_{j=1}^{n} \overline{\lambda}_{jk} x_{ij} \leq \hat{x}_{ik}^*, \quad i = 1, \cdots, m$$

$$\overline{y}_{rk} = \sum_{j=1}^{n} \overline{\lambda}_{jk} y_{rj} \geq \hat{y}_{rk}^*, \quad r = 1, \cdots, s,$$

不失一般性,假设 $\overline{y}_{tk} = \sum_{j=1}^{n} \overline{\lambda}_{jk} y_{tj} > \hat{y}_{tk}^*$ 成立。然后,定义 $\tilde{y}_{tk} = \overline{y}_{tk}$,$\tilde{y}_{rk} = \hat{y}_{rk}^* (r = 1, \cdots, s; r \neq t)$,$\tilde{y}_{rf} = \hat{y}_{rf}^* (r = 1, \cdots, s; f = 1, \cdots, n, f \neq k)$ 以及 $\tilde{x}_{if} = \hat{x}_{if}^* (i = 1, \cdots, m; f = 1, \cdots, n)$。进一步定义 $\tilde{s}_{if}^+ = s_{if}^{+*} (i = 1, \cdots, m; f = 1, \cdots, n)$,$\tilde{s}_{if}^- = s_{if}^{-*} (i \in I^{realloc}; f = 1, \cdots, n)$,$\tilde{D} = D^*$,$\tilde{\lambda}_j = \lambda_j^* (j = 1, \cdots, n, j \neq k)$ 以及 $\tilde{\lambda}_k = \overline{\lambda}_k$,可以得到 $\tilde{\lambda} = (\tilde{\lambda}_1, \cdots, \tilde{\lambda}_n)$,$(\tilde{X}_j, \tilde{Y}_j) = (\tilde{x}_{1j}, \cdots, \tilde{x}_{mj}, \tilde{y}_{1j}, \cdots, \tilde{y}_{sj})$,$(\tilde{S}_j^+, \tilde{S}_j^-) = (\tilde{s}_{1j}^+, \cdots, \tilde{s}_{mj}^+, \tilde{s}_{1j}^-, \cdots, \tilde{s}_{m'j}^-)$。因此,不难证明 $(\tilde{\lambda}, \tilde{X}_j, \tilde{Y}_j, \tilde{S}_j^+, \tilde{S}_j^-, \tilde{D})$ 是模型式(3.10)的一个可行解。由此可知,$\sum_{k=1}^{n} \sum_{r=1}^{s} p_r \tilde{y}_{rk} - \sum_{k=1}^{n} \sum_{i=1}^{m} c_i \tilde{x}_{ik} - \vartheta \times \tilde{D} \leq \sum_{k=1}^{n} \sum_{r=1}^{s} p_r \hat{y}_{rk}^* - \sum_{k=1}^{n} \sum_{i=1}^{m} c_i \hat{x}_{ik}^* - \vartheta \times D^*$。

但是,需要注意的是,等式 $\sum_{k=1}^{n} \sum_{r=1}^{s} p_r \tilde{y}_{rk} = p_t \overline{y}_{tk} + \sum_{r=1, r \neq t}^{s} p_r \hat{y}_{rk}^* +$

$\sum_{f=1, f \neq k}^{n} \sum_{r=1}^{s} p_r \hat{y}_{rf}^* > p_t \hat{y}_{tk}^* + \sum_{r=1, r \neq t}^{s} p_r \hat{y}_{rk}^* + \sum_{f=1, f \neq k}^{n} \sum_{r=1}^{s} p_r \hat{y}_{rf}^*$ 以及 $-\sum_{k=1}^{n} \sum_{i=1}^{m} c_i \tilde{x}_{ik} - \vartheta \times \widetilde{D} = -\sum_{k=1}^{n} \sum_{i=1}^{m} c_i \hat{x}_{ik}^* - \vartheta \times D^*$ 总是成立，因此，可以得到 $\sum_{k=1}^{n} \sum_{r=1}^{s} p_r \tilde{y}_{rk} - \sum_{k=1}^{n} \sum_{i=1}^{m} c_i \tilde{x}_{ik} - \vartheta \times \widetilde{D} > \sum_{k=1}^{n} \sum_{r=1}^{s} p_r \hat{y}_{rk}^* - \sum_{k=1}^{n} \sum_{i=1}^{m} c_i \hat{x}_{ik}^* - \vartheta \times D^*$ 成立。显然，这与 $(\widetilde{\lambda}, \widetilde{X}_j, \widetilde{Y}_j, \widetilde{S}_j^+, \widetilde{S}_j^-, \widetilde{D})$ 是模型式 (3.10) 的一个可行解相矛盾。据此，定理 3.2 得证。

定理 3.3：令 ψ^* 为根据模型式 (3.5) 计算得到的所有决策单元的最优集结利润（分散式利润水平），π_C^* 为模型式 (3.10) 得到的最优目标函数值（集中式利润水平）。那么，如果 $\vartheta \leq \alpha$，可以得到 $\psi^* \leq \pi_C^*$，即分散式利润水平总是小于或等于集中式利润水平。

证明：令 $(\hat{x}_{ik}^*, \hat{y}_{rk}^*, \lambda_{jk}^*, \delta_{ik}^*, d_k^*)$ 为评价决策单元 $k(k = 1, \cdots, n)$ 时模型式 (3.5) 所对应的最优解。定义 $\tilde{s}_{ik}^+ = \delta_{ik}^* (\forall i, \forall k)$，$\tilde{s}_{ik}^- = 0$（$\forall i \in I^{realloac}$，$\forall k$），$\widetilde{D} = \sum_{k=1}^{n} d_k^*$，同时定义 $\widetilde{X}_k = (\hat{x}_{1k}^*, \cdots, \hat{x}_{ik}^*)$，$\widetilde{Y}_k = (\hat{y}_{1k}^*, \cdots, \hat{y}_{rk}^*)$，$\widetilde{\lambda}_k = (\lambda_{1k}^*, \cdots, \lambda_{nk}^*)$，$\widetilde{S}_k^+ = (\tilde{s}_{1k}^+, \cdots, \tilde{s}_{ik}^+)$，以及 $\widetilde{S}_k^- = (\tilde{s}_{1k}^-, \cdots, \tilde{s}_{ik}^-)(i \in I^{realloac})$。那么，不难证明 $(\widetilde{X}_k, \widetilde{Y}_k, \widetilde{\lambda}_k, \widetilde{S}_k^+, \widetilde{S}_k^-, \widetilde{D})$ 是模型式 (3.10) 的一个可行解。因此，可以得到 $\pi_C^* \geq \sum_{k=1}^{n} \sum_{r=1}^{s} p_{rk} \hat{y}_{rk}^* - \sum_{k=1}^{n} \sum_{i=1}^{m} c_{ik} \hat{x}_{rk}^* - \vartheta \times \sum_{k=1}^{n} d_k^*$。此外，由于 $\vartheta \leq \alpha$。因此，可以知道 $\sum_{k=1}^{n} \sum_{r=1}^{s} p_{rk} \hat{y}_{rk}^* - \sum_{k=1}^{n} \sum_{i=1}^{m} c_{ik} \hat{x}_{rk}^* - \vartheta \times \sum_{k=1}^{n} d_k^* \geq \sum_{k=1}^{n} \sum_{r=1}^{s} p_{rk} \hat{y}_{rk}^* - \sum_{k=1}^{n} \sum_{i=1}^{m} c_{ik} \hat{x}_{rk}^* - \alpha \times \sum_{k=1}^{n} d_k^*$ 总是成立。同样，因为 $\psi^* = \sum_{k=1}^{n} \sum_{r=1}^{s} p_{rk} \hat{y}_{rk}^* - \sum_{k=1}^{n} \sum_{i=1}^{m} c_{ik} \hat{x}_{rk}^* - \alpha \times \sum_{k=1}^{n} d_k^*$，可以得到 $\pi_C^* \geq \sum_{k=1}^{n} \sum_{r=1}^{s} p_{rk} \hat{y}_{rk}^* - \sum_{k=1}^{n} \sum_{i=1}^{m} c_{ik} \hat{x}_{rk}^* - \alpha \times \sum_{k=1}^{n} d_k^* = \psi^*$，因此定理 3.3 得证。

定理 3.3 的一个重要管理启示是，相对于独立运营而言，集中式运营方式存在一个潜在的激励。分散式运营环境下所得到的"利润有效"状态并不能保证全局意义上的利润有效。具体而言，集中式运营下导致利润得益的可能原因有以下两个方面：一方面，集中式运营能够降低资源拥塞的可能性，因为多余的资源在集中式运营情景下可以被再分配给那些存在资源短缺的决策单元；另一方面，集中式运营环境下的议价能力不仅能够直接通过降低融资成本来提高相应的利润,而且在此情境下决策单元还更可能被识别为融资利润递增。也就是说,随着融资成本的降低,根据引理 3.1 知道,决策单元更有可能识别为融资利润递增,即采取相应的融资策略能够导致利润的增加。

三、集结利润无效率分解

为了进一步挖掘导致利润无效的主因,本节将介绍一种新的用于识别集结利润无效率的方法。在介绍该方法之前,可知传统利润无效率分解可以分别从技术及分配视角来测度(Lee,2016)。比如,可以将利润无效率分解为技术无效率及分配无效率两部分(Aparicio et al.,2017)。但需要说明的是,上述分解方法主要从事后视角出发,因此该分解结果所提供的最优分配方案很可能是相对过去而言的。正如前面所强调,在实际中,设计一种基于事前视角的分配方案显得更为科学、合理。基于此,下面将介绍本章提出的新的集结利润无效率分解方法:

需要考虑因偏离传统利润有效前沿面所导致的无效率的影响。为此,可以定义如下集结传统利润无效率(aggregate traditional profit ineffiiency, AGTPIE)指标:

$$AGTPIE = \sum_{k=1}^{n} TPIE_k \qquad (3.12)$$

集结传统利润无效率指标捕获了资源按照模型式(3.3)分配结果进行分配时相较于当前观测阶段所获得的利润增长。则综合传统利润无效率测度的是传统集结利润水平与当前集结利润水平之间的差别。

然而,为了消除集结利润无效率,仅仅将所有决策单元投影值模型式(3.3)所刻画的利润有效前沿上是不够的。例如,有些决策单元表现为融资利润递增的话,那么很容易证明通过融资进行生产扩张的策略相对于不采取该策略而言能够获取更高的利润。因此,根据式(3.6),可以定义如下集结策略型利润无效率测度(aggregate strategic profit inefficiency, AGSPIE):

$$AGSPIE = \sum_{k=1}^{n} SPIE_k \qquad (3.13)$$

集结策略型利润无效率指标衡量的是在所有决策单元都考虑可能的融资策略前提下,它们相对于当前集结利润水平而言所产生的集结(或者产业)利润得益。很明显,$AGSPIE \geq AGTPIE$ 总是成立。因此,根据 Peyrache(2015),可以得到如下集结分配性型润无效率测度(AGAPIE)指标:

$$AGAPIE = AGSPIE - AGTPIE = \sum_{k=1}^{n}(SPIE_k - TPIE_k) \quad (3.14)$$

集结分配型利润无效率指标衡量的是考虑可能融资策略与不考虑可能融资策略其集结（或产业）利润之间的差距。而且，集结分配型利润无效率指标也可以理解为考虑潜在融资策略相比于仅将决策单元投影值传统利润有效前沿所获得的利润增长。最后，可以将集结利润无效率分解为以下三个部分：

$$AGPIE = AGTPIE + AGAPIE + AGRPIE \quad (3.15)$$

在上述分解中，AGTPIE 解释了通过将所有决策单元投影至传统利润有效前沿所识别出来的传统利润无效程度；AGAPIE 指标通过允许可能的融资策略来解释未能选择最优运营策略的总体影响；AGRPIE 指标解释了集中式管理模式下考虑部分投入可再分效应时的集结利润得益。有趣的是，很容易知道，集结再分配利润无效程度等价于集结利润无效指标与集结策略型利润无效指标的差值，换言之，集结再分配利润无效指标在一定程度上可以衡量考虑潜在融资策略前提下集中式管理模式相较于分散式管理模式的优势。如果 $AGRPIE=0$，那么最优的分散式配置方案从利润无效率程度来讲是等价于集中式情境的；否则如果 $AGRPIE>0$，那么表示所有决策单元通力合作、统一配置将有利于实现更高水平的全局利润值。

第三节　应用研究

为了说明前面所提出的方法，下面将用一个实际例子进行具体阐述。该数据集来自 Du 等（2010）的研究。表 3.1 为具体数据，其中，包括 20 家快餐店的投入产出数据，具体包括两个投入指标和五个产出指标。投入指标为工时（man-hour）和店面大小（shop size），产出指标具体包括肉类（meat dish）、蔬菜（vegetable dish）、汤品（soup）、面条（noodles）及饮料（beverage）等销量数据。为了方便说明，工时的单位成本为 5，店面大小的单位成本为 20。五种产出的价格向量设置为 $p=(32, 15, 10, 6, 3)$。显然，此时所有快餐店的当前总利润为 $\pi^o = 1712.35$。[①]

[①] 由于不同情境下要素价格可能有所差别，为方便起见，本章所涉及的成本、价格等单位假定为万元，比如，工时单位成本为 5 万元每千时，即 50 元每工时。

表 3.1　　各快餐店投入产出数据及当前利润情况

快餐店编号	投入 工时 (10^3 h)	投入 店面大小 (10^2 m^2)	产出 肉类 (10^3 单位)	产出 蔬菜 (10^3 单位)	产出 汤品 (10^3 单位)	产出 面条 (10^3 单位)	产出 饮料 (10^3 单位)	利润 (万元)
1	3.20	2.00	2.24	2.46	1.22	3.12	0.96	86.38
2	3.40	2.10	2.12	2.52	1.34	3.08	0.88	81.16
3	3.10	1.80	2.08	2.25	1.05	2.85	0.74	78.63
4	3.80	2.20	2.45	2.10	1.30	2.96	0.79	80.03
5	4.20	2.60	2.80	2.78	1.42	3.48	1.05	96.53
6	4.10	2.50	2.65	2.95	1.38	3.25	0.98	94.79
7	3.80	2.30	2.60	2.24	1.15	3.18	0.95	85.23
8	3.80	2.20	2.50	2.15	1.10	3.20	0.82	81.91
9	2.90	1.60	2.10	2.04	0.98	2.88	0.72	80.54
10	4.20	2.80	2.90	2.85	1.52	3.36	1.12	97.27
11	3.40	2.10	2.60	2.45	1.36	3.32	0.82	96.93
12	4.00	2.40	2.78	2.66	1.18	3.15	0.98	94.5
13	3.80	2.60	2.84	2.38	1.25	3.29	0.85	90.37
14	3.40	1.90	2.33	2.20	1.06	2.99	0.82	83.56
15	2.80	1.60	2.00	2.18	1.96	2.84	0.71	89.47
16	3.50	2.20	2.40	2.25	1.26	2.93	0.74	81.45
17	4.20	2.50	2.68	2.50	1.46	3.22	0.92	88.94
18	3.30	1.80	2.05	2.20	1.12	3.02	0.78	77.76
19	3.60	1.90	2.00	2.16	1.02	2.89	0.74	70.16
20	3.10	1.70	2.05	2.12	0.94	2.90	0.68	76.74
总计	71.60	42.80	48.17	47.44	25.07	61.91	17.05	1712.35

一、分散式融资资源配置结果

首先，允许个体快餐店分别分配它们的投入产出组合（下面也称作分散式管理情境）。在此情境下，把表 3.1 中的数据代入到模型式（3.3），可以得到表 3.2 所示的投入分配以及产出目标结果。从表 3.2 可以看出，9 个决策单元（快餐店）被评价为传统利润有效率，即 DMU$_1$，DMU$_5$，DMU$_6$，DMU$_9$，DMU$_{10}$，DMU$_{11}$，DMU$_{12}$，DMU$_{13}$ 和 DMU$_{15}$。因此，共有 11 家快餐店被评价为传统利润无效率，即包含产出增加或者非零的投入松弛量。表3.2 的最后一行报告了总的投入指标以及总的产出指标相对于它们观测水平的变动。从中可以看出，总的工时和店面大小分别减少了 3.04% 和 0.07%。同时，总的产出变动最小的饮料（增长了 2.39%），变动最大的是汤品（增长了 14.17%）。此外，当所有快餐店的投入产出指标都投影至传统利润有效前沿后总的利润可达到 1857.95，这比总的观测利润水平高出 8.5% 左右。

表3.2　　模型式（3.3）计算得到的投入产出配置情况

快餐店编号	投入 工时 (10^3 h)	店面大小 (10^2 m^2)	产出 肉类 (10^3 单位)	蔬菜 (10^3 单位)	汤品 (10^3 单位)	面条 (10^3 单位)	饮料 (10^3 单位)	利润 （万元）
1	3.20	2.00	2.24	2.46	1.22	3.12	0.96	86.38
2	3.40	2.08	2.41	2.52	1.41	3.17	0.88	92.16
3	3.04	1.80	2.24	2.29	1.72	3.03	0.75	92.45
4	3.51	2.20	2.64	2.51	1.38	3.33	0.86	96.98
5	4.20	2.60	2.80	2.78	1.42	3.48	1.05	96.53
6	4.10	2.50	2.65	2.95	1.38	3.25	0.98	94.79
7	3.71	2.30	2.61	2.60	1.36	3.35	0.95	94.60
8	3.51	2.20	2.64	2.51	1.38	3.33	0.86	96.98
9	2.90	1.60	2.10	2.04	0.98	2.88	0.72	80.54
10	4.20	2.80	2.90	2.85	1.52	3.36	1.12	97.27
11	3.40	2.10	2.60	2.45	1.36	3.32	0.82	96.93
12	4.00	2.40	2.78	2.66	1.18	3.15	0.98	94.50
13	3.80	2.60	2.84	2.38	1.25	3.29	0.85	90.37
14	3.17	1.90	2.33	2.32	1.23	3.11	0.82	88.92
15	2.80	1.60	2.00	2.18	1.96	2.84	0.71	89.47
16	3.50	2.19	2.64	2.50	1.38	3.33	0.86	96.97
17	3.86	2.50	2.77	2.68	1.46	3.34	0.99	97.04
18	3.04	1.80	2.21	2.28	1.58	3.02	0.78	90.15

续表

快餐店编号	投入 工时 (10^3 h)	投入 店面大小 (10^2 m^2)	产出 肉类 (10^3 单位)	产出 蔬菜 (10^3 单位)	产出 汤品 (10^3 单位)	产出 面条 (10^3 单位)	产出 饮料 (10^3 单位)	利润 (万元)
19	3.16	1.90	2.36	2.34	1.60	3.13	0.78	93.95
20	2.92	1.70	2.12	2.23	1.84	2.94	0.73	90.96
总计	69.43	42.77	49.89	49.52	28.62	63.76	17.46	1857.95
变动率(%)	-3.04	-0.07	3.57	4.39	14.17	2.98	2.39	—

正如前面所强调，上述资源配置方案并不是最优的。首先，上述资源配置机制可行的一个前提是资源约束与产出目标之间不存在冲突。但值得注意的是，如果给定的收益目标设置得过高或者相应的资源水平设置得过低，那么模型式（3.3）所对应的资源配置方案可能是无解的。其次，即使约束之间不存在冲突[比如模型式（3.3）成立]，通过模型式（3.3）得到的个体决策单元分配后利润也并不能保证是最优的。即利润效率值可能被高估，有些被评价为传统利润有效的决策单元实际上可能是利润无效的。为了提供一个更为科学、有效的资源配置方案，同时为了合理地识别利润无效率情形，下面将上述数据集应用到模型式（3.5）中。具体参数设置如下：$\alpha = 0.1$以及$\varphi_i = 1.05 (i = 1, 2)$。其中，$\alpha = 0.1$表示各快餐店筹集资金的利息为0.1（或者贷款融资的单位成本为0.1），而后者表示投入指标的单位获取成本高于其相应的评估价格，这也意味着额外的转化成本是评估价格的5%。

表3.3报告了模型式（3.5）的具体求解结果。表3.3的后三列分别报告了个体利润值、个体贷款额及相应的融资利润类型。从表3.3可以看出，模型式（3.5）所得到的总分配后利润为1919.83，这相比于模型式（3.3）大概提高了3.33%左右。尽管模型式（3.5）所得到的利润增长（1919.83 - 1857.95 = 61.88）在本例中并不是特别大，但可以看到该模型得到的分配后利润确实更高，因此可以作为更优分配方案予以实施。此外，根据引理3.1可以知道，20家快餐店中有11家被评价为融资利润递增，其他9家被评价为融资利润递减。有趣的是，被评为融资利润递增的快餐店其所要求的贷款数量严格为正，这也就进一步验证了定理3.1。

第三章 考虑融资约束的资源配置 DEA 框架

表 3.3 模型式(3.5)计算得到的投入配置及产出目标等结果

快餐店编号	投入 工时 (10^3 h)	店面大小 (10^2 m^2)	产出 肉类 (10^3 单位)	蔬菜 (10^3 单位)	汤品 (10^3 单位)	面条 (10^3 单位)	饮料 (10^3 单位)	利润 (万元)	贷款 (万元)	PTF
1	3.77	2.43	2.74	2.64	1.43	3.34	0.96	95.32	11.97	IPF
2	3.56	2.24	2.66	2.53	1.39	3.33	0.88	96.44	3.78	IPF
3	3.40	2.10	2.60	2.45	1.36	3.32	0.82	95.77	7.88	IPF
4	3.51	2.20	2.64	2.51	1.38	3.33	0.86	96.98	0.00	DPF
5	4.20	2.60	2.80	2.78	1.42	3.48	1.05	96.53	0.00	DPF
6	4.10	2.50	2.65	2.95	1.38	3.25	0.98	94.79	0.00	DPF
7	3.75	2.40	2.73	2.62	1.43	3.34	0.95	96.76	2.17	IPF
8	3.51	2.20	2.64	2.51	1.38	3.33	0.86	96.98	0.00	DPF
9	3.40	2.10	2.60	2.45	1.36	3.32	0.82	94.99	13.13	IPF
10	4.20	2.80	2.90	2.85	1.52	3.36	1.12	97.27	0.00	DPF
11	3.40	2.10	2.60	2.45	1.36	3.32	0.82	96.93	0.00	DPF
12	3.88	2.52	2.78	2.69	1.46	3.34	1.00	96.76	2.52	IPF
13	4.04	2.66	2.84	2.77	1.49	3.35	1.06	96.83	2.52	IPF
14	3.40	2.10	2.60	2.45	1.36	3.32	0.82	96.31	4.20	IPF
15	2.80	1.60	2.00	2.18	1.96	2.84	0.71	89.47	0.00	DPF

续表

快餐店编号	投入 工时 (10^3 h)	店面大小 (10^2 m²)	肉类 (10^3 单位)	蔬菜 (10^3 单位)	汤品 (10^3 单位)	产出 面条 (10^3 单位)	饮料 (10^3 单位)	利润 (万元)	贷款 (万元)	PTF
16	3.50	2.19	2.64	2.50	1.38	3.33	0.86	96.97	0.00	DPF
17	3.86	2.50	2.77	2.68	1.46	3.34	0.99	97.04	0.00	DPF
18	3.40	2.10	2.60	2.45	1.36	3.32	0.82	95.92	6.83	IPF
19	3.40	2.10	2.60	2.45	1.36	3.32	0.82	96.31	4.20	IPF
20	3.40	2.10	2.60	2.45	1.36	3.32	0.82	95.46	9.98	IPF
总计	72.49	45.54	52.99	51.35	28.61	66.18	18.03	1919.83	69.16	—
变动率 (%)	1.24	6.40	10.01	8.25	14.10	6.90	5.72	—	—	—

二、集中式融资资源配置结果

综上,前面所有 20 家快餐店被设置为独立施行其分配方案。接下来,将讨论所有快餐店受控于一个集中式领导者的情形(也称为集中式管理情境)。参考 Fang(2016),工时被视为可再分配变量,因为在必要的时候,集中式管理者可以在各餐馆之间进行合理地人员调度以最大化总利润。基于该显示考虑,下面将讨论模型式(3.10)的资源配置方案优势。此外,为了比较方便,除了参数 ϑ 和 a_i,其他参数(比如 x'_{ik},y'_{rk} 和 φ_i)与前面分散式情境一致。集中式融资成本或利息设置为 $\vartheta = 0.05$,表示集中式集团的融资成本要小于分散式个体。进一步,用于分配可再分配投入工时的单位成本为 $a_1 = 0.1$,表示在决策单元之间分配 1 单位的工时需要支付 0.1 单位的成本(比如对员工的额外酬劳)。模型式(3.10)的具体结果列于表 3.4 中。

表 3.4 模型式(3.10)计算得到的投入分配以及产出目标等结果

快餐店编号	投入 工时 (10^3 h)	店面大小 (10^2 m^2)	产出 肉类 (10^3 单位)	蔬菜 (10^3 单位)	汤品 (10^3 单位)	面条 (10^3 单位)	饮料 (10^3 单位)	利润 (万元)
1	3.77	2.43	2.74	2.64	1.43	3.34	0.96	97.09
2	3.56	2.24	2.66	2.53	1.39	3.33	0.88	97.00
3	3.40	2.10	2.60	2.45	1.36	3.32	0.82	96.93
4	3.40	2.10	2.60	2.45	1.36	3.32	0.82	96.93
5	4.20	2.60	2.80	2.78	1.42	3.48	1.05	96.53
6	4.10	2.50	2.65	2.95	1.38	3.25	0.98	94.79
7	3.75	2.40	2.73	2.62	1.43	3.34	0.95	97.08
8	3.40	2.10	2.60	2.45	1.36	3.32	0.82	96.93
9	3.40	2.10	2.60	2.45	1.36	3.32	0.82	96.93
10	4.20	2.80	2.90	2.85	1.52	3.36	1.12	97.27
11	3.40	2.10	2.60	2.45	1.36	3.32	0.82	96.93
12	3.88	2.52	2.78	2.69	1.46	3.34	1.00	97.13
13	4.04	2.66	2.84	2.77	1.49	3.35	1.06	97.20
14	3.40	2.10	2.60	2.45	1.36	3.32	0.82	96.93

续表

快餐店编号	投入		产出					利润(万元)
	工时(10^3 h)	店面大小(10^2 m^2)	肉类(10^3 单位)	蔬菜(10^3 单位)	汤品(10^3 单位)	面条(10^3 单位)	饮料(10^3 单位)	
15	2.80	1.60	2.00	2.18	1.96	2.84	0.71	89.47
16	3.40	2.10	2.60	2.45	1.36	3.32	0.82	96.93
17	3.90	2.54	2.79	2.70	1.46	3.35	1.01	97.14
18	3.40	2.10	2.60	2.45	1.36	3.32	0.82	96.93
19	3.40	2.10	2.60	2.45	1.36	3.32	0.82	96.93
20	3.40	2.10	2.60	2.45	1.36	3.32	0.82	96.93
总计	72.20	45.29	52.89	51.21	28.54	66.18	17.92	1930.00
变动率(%)	0.84	5.81	9.79	7.95	13.84	6.89	5.09	—

在表 3.4 中，可以观察到总产出增加的最小指标是饮料销量（增长了 5.09%），而产出增加的最大指标是汤品销量（增长了 13.84%）。此外，根据模型式（3.10）得到的结果，总集结利润为 1923.90，相比于模型式（3.5）的利润和当前观察到的利润，分别高出了 0.21% 和 12.35%。因此需要进一步探索这些结果背后的原因。

（1）回顾投入指标的变化。模型式（3.10）得到的资源配置方案中，工时变动的投入指标变化最小（增长了 0.84%），而店面大小的变化最大（增长了 5.81%）。相比之下，模型式（3.5）对应的投入指标变化分别为增加了 1.24% 和 6.4%。另外，再次关注产出指标的变化。通过观察表 3.3 和表 3.4，可以发现模型式（3.10）和模型式（3.5）所对应的总平均产出增加比例分别为 8.71% 和 9.03%。总体上看，与分散式分配策略相比，集中式管理情境下的投入和产出都有所减少。

（2）观察模型式（3.5）和模型式（3.10）所对应的投入和产出变动范围，会发现相对于模型式（3.5），模型式（3.10）得到的投入指标变动分别降低了 35.39%（工时）和 10.36%（店面大小）。而在产出指标方面，模型式（3.10）相对于模型式（3.5）的结果最大减少为 12.44%（饮料销量），最小仅为 0.38%（面条销量）。在集中式管理情境下，相对于模型式（3.5），模型式（3.10）得到的分配结果投入下降幅度高于产出下降幅度。这表明集中式分配机制有助于降低投入。潜在的原因是，集中式分配机制在一定程度上降低了资源拥塞的可能性。也就是说，那些拥有剩余资源的快餐店可以被其他通过融资获得利润增长的快餐店所利用。而在分散式情境下，这种可能性是不可实现的。

（3）使用本章第二节介绍的方法对集结利润进行分解，以揭示潜在利润增加的原因。根据式（3.5）的定义，并将对应无效率指标除以当前观测的集结利润之和，计算得到规范后的集结利润无效率值为 0.1235。这意味着如果所有快餐店的投入产出被投影到策略利润有效前沿上，在集中式情境下，总的利润相对于当前观测利润将提升约 12.35 个百分点。接下来，根据式（3.12）~式（3.14），得到规范化后的集结传统利润无效率、集结策略利润无效率以及集结分配利润无效率分别为 8.50%、3.61% 和 0.24%。这与式（3.15）的理论结果一致，即 $NAGPIE$（12.35%）= $NAGTPIE$（8.50%）+ $NAGAPIE$（3.61%）+ $NAGRPIE$（0.24%）。

从以上分解结果可以看出，当所有快餐店的投入产出组合被投影到传统利润有效前沿时，总的分配后集结利润将比总的观测集结利润增长约 8.50%。此外，如果进一步考虑潜在的贷款融资，总的分配后集结利润将比不考虑贷款融资的情况下增长约 3.61%。最后，如果所有快餐店在集中式管理者的领导下，并假设集中式集团在寻求融资方面拥有更强的议价能力，总的分配后集结利润将比分散式情形下的总集结利润高出约 0.24%。综上所述，本研究提出的分解方法为决策者消除潜在利润无效率，挖掘导致集结利润无效的主要原因提供了科学且可视化的改进路径。

第四节 本章小结

资源配置对企业来讲至关重要。在本章，主要提出了一种新的考虑潜在融资策略的资源配置 DEA 方法，并将其应用在餐馆生产配置中。首先考虑了所有决策单元独立运营的情境，并据此提出了一种分散型融资资源配置 DEA 方法。本章还提出了一种新的融资利润概念，并证明融资利润递增是待评价决策单元采取融资扩张策略的充分条件，这为管理者探索潜在利润增长和可能融资策略之间关系提供了理论支持。最后将模型拓展至集中式场景，并通过构建相应的集中式融资资源配置 DEA 模型为集中式管理者挖掘集结利润无效率主因提供现实路径。

相较于现有研究，本章的改进主要体现在以下几个方面。

（1）结合了外部资本运营和内部资源配置，提出了一种资本互动型非参数资源配置方法。这一方法在解决传统资源配置模型中可能出现的生产中断问题方面具有优势。换言之，传统资源配置方案可能无法得到解决，但这并非由于生产问题造成的，更可能是由于战略失误所致。因此，通过引入融资约束，不仅能有效地克服传统模型中的无解情况，同时也与现实中小企业通过融资来扩张运营的做法相符合。即使传统资源配置模型可行，本章提出的新的资源配置模型仍能提供更可行且利润更高的方案，从而为资本参与资源配置活动提供了理论支持。

（2）引入了一种新的融资利润概念，并通过理论证明发现，递增的融资利润是决策单元采纳融资扩张策略的充分条件，为了解潜在利润增长和可能融资策略之间的关系提供了理论帮助。此外，还确定了集中式运营所带来的潜在收益，为集中式管理者追求最大化利润提供了指导方向。

（3）提出了一种新的集中式利润无效率分解方法，将集中式利润无效率分解为偏离传统利润有效前沿所致的部分、无法选择最优分配方案所致的部分及偏离集中式管理优势所致的部分。同时，通过分析集中式利润无效率与其分解成分之间的关系，可以挖掘潜在的利润增长空间。

第四章 考虑不确定需求融资约束的资源配置方法及应用

通过上一章的研究,可以知道考虑融资约束不仅在理论上对传统资源配置 DEA 模型可能遇到的无解情形进行了合理的修正,而且还为决策单元实施更优(潜在利润更高)的资源配置过程提供了具体措施和可行方案。然而,上一章研究的一个假设前提是,需求是确定的,不包含任何不确定性。换句话说,在保证生产可行的前提下,决策单元朝着利润最大化目标进行资源配置且不考虑产出是否过剩。显然,现实中需求往往是不确定性,这种不确定性可能来自市场,例如,假设相关产品的市场需求下降,那么此时企业进行扩张生产虽然从理论上来讲能够为企业带来更高的收入。但是,由于需求的下降,可能导致产出无法完全销售,从而造成库存积压现象,此时剩余的产品有时候不仅不能为企业带来收入,反而可能造成损失(比如以残值销售或者丢弃)。考虑到上述情境,本章主要从方法上将上一章确定性 FRA-DEA 模型扩展至不确定性情形,既从理论上检验上一章所提模型的稳健性,又在一定程度上弥补了现有不确定性 DEA 模型文献稀少的不足。

第一节 研究背景

在经济全球化的大背景下,企业面临着前所未有的机遇与挑战。其中,来自不确定环境所带来的挑战是一个亟待解决的问题之一(Yang et al.,2014)。对于管理者而言,在不确定性环境下进行决策是相关管理活动的重要组成部分。比如,面对不确定的未来成本、需求及生产率,决策者往往很难决定是否应该增加现有设施容量、引进新产品线或者雇佣新员工(Wu and Gonzalez,1999)。又如在流感疫苗产业中,由于疫苗生产的生物学特征,疫苗产量的不确定性比较高,因此经常出现供需不匹配的情况。而对生产疫苗的企业来讲,它们所面对的疫苗需求实际上也是高度不确定性的,因为流感疫苗的需求很大程度上取决于流感的流行程度及严重程度,而这些因素往往是不可预测的(Cho and Tang,2013)。

对企业（或组织）而言，上述管理实践或者生产决策问题实际上与企业（或组织）的资源配置活动紧密相连，因此，企业（或组织）要实现有效的资源配置过程就必须在设计相应资源配置方案过程中将不确定性因素考虑在内，否则将有可能得到不可行或者有偏的资源配置方案。根据 Rothenberg 和 Smith（1971），早期关于不确定性对资源配置影响的研究大致可以分为两类。第一类研究与一般均衡模型相关，该类研究通过考虑或有索取权（contingent claims）市场来引入相应的不确定性，同时很大程度上集中于福利经济学相关问题。在一般均衡框架下，研究者倾向于讨论使得相应期货市场形成竞争均衡（competitive equilibrium）的最优条件，具体相关研究如 Debreu（1959）、Arrow（1964）、Radner（1968）。第二类研究则与局部均衡模型相关，该类研究主要集中于个体企业或者个体消费者层面，这些消费者或者企业往往假定在给定价格下进行具体的优化决策。例如，传统随机库存及类 Markovitz 投资组合分析相关研究就属于该类研究范畴（Rothenberg and Smith，1971）。

在传统 DEA 分析范式中，生产过程不包含任何不确定性。以经典 CCR 模型为例，决策者可以根据对应的包络 DEA 模型得到无效决策单元优化后的投入资源安排以及产出生产计划情况，但是，上述得到的资源配置方案没有考虑需求端的信息。正如前面实例中所介绍，当需求不足的时候，如果继续按照传统 DEA 模型的投影信息进行生产和资源配置，那么很有可能造成相应产出无法完全销售的情形，从而造成库存积压。尤其是对易蚀品（比如生鲜之类）来讲，过量的库存积压将直接导致相应产品折价销售甚至完全弃置，从而造成大量的经济损失。为在 DEA 中考虑不确定性因素，已有学者尝试在传统 DEA 框架下构建相应的不确定性 DEA 模型，概括来讲，此类研究也可以分为两类。第一类研究主要考虑到数据的不确定性。一般而言，在 DEA 分析中，往往假定投入产出数据为准确值（crisp vaue）情形，但在实际中，现实数据经常是不准确（imprecise）或者模糊的（vague），比例缺失数据、主观判断数据、预测数据等（Dotoli et al.，2015）。为了刻画数据的不确定性，许多学者尝试将 DEA 方法与模糊逻辑框架相结合，从而提出相应的模糊 DEA 模型。根据 Hatami-Marbini 等（2011）的综述研究，现有模糊 DEA 方法大致可以分为以下四类：①容忍度方法（Sengupta，1992）；②α 截集方法（Saati et al.，2002；Liu，2008）；③模糊排序方法（Guo and Tanaka，2001；Kao and Liu，2011）；④可能性测度方法（Lertworasirikul et al.，2003a；Lertworasirikul et al.，2003b；Khodabakhshi et al.，2010）。限于篇幅，关于此类研究具体文献回顾和讨论可以参见本书第二章第三节。与第一类研究所不同的是，第二类研究则主要聚焦于生产过程中的不确定性，比如研究不确定性需求对效率评价或者相应资源配置方案设计的影响。例如，Du 等（2010）从集中式视角对存在不确定性需求的生产计划问题进行了研究，讨论了需求变动情形下的最优生产计划设计问题，并根据不同优化目标提出了两种不同的集中式生产计划模型：一种是优化整个组织的平均生产绩效；另一种是同时保证总产出水平的最大化以及总投入消耗的最小化。之后，Amirteimoori 和 Kordrostami（2012）在 Du 等（2010）工作的基础上进一步将运营单位规模纳入到生产计划设计过程中，同时考虑产出需求的变动以及投入供给的变动，且新的生产计划还要求保证各决策单元的相对效率值要大于等于当前观测的各决策单元相对效率值。Lee 和 Johnson（2014）提出了一种被称为主动 DEA 的短期能力计划方法，该方法可以量化需求不确定性情形下企业生产系统的有效性。使用随机规划 DEA 方法，并通过考虑投入的边际收益递减特性对短期产能扩张模型进行了改进，新的模型还可以估计给定需求下有效性的预期估计值。类似地，关于考虑不确定性需求的 DEA 方法和应用研究具体综述同样参考第二章第三节。

如前所述，宽泛来讲，上述研究实际上也可以理解为借助于 DEA 方法对相应的资源配置问题进行分析，比如 Du 等（2010）提出的保证总产出水平最大化，以及总投入消耗最小化的集中式生产计划模型，实际上就是在 DEA 框架下通过考虑不确定性需求来对投入和产出进行再分配，以期实现既定的组织目标。但是，上述研究的核心思想实际上同样是从事后分析视角对当前资源配置和生产方案进行重新配置，而没有考虑企业（组织）即时的资源配置条件。尤其是对中小企业来讲，在面对剧烈变动的市场环境时，企业现有资源水平或者即时生产计划可能会发生较大的变化，例如，"融资难"问题一直是困扰中小微企业健康发展的重点问题，因此，如果把企业当前观测阶段视为"无融资约束"阶段，那么企业在下一阶段（即后续资源配置阶段）是否仍不受"融资约束"就难以确保。更为重要的是，如果将当前资源水平视为后续资源配置过程可用资源的上界，那么势必会忽视扩张生产的可能性。具体地，如果未来相关产品的预期需求量剧烈变动的话，那么根据当前资源水平来设计相应的资源配置方案不仅可能会因供给不足或者供给过剩导致经济利益受损，还可能会因此降低企业相关产品的市场份额，甚至影响企业声誉以及市场竞争力。基于以上背景，本章拟在考虑需求不确定前提下研究外部融资可能性对基于 DEA 的资源配置过程的影响，本章的主要研究问题是，在 DEA 框架中，应该如何刻画需求的不确定性？另外，面对需求的不确定性，决策单元是否能像确定性模型一样通过引入外部融资策略来帮助决策单元获取更高的"利润"？如果能，那么导致决策单元拥有外部融资优势的主因是什么？

为了回答上述问题，本章主要在确定性 FRA-DEA 框架的基础上，通过借鉴 Lee 和 Johnson（2014）所提出的需求截断生产函数（Demand-Truncated Production Function, DTPF）概念，构建相应的考虑需求不确定性的 FRA-DEA 模型。与第三章确定性分析框架一致，本章同样分别从分散式视角和集中式视角构建了两种视角下考虑需求不确定性的 FRA-DEA 模型。与以往研究相比，本章的研究贡献主要体现在以下三个方面：①本章首次从外部融资视角研究了需求不确定性情境下的资源配置问题，既是对本书第三章研究的一个直接扩展，又在一定程度上丰富了现有考虑需求不确定性的 DEA 相关研究。②在需求不确定性情境下，通过引入外部融资可能性不仅能够缓解因需求不确定所造成的生产中断或者投资不足等问题，也为决策单元借助资本市场实施有效资源配置过程提供理论支持。③从现实角度来讲，本章也为实际资源配置过程充分利用内外部资源、制定科学资源配置方案提供了技术指导和政策意见。

第二节　研究方法

在第三章中，主要讨论了确定型资源配置问题，即在资源配置过程中假设配置方案所预期的产出水平均能正常售出，既没有库存剩余也不存在没有满足的需求。但在实际中，运营环境经常变化，包括需求在内的许多信息都存在着不确定性，而且，这些不确定性可能对实际生产运营产生比较大的影响（Lee, 2012）。例如，受极端天气的影响部分产品的需求在短期内急剧上升，在此情形下，如果不考虑需求的变化，一方面企业可能会因产量不足而错失潜在的订单；另一方面从应急管理角度来讲，采取诸如不扩张等保守策略可能会对防灾救灾造成影响，可能还会使企业受到更多舆论压力。因此，无论是从理论来讲还是实践角度来讲，都很有必要在设计相应资源配置方案过程中考虑需求不确定性等问题。

一、分散式情境下考虑不确定性需求的 FRA-DEA 方法

在现实中，生产函数可以定义为投入资源数量给定前提下可以生产的最大产出水平（Lee, 2012）。令 X 表示投入资源（暂不区分固定投入和可变投入），Y 表示生产系统可以生产的单产出数量水平。那么，参考 Coelli 等（2005），单产出标准生产函数可以表示为

$$Y = f(X) \tag{4.1}$$

实际上，根据式（4.1），如果生产函数已知，那么相应的产出数量水平可以根据投入资源的数量估计得到。但需要注意的是，式（4.1）估计得到的产出水平在考虑不同需求水平时可能并不是有效的。根据 Lee（2012）定义，有效产出可以理解为生产系统所产生的需要通过客户需求来消耗的产品或者服务。为研究需求效应对生产率及效率分析的影响，Lee 和 Johnson（2014）提出了一个关于不确定性需求的重要概念，即需求截断生产函数（Demand-Truncated Production Function，DTPF）。参考 Lee 和 Johnson（2014），令 y_{rk}^{DTPF} 表示被决策单元 k 需求所截断的生产函数的第 r 个产出水平，$\widetilde{D}_{rk}$ 为表示决策单元 k 第 r 个产出的潜在需求。此时，产出水平为 y_{rk}^{DTPF} 的需求截断需求生产函数可以定义为潜在实现的需求 y_{rk}^{PF} 与实际生产函数产出 $\widetilde{D}_{rk}$ 二者中的较小值，即

$$y_{rk}^{DTPF} = \min\{y_{rk}^{PF}, \widetilde{D}_{rk}\} \tag{4.2}$$

为阐明截断需求生产函数的几何意义，图 4.1 绘制了"单投入—单产出"情景下的截断需求生产函数图示。

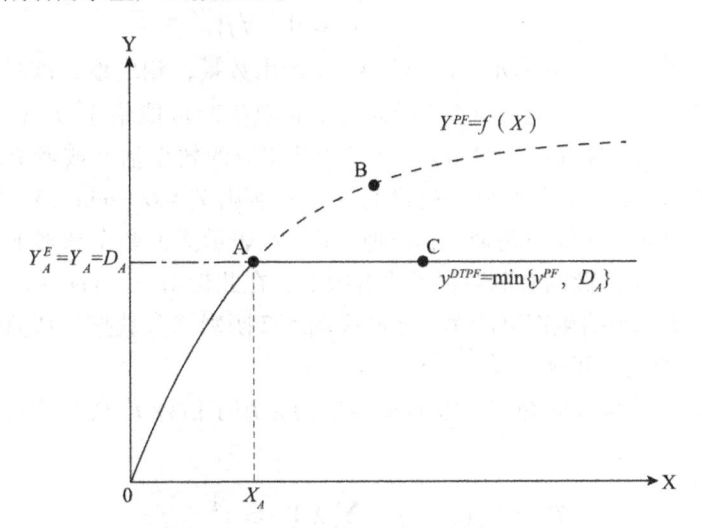

图 4.1 单投入—单产出的需求截断生产图示

资料来源：Lee C Y. Demand Effects in Productivity and Efficiency Analysis [D]. Texas A & M University, 2012.

从图 4.1 可以看出，供给与需求均衡位置在决策单元 A，也就是说，决策单元 A 的产出水平是最优的，且不存在未实现的需求也没有出现剩余存货等现象。此外，由于决策单元 A 同样位于有效生产前沿上，因此实现了有效的

生产。然而有趣的是，尽管决策单元 B 也位于有效生产前沿上，但是由于实现的需求不能满足其当前的产出水平，因此决策单元 B 并没有实现有效生产。相反，决策单元 C 是有效的，但不是一个有效的生产决策单元，主要是因为决策单元 C 存在资源拥塞情况。

为进一步刻画不确定性需求，令 $Y^E \in \Re_+^s$ 表示有效产出向量，类似于式（3.1），有效生产可能集可以表示为

$$T^E = \{(X, Y^E) : X \text{ 可以生产} Y^E\} \quad (4.3)$$

在实际应用中，由于真实生产函数是未知的，因此无法直接确定 T^E，但幸运的是，T^E 可以根据观测投入产出数据估计得到。根据 Lee（2012），用于估计 T^E 的生产可能集可以定义为

$$\widetilde{T}^E = \{(x, y^E) : \sum_{j=1}^n \lambda_j Y_{rj}^E \geqslant Y_r^E, \ \forall r$$

$$\sum_{j=1}^n \lambda_j X_{ij} \geqslant X_i, \ \forall i$$

$$\sum_{j=1}^n \lambda_j = 1$$

$$\lambda_j \geqslant 0, \ \forall j\}. \quad (4.4)$$

其中，Y_{rj}^E 表示决策单元 j 生产的第 r 个产出数量，相应地，该产出所面对的需求量是 D_r，生产集式（4.4）刻画了有效生产可能集 T^E 所对应的可行域。正常情况下，根据式（4.4），可以展开相应的效率估计或者资源配置计划设计。如果 $Y_r \leqslant D_r$ 的时候，设置 $Y_r^E = Y_r$；否则 $Y_r^E = D_q - \min(Y_r - D_q, D_q)$，当 $Y_r > D_r$，说明存在能力剩余，相应地，$Y_r - D_r$ 表示能力剩余情形下对应的惩罚。但是，由于离散的观测数据量是有限的，在此情形下，Lee（2012）指出式（4.4）所刻画的生产可能集由于缺少图 4.2 阴影部分数据，从而产生有效性测度估计的偏差问题。

为解决上述偏差问题，参考 Lee（2012），用于估计 T^E 的生产可能集可以定义为：

$$\widetilde{T}^E = \{(x, y^E) : \sum_{j=1}^n \lambda_j Y_{rj} \geqslant Y_r^E, \ \forall r$$

$$D_r \geqslant Y_r^E, \ \forall r$$

$$\sum_{j=1}^n \lambda_j X_{ij} \geqslant X_i, \ \forall i$$

$$\sum_{j=1}^n \lambda_j = 1$$

$$\lambda_j \geqslant 0, \ \forall j\}. \quad (4.5)$$

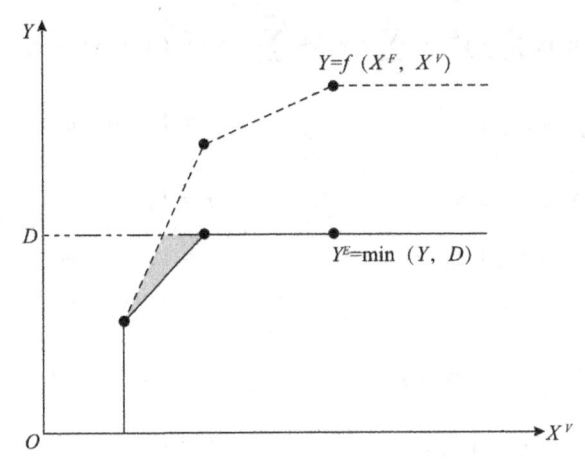

第四章 考虑不确定需求融资约束的资源配置方法及应用

图 4.2 有效性测度的偏差图示

资料来源：Lee C Y. Demand Effects in Productivity and Efficiency Analysis [D]. Texas A and M University, 2012.

Lee（2012）还证明式（4.5）所刻画的截断生产可能集与拥有无限观测数据情形下式（4.4）所刻画的生产可能集一致。理论上来讲，根据式（4.5）定义的技术集，可以很自然地对第三章所提的 FRA-DEA 模型进行拓展分析。但是，在考虑产出需求的情形下，如果最终产出与相应产品的市场需求不匹配，那么很可能会导致能力不足（capacity shortage）或者能力剩余（capacity surplus）情形，显然这些情形会导致利润损失（Lee and Johnson, 2014）。因此，在以利润最大化为目标的资源配置决策过程中，需要将上述情形考虑到模型之中。为此，借鉴 Lee 和 Johnson（2014）的做法，令 Y_{rk}^P 表示需求 $\widetilde{D}_{rk}$ 所对应的惩罚产出水平。如果存在能力剩余，即 $Y_{rk}^P > \widetilde{D}_{rk}$，则令 $Y_{rk}^P = \widetilde{D}_{rk} - \kappa_{rk}(Y_{rk} - \widetilde{D}_{rk})$，表示存在潜在能力剩余，此时的存货水平为 $Y_{rk} - \widetilde{D}_{rk}$；否则，存在能力不足，即 $Y_{rk}^P \leq \widetilde{D}_{rk}$，此时令 $Y_{rk}^P = \widetilde{D}_{rk} - \partial_{rk}(\widetilde{D}_{rk} - Y_{rk})$，表示由于可能卖出额外 $\widetilde{D}_{rk} - Y_{rk}$ 单位产出但没有卖出而导致的损失。在 Lee 和 Johnson（2014）的研究中，参数 κ_{rk} 和 ∂_{rk} 分别用于量化存货以及销量损失对其构建的有效性测度指标的影响。在本章中，参数 κ_{rk} 和 ∂_{rk} 将主要用于讨论存货以及销量损失对相应的资源配置利润的影响。如果持有存货或者销量损失的成本不显著，那么 $\kappa_{rk} = \partial_{rk} = 0$。

基于上述分析，根据第三章分散式 FRA-DEA 框架，下面提出考虑不确定性需求的融资资源配置 DEA 模型：

$$\max \sum_{r=1}^{s} p_r y_{rk}^{E} - \sum_{i=1}^{m} c_i \hat{x}_{ik} + \sum_{i=1}^{m} c_i \delta_{ik} - (1+\alpha) \times d_k \quad (4.6)$$

$$\sum_{j=1}^{n} \lambda_j x_{ij} \leqslant \hat{x}_{ik} \qquad i = 1, \cdots, m \quad (4.6.1)$$

$$\sum_{j=1}^{n} \lambda_j y_{rj} \geqslant \hat{y}_{rk} \qquad r = 1, \cdots, s \quad (4.6.2)$$

$$\hat{x}_{ik} \leqslant x_{ik} + \delta_{ik} \qquad i = 1, \cdots, m \quad (4.6.3)$$

$$\hat{y}_{rk} \geqslant y_{rk}^{E} \qquad r = 1, \cdots, s \quad (4.6.4)$$

$$y_{rk}^{E} = [\hat{y}_{rk} - \partial_r (\widetilde{D}_{rk} - \hat{y}_{rk})]$$
$$(1 - z_{rk}) + [\widetilde{D}_{rk} - \qquad r = 1, \cdots, s \quad (4.6.5)$$
$$\kappa_r (\hat{y}_{rk} - \widetilde{D}_{rk})] z_{rk}$$

$$\hat{y}_{rk} - \widetilde{D}_{rk} < M z_{rk} \qquad r = 1, \cdots, s \quad (4.6.6)$$

$$\hat{y}_{rk} - \widetilde{D}_{rk} \geqslant -M(1 - z_{rk}) \qquad r = 1, \cdots, s \quad (4.6.7)$$

$$\sum_{i=1}^{m} c_i \varphi_i \delta_{ik} \leqslant d_k \quad (4.6.8)$$

$$\sum_{j=1}^{n} \lambda_j = 1 \quad (4.6.9)$$

$$\delta_{ik} \geqslant 0, \qquad i = 1, \cdots, m \quad (4.6.10)$$

$$\hat{x}_{ik} \geqslant 0 \qquad i = 1, \cdots, m \quad (4.6.11)$$

$$\hat{y}_{rk} \geqslant 0 \qquad r = 1, \cdots, s \quad (4.6.12)$$

$$\lambda_j \geqslant 0 \qquad j = 1, \cdots, n \quad (4.6.13)$$

$$z_{rk} \in \{0, 1\} \qquad r = 1, \cdots, s. \quad (4.6.14)$$

需要注意的是，模型式（4.6）中，约束条件除了式（4.6.4）~式（4.6.7），其他约束条件实际上与模型式（3.5）中相应约束条件相同。其中，约束条件式（4.6.4）表示决策单元 k 的第 r 个产出水平应该大于或等于惩罚后的产出水平，而不是保持在当前水平。而且，惩罚后的产出水平受约束条件式（4.6.5）限制。这样做，实际上提供了一种更为可行的方式来刻画需求对未来生产的影响。例如在服务产业，许多服务产生之后需要立即被消费，因此，没有被消费而又产生了的剩余服务实际上可以理解为一种损失的机会，也就是说 $\kappa_{rk} > 0$。对应过来，如果需求没有满足，那么一方面会因损失销量而降低收益，另一方面也可能会导致失去市场份额或者损害与客户之间的关系。当损失销量的总成本效应显著的话，那么 $\partial_{rk} > 0$，关于参数 κ_{rk} 和 ∂_{rk} 的详细讨论可以参见 Lee 和 Johnson（2014）。约束条件式（4.6.6）~式（4.6.7）则是为了判断产出产量与需求量的大小关系，其中 M 为极大数，显然，$\hat{y}_{rk} \geq \widetilde{D}_{rk}$ 时，$z_{rk}=1$；否则，$z_{rk}=0$。最后，模型式（4.6）的目标函数与模型式（3.5）也有所区别，具体而言，与模型式（3.5）所不同的是，模型式（4.6）的产出收益考虑的是有效产出收益，而且考虑了供需不匹配的惩罚要素。显然，由式（4.6.5）可以知道，有效产出是一定要小于等于实际需求，这也与实际相符。

很容易知道，因为 $\hat{y}_{rk}z_{rk}$，模型式（4.6）是一个混合整数非线性模型。因此，用常规方法直接求解此类问题可能非常困难也非常耗时。为此，参考 Lee 和 Johnson（2014）的做法，首先令 $\hat{y}^a_{rk} = \hat{y}_{rk}z_{rk}$，此时 $\hat{y}_{rk}z_{rk}$ 可以通过增加下述约束条件而被线性化：

$$\hat{y}_{rk} - M(1-z_{rk}) \leq \hat{y}^a_{rk} \leq \hat{y}_{rk} + M(1-z_{rk}) - Mz_{rk} \leq \hat{y}^a_{rk} \leq Mz_{rk} \quad (4.7)$$

二、集中式情境下考虑不确定性需求的 FRA-DEA 方法

同样，根据前面的思路，很容易将分散式模型扩展至相应的集中式形式，具体集中式模型可以表示为

$$\max \sum_{k=1}^{n}\sum_{r=1}^{s} p_r y^E_{rk} - \sum_{k=1}^{n}\sum_{i=1}^{m} c_i \hat{x}_{ik} + \sum_{i \notin I^{realloac}} c_i \sum_{k=1}^{n} \delta^+_{ik} +$$
$$\sum_{i \in I^{realloac}} c_i (\sum_{k=1}^{n} \delta^+_{ik} - \sum_{k=1}^{n} s^-_{ik}) - (1+\vartheta) \times D \quad (4.8)$$

$$\sum_{j=1}^{n} \lambda_{jk}x_{ij} \leq \hat{x}_{ik}, \qquad i \in I^{realloac};\ k=1,\cdots,n \quad (4.8.1)$$

$$\sum_{j=1}^{n} \lambda_{jk}y_{rj} \geq \hat{y}_{rk}, \qquad r=1,\cdots,s;\ k=1,\cdots,n \quad (4.8.2)$$

$$\hat{x}_{ik} \leq x_{ik} + \delta^+_{ik} \qquad i \notin I^{realloac};\ k=1,\cdots,n \quad (4.8.3)$$

$$\hat{x}_{ik} \leq x_{ik} + \delta^+_{ik} - s^-_{ik}, \qquad i \in I^{realloac};\ k=1,\cdots,n \quad (4.8.4)$$

$$\sum_{k=1}^{n} \delta^+_{ik} \geq \sum_{k=1}^{n} s^-_{ik}, \qquad i \in I^{realloac} \quad (4.8.5)$$

$$\hat{y}_{rk} \geq y^E_{rk} \qquad r=1,\cdots,s;\ k=1,\cdots,n \quad (4.8.6)$$

$$y^E_{rk} = y^E_{rk} = [\hat{y}_{rk} - \partial_r(\widetilde{D}_{rk} - \hat{y}_{rk})](1-z_{rk}) +$$
$$[\widetilde{D}_{rk} - \kappa_r(\hat{y}_{rk} - \widetilde{D}_{rk})]z_{rk} \qquad r=1,\cdots,s;\ k=1,\cdots,n \quad (4.8.7)$$

$$\hat{y}_{rk} - \widetilde{D}_{rk} < Mz_{rk} \qquad r = 1, \cdots, s;\ k = 1, \cdots, n \qquad (4.8.8)$$

$$\hat{y}_{rk} - \widetilde{D}_{rk} \geq -M(1 - z_{rk}) \qquad r = 1, \cdots, s;\ k = 1, \cdots, n \qquad (4.8.9)$$

$$\sum_{i \in I^{realloac}} \sum_{k=1}^{n} (a_i s_{ik}^-) + \sum_{i \in I^{realloac}} \left(c_i \cdot \varphi_i \cdot \left(\sum_{k=1}^{n} \delta_{ik}^+ - \sum_{k=1}^{n} s_{ik}^- \right) \right) +$$

$$\sum_{i \notin I^{realloac}} \sum_{k=1}^{n} (c_i \cdot \varphi_i \cdot \delta_{ik}^+) \leq D \qquad (4.8.10)$$

$$D \geq 0 \qquad (4.8.11)$$

$$\sum_{j=1}^{n} \lambda_{jk} = 1, \qquad k = 1, \cdots, n \qquad (4.8.12)$$

$$\delta_{ik}^+ \geq 0, \qquad i = 1, \cdots, m;\ k = 1, \cdots, n \qquad (4.8.13)$$

$$\delta_{ik}^+ \geq 0, \qquad i = 1, \cdots, m;\ k = 1, \cdots, n \qquad (4.8.14)$$

$$\hat{x}_{ik} \geq 0, \qquad i = 1, \cdots, m;\ k = 1, \cdots, n \qquad (4.8.15)$$

$$\hat{y}_{rk} \geq 0, \qquad r = 1, \cdots, s;\ k = 1, \cdots, n \qquad (4.8.16)$$

$$\lambda_{jk} \geq 0, \qquad j = 1, \cdots, n;\ k = 1, \cdots, n \qquad (4.8.17)$$

$$z_{rk} \geq 0, \qquad r = 1, \cdots, s;\ k = 1, \cdots, n \qquad (4.8.18)$$

在上述模型中，约束条件式（4.8.1）~（4.8.5），式（4.8.10）~式（4.8.12）与模型式（3.10）中对应的约束相同。约束条件式（4.8.6）~式（4.8.9）则继承了模型式（4.7）相应的思想，但不同的是模型式（4.8）考虑了 n 个观测决策单元，而模型式（4.7）则仅仅考虑了当前待评价决策单元。此外，需要注意的是，模型式（4.8）与模型式（3.10）的另一个不同之处在于模型式（4.8）的目标函数中考虑的有效产出的收益（而不是最终产出的收益），即 $\sum_{k=1}^{n}\sum_{r=1}^{s} p_r y_{rk}^E$。也就是说，模型式（4.8）的目标函数不仅考虑了传统收益减去成本部分，而且还对损失销量以及存货情形采取了相应的惩罚措施，因此更为合理、实际。

定理4.1：假设根据模型式（4.6）得到的各决策单元分配后利润总和为 π_{ud}^{de}，如果令模型式（4.8）的最优目标函数值为 π_{ud}^{ce}，那么当 $\vartheta \leq \alpha$ 时，$\pi_{ud}^{ce} \geq \pi_{ud}^{de}$ 恒成立。

证明：不失一般性，当决策单元 k 为时，令 $(\hat{x}_{ik}^*, \hat{y}_{rk}^*, y_{rk}^{E*}, \lambda_{jk}^*, \delta_{ik}^*, z_{rk}^*, d_k^*)$ 表示模型式（4.6）关于变量 $(\hat{x}_{ik}, \hat{y}_{rk}, y_{rk}^E, \lambda_{jk}, \delta_{ik}, z_{rk}, d_k)$ 的一个最优解。显然，令 $\delta_{ik}^{+'} = \delta_{ik}^*$（$i = 1, \cdots, m$），$s_{ik}^{-'} = 0$（$i \in I^{realloac}$），$D' = \sum_{k=1}^{n} d_k^*$，很容易知道 $(\hat{x}_{ik}^*, \hat{y}_{rk}^*, \lambda_{jk}^*, \delta_{ik}^{+'}, s_{ik}^{-'}, z_{rk}^*, D')$ 是模型式（4.8）的

一个可行解。由于模型式（4.8）的最优目标函数值为 π_{ud}^{ce}，因此 $\pi_{ud}^{ce} \geq$
$\sum_{k=1}^{n}\sum_{r=1}^{s}p_r y_{rk}^{E*} - \sum_{k=1}^{n}\sum_{i=1}^{m}c_i \hat{x}_{ik}^{*} + \sum_{i \notin I^{realloc}}c_i \sum_{k=1}^{n}\delta_{ik}^{*} + \sum_{i \in I^{realloc}}c_i \sum_{k=1}^{n}\delta_{ik}^{*} - (1+\vartheta) \times$
$\sum_{k=1}^{n}d_k^{*}$。由于 $\vartheta \leq \alpha$，因此 $\pi_{ud}^{ce} \geq \sum_{k=1}^{n}\sum_{r=1}^{s}p_r y_{rk}^{E*} - \sum_{k=1}^{n}\sum_{i=1}^{m}c_i \hat{x}_{ik}^{*} + \sum_{i \notin I^{realloc}}c_i \sum_{k=1}^{n}\delta_{ik}^{*} +$
$\sum_{i \in I^{realloc}}c_i \sum_{k=1}^{n}\delta_{ik}^{*} - (1+\alpha) \times \sum_{k=1}^{n}d_k^{*} = \pi_{ud}^{de}$，定理 4.1 因此得证。

第三节　算例分析

本节主要通过一个算例来验证第二节所提方法的有效性与可行性，表 4.1 给出了 12 个决策单元当前观测的投入产出数据以及三种不同场景下（即悲观场景、最可能场景以及乐观场景）产出需求的预测数据，所有数据来源于 Lee 和 Johnson（2014）的研究。在求解之前，需要对模型中的参数设置进行说明。首先，为方便起见，产出的价格设置为 1，可变投入的单位成本设置为 0.2，个体融资的利率设置为 0.1。其次，量化销量损失（lost sales）以及持有存货（holding inventories）的参数统一设置为 0.05，即如果生产量超过（小于）需求量，那么其带来的潜在存货（销量损失）成本则估计为相应产出当前价值的 5%。最后，需要说明的是，模型式（4.7）实际上没有区分固定成本和可变成本，如果从短期（short-run）资源配置设计初衷来看，固定成本应该假设为不可调整，对此，采用 Kerstens 等（2019）的固定投入处置方法，将固定投入设置为不可扩张投入。

表 4.2 给出了三种不同需求场景下个体决策单元的利润情况以及对应的融资扩张量情况[1]。从表 4.2 可以看出，悲观需求和可能需求场景下融资扩张量均为 0，说明这两种需求场景下，"最优"的资源配置方案是不进行融资扩张。但是，在乐观需求场景下，12 个决策单元总的融资扩张量为 6.25，其中 1 号决策单元的融资扩张量最高（1 号决策单元的融资扩张量为 3），2 号、5 号及 9 号决策单元的融资扩张量分别为 0.25、1 和 2。换言之，对这 4 个决策单元来讲，它们的最优资源配置策略是对其可变投入采取融资扩张策略。

---

[1] 需要说明的是，在计算利润过程中为方便比较暂未考虑固定成本。

表 4.1　　　　　　　　　　算例数据

决策单元	固定投入	可变投入	实际产出	悲观需求	可能需求	乐观需求
1	9	5	10	6	9	12
2	4	7	8	5	6	9
3	4	9	11	6	8	13
4	5	9	9	7	8	10
5	7	7	10	7	9	13
6	6	7	7	4	6	9
7	10	8	10	7	8	11
8	8	6	7	7	8	9
9	5	6	11	6	7	12
10	4.5	10	10	8	10	12
11	4	8	12	7	8	12
12	10	7	5	3	5	8
总计	76.5	89	110	73	92	130

与此同时，为了解释悲观需求和可能需求场景下所有决策单元都不采取融资扩张策略的原因，下面将关注点放到表 4.1。从表 4.1 可以看出，悲观需求和可能需求场景下，所有决策单元对应的需求量都要小于其当前观测到的产出水平，如果假设资源配置决策之前当前观测到的产出水平即为其对应时期的需求量的话，那么在这两种场景对应的资源配置阶段，所有决策单元的需求量都在下降。而从模型式 (4.6) 可以知道，在不考虑融资扩张可能性的前提下，当前资源配置条件至少都可以生产当前观测的产出水平，因此，在需求不足的时候，对决策单元来讲就没有必要进行扩张融资。但是，考虑到需求的不确定性，实际上未来的具体情况是未知的。因此，在分析过程中需要把融资可能性考虑在内。当未来产出需求属于乐观需求情形下，从表 4.2 也可以看出，融资扩张策略是可行的。

表 4.2　三种不同场景下各决策单元分配后利润及可变投入扩张结果

决策单元	悲观需求 利润	悲观需求 扩张量	可能需求 利润	可能需求 扩张量	乐观需求 利润	乐观需求 扩张量
1	5.5000	0	8.5000	0	11.1700	3.0000
2	4.3000	0	5.3000	0	8.2725	0.2500

续表

决策单元	悲观需求 利润	悲观需求 扩张量	可能需求 利润	可能需求 扩张量	乐观需求 利润	乐观需求 扩张量
3	5.3000	0	7.3000	0	11.1500	0
4	6.4000	0	7.4000	0	9.4000	0
5	6.4500	0	8.4500	0	11.1400	1.0000
6	3.4250	0	5.4250	0	8.4250	0
7	6.5000	0	7.5000	0	10.4000	0
8	6.4750	0	7.4750	0	8.4750	0
9	5.4000	0	6.4000	0	11.1800	2.0000
10	7.3500	0	9.3375	0	11.2000	0
11	6.3000	0	7.3000	0	11.2000	0
12	2.5000	0	4.5000	0	7.5000	0
总计	65.9000	0.0000	84.8875	0.0000	119.5125	6.2500

为具体分析融资扩张模型的优势，表4.3给出了不考虑和考虑融资扩张可能性前提下各决策单元对应的最优资源配置利润结果对比。

表4.3　不考虑和考虑融资扩张可能性情形下各决策单元利润对比

决策单元	不考虑融资扩张	考虑融资扩张	增长比例（%）
1	9.4000	11.1700	18.83%
2	7.2500	8.2725	14.10%
3	11.1500	11.1500	0.00%
4	9.4000	9.4000	0.00%
5	10.7250	11.1400	3.87%
6	8.4250	8.4250	0.00%
7	10.4000	10.4000	0.00%
8	8.4750	8.4750	0.00%
9	10.3500	11.1800	8.02%
10	11.2000	11.2000	0.00%
11	11.2000	11.2000	0.00%
12	7.5000	7.5000	0.00%
总计	115.4750	119.5125	3.50%

从表 4.3 可知，就所有决策单元的利润总和而言，考虑融资扩张情形下 12 个决策单元的分配后利润总和为 119.5125，而不考虑融资扩张情形下 12 个决策单元对应的分配后利润总和为 115.4750，说明总体而言考虑融资扩张策略的分配方案利润要比不考虑融资扩张策略对应分配方案的利润高出 3.5%。此外，为直观地展示各决策单元在两种不同融资策略下的利润变化情况，图 4.3 还给出了 12 个决策单元两种策略下的利润变化对比。

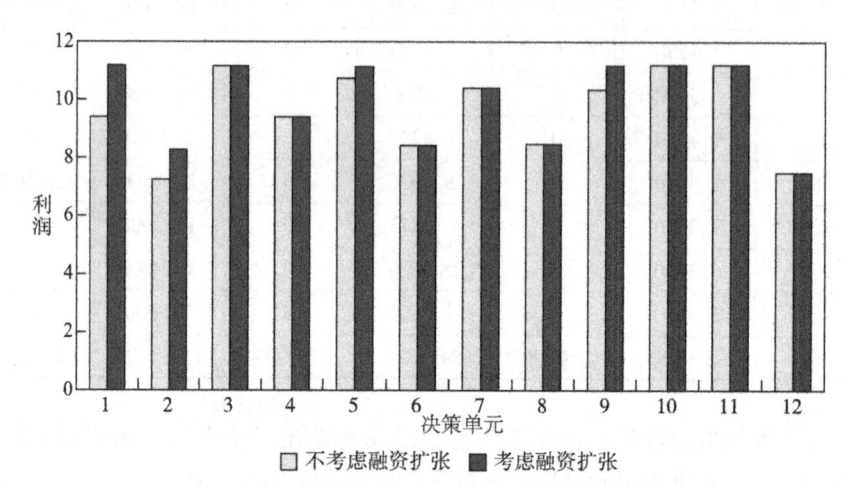

图 4.3 不考虑和考虑融资扩张可能性情形下各决策单元利润变化对比

综合表 4.3 和图 4.3 可以看出，除 3 号，4 号，6 号，7 号，8 号，10 号，11 号及 12 号决策单元以外，其余四个决策单元都能够通过相应的融资扩张策略得到更高的分配后利润。其中，1 号决策单元考虑融资扩张策略相比不考虑融资扩张策略其分配后的利润增长比例达 18.83%，之后依次是 2 号决策单元 (14.10%)、9 号决策单元 (8.02%) 及 5 号决策单元 (3.87%)。

前面分析是基于个体利益最大化视角，下面讨论当 12 个决策单元受控于集中式权威情形下其对应的资源配置结果情况。不同于个体决策目标，对集中式管理者来讲，他们可能更加关注整体利润的最大化。在模型求解之前首先对参数设置进行说明，对假设集中式管理情境下的融资成本要低于个体分散式情景，因此令集中式情境下的贷款利率（也可以理解为融资成本）$\vartheta = 0.05$。此外，可变投入在各决策单元之间的转运成本设置为 0.001，表示转运 1 单位可变成本需要支付 0.001 单位的转运费用，其他参数设置则与分散式情景一致。除此之外，与分散式场景一致，主要考虑短期资源配置决策。因此，固定投入在假设不可分的同时也不可以扩张，因此，对固定成本而言 $\delta_{ik}^+ = 0 (i \notin I^{realloc}; k = 1, \cdots, n)$。

可以预期的是，当未来需求属于悲观需求或者可能需求情景时，决策单元在集中式场景下同样不会采取融资扩张策略。为讨论融资扩张的优势，下面假设需求为乐观需求场景，基于此，将表 4.1 中的投入产出数据及上面介绍的参数设置代入到模型式 (4.8) 中，可以得到集中式场景下所有决策单元的集结利润为 119.5684，要高于分散式场景下所有决策单元获得的利润总和（这也与定理 4.1 预测结果一致）。为对比分配前后各决策单元可变投入和实际产出的配置情况，表 4.4 还给出了集中式场景下各决策单元的资源配置结果。

表 4.4　　　　　　集中式场景下各决策单元的资源配置结果

决策单元	可变投入	实际产出	扩张量	转运量	个体利润[a]
1	8	12	3	0	11.2
2	7.25	9	0.25	0	8.275
3	8	12	0	1	11.2
4	6	10	0	0	9.4
5	8	12	1	0	11.2
6	5.75	9	0	0	8.425
7	6	11	0	2	10.4
8	5.25	9	0	0.75	8.475
9	8	12	2	0	11.2
10	8	12	0	2	11.2
11	8	12	0	0	11.2
12	5	8	0	0.5	7.5
总计	83.25	128	6.25	6.25	119.675

注：此处个体利润总和未扣去相应的贷款本息。

对比表 4.1 和表 4.4 可以发现，所有决策单元可变投入总量为 83.25，较当前观测投入总量增长 8.8235%，而集中式分配结果下所有决策单元实际产出水平为 128，较当前观测产出水平增长 43.8202%，证明在允许少量投入扩张的前提下，各决策单元总体产出水平可以得到大幅提升。另外，与分散式场景有所不同的是，集中式场景下，所有决策单元总的贷款额为 0.00625，从表 4.4 的第 3 和第 4 列可以看出，这部分贷款金额主要是由转运成本产生的。由于允许可变投入在决策单元间进行分配，使得原来只能通过融资进行扩张生产的决策单元转变到通过使用转运过来的投入进行生产。

第四节 应用研究

为了进一步验证方法的有效性，下面考虑使用一个真实的数据集进行实证分析。参考 Lee（2012）的研究工作，以美国 13 家航空公司的投入产出数据为研究样本，需要说明的是，Lee（2012）共搜集了 15 家航空公司的投入产出数据，但是因为有两家航空公司部分产出数据存在缺失，因此本节主要对其中 13 家航空公司 2008 年数据进行研究，所有数据来源于 Lee（2012）。

一、数据描述

在具体分析过程中，将特定年份的每个航空公司视为一个决策单元，每个航空公司具有一种固定投入、两种可变投入以及两种最终产出。固定投入为飞机机队规模，表示航空公司在特定年份使用飞机数量的平均值，由于航空公司的机队是航空公司资本的最重要组成部分，而且在短期内很难改变，故将飞机机队规模视为固定投入，关于该指标核算的其他方面讨论详见 Lee（2012）。可变投入包括：①燃料（fuel），即每年航空公司消耗燃料的加仑总数（the number of gallons），需要注意的是，该指标主要根据总的燃料费用除以平均每加仑喷气燃料成本估计得到；②员工数量（employees），主要定义为样本年份航空公司员工数量的加总，具体包括飞行运输人员、飞行员、空乘人员以及经理。最终产出包括：①可用的客运量（available passenger output），即样本年份可用座位里程的实际产出水平。其中，可用座位里程主要是用飞机上包括头等舱和经济舱的座位数乘以行驶距离（以英里为单位）计算得到；②可用的货运量（available freight output），指的是一年内"可用货运-吨-里程"的实际产出水平。其中，"可用货运-吨-里程"主要是用货运和邮件的吨数乘以飞行距离（以英里为单位）计算得到。表 4.5 为具体的投入产出变量表，表 4.6 则为对应指标的样本描述性统计。

表 4.5　　　　　　　　　　投入产出变量

类型	指标	单位
固定投入	飞机机队规模（AFS）	架
可变投入	燃料（FU）	百万加仑
	员工数量（EM）	人
最终产出	可用客运量（APO）	百万座位-英里
	可用货运量（AFO）	百万吨-英里

表 4.6　　　　　　　　　　　样本描述性统计

指标	样本量（个）	最小值	最大值	平均值	方差
飞机机队规模	13	77	979	373.9231	291.50056
燃料	13	75	2665	1159.231	899.16574
员工数量	13	6700	70923	27903.62	20649.368
可用客运量	13	10370	163483	69351.85	53252.864
可用货运量	13	509	12449	4540.769	4211.5953

从表 4.6 可以看出，不同航空公司的机队规模差异性比较大，机队规模最小的只有 77 架，而机队规模最大的为 979 架。另外，从产出指标来看，不同航空公司可用客运量和可用货运量水平差异也比较明显，最大的可用客运量是最小的可用客运量的 15 倍有余，而最大的可用货运量则是最小可用货运量的 24 倍有余，说明不同航空公司主要营运类型也有所差异。

二、结果分析

需要说明的是，对各航空公司而言，统一管理（比如自由地调配不同航空公司人力等资源）似乎比较困难。因此，下面主要讨论分散式情境下各航空公司的最优资源配置决策问题。当然，在实际应用中，如果存在上述集中式管理的可能（比如对航空公司出现兼并重组），决策者同样可以根据模型式(4.8) 并按照算例分析流程进行具体分析。

（1）在分析之前需要对参数进行说明。具体而言，可变投入方面，燃料的价格为 306 万元每百万加仑，员工成本则主要根据样本航空公司平均人力成本估计得到（主要包括薪金和福利支出），具体设置为 7.9018 万元每人。产出方面，可用客运量产出的价格以及可用货运量产出的价格主要根据样本航空公司的平均报价估计得到，具体可用客运量产出价格设置为 15 万元每百万座位-英里，而可用货运量产出价格设置为 83.2308 万元每百万吨-英里，关于价格估计其他相关讨论参见 Lee（2012）。此外，为方便计算，各航空公司的融资利率设置为 0.1，而量化销量损失（lost sales）以及持有存货（holding inventories）的参数统一设置为 0.1，缩放变量参数统一设置为 1（暂不考虑融资扩张相应投入价格的变化）。需要特别说明的是，各航空公司实际决策过程中，需要根据自身实际情况对上述参数进行单独估计测算，以便得到更科学、符合各航空公司实际情况的资源配置方案。

（2）对各航空公司而言，关于未来客运及货运的真实需求实际上是未知的。但是，各航空公司可以根据历史需求数据以及对当前市场行情的判断来估计客运以及货运可能的需求情况。例如，受极端天气的影响，航空公司的业绩在短期内也会受到比较大的影响，如果相应航空公司有能力对其可变投入进行自由处置或者调整，那么考虑需求下降的资源配置方案将比基于当前资源配置设置情况所得到的结果更加可行，也更符合实际。为了说明本章方法的优越性，同时分析不同需求场景对各航空公司相应资源配置利润的影响，下面基于各航空公司当前产出水平来估计未来需求增长情形下的资源配置效果。具体而言，令 l 表示各航空公司未来需求相较于当前产出水平的增长比例，表 4.7 给出了增长比例 l 从 0.1 到 1 范围内变化情形下各航空公司的分配后利润结果。

表 4.7　　　不同需求场景下各航空公司的分配后利润结果

单位：百万元

航空公司	0.1	0.2	0.3	0.4	0.5
1	2666.37	2673.47	2680.57	2687.67	2651.14
2	3041.26	2993.67	2946.09	2898.50	2850.91
3	22646.02	22297.18	21948.34	21599.50	21250.66
4	1574.19	1688.98	1669.19	1649.40	1629.61
5	11481.86	11656.04	11817.59	11979.14	12140.68
6	19870.78	21159.61	22240.44	22401.84	22132.20
7	1635.76	1613.35	1590.95	1568.55	1546.14
8	4154.26	4160.52	4166.79	4173.05	4171.57
9	13339.85	14252.62	14800.03	14932.91	14754.38
10	2280.65	2501.08	2719.64	2919.38	3118.90
11	15384.05	15869.64	16355.23	16777.82	17177.44
12	18686.48	18392.30	18098.13	17803.95	17509.78
13	11291.54	11681.01	11992.04	12273.74	12516.97
平均值	9850.24	10072.27	10232.69	10281.96	10265.41

续表

航空公司	0.6	0.7	0.8	0.9	1.0
1	2608.27	2565.39	2522.52	2479.64	2436.77
2	2803.33	2755.74	2708.16	2660.57	2612.99
3	20901.83	20552.99	20204.15	19855.31	19506.47
4	1609.82	1590.03	1570.23	1550.44	1530.65
5	12302.23	12463.78	12625.33	12786.87	12948.42
6	21862.55	21592.91	21323.27	21053.63	20783.99
7	1523.74	1501.33	1478.93	1456.52	1434.12
8	4110.75	4049.93	3989.11	3928.28	3867.46
9	14575.84	14397.30	14218.77	14040.23	13861.70
10	3311.78	3452.57	3570.65	3688.73	3741.90
11	17577.06	17447.66	17243.30	17038.94	16834.58
12	17215.60	16921.43	16627.25	16333.08	16038.91
13	12760.21	13003.45	13246.69	13281.12	13134.53
平均值	10243.31	10176.50	10102.18	10011.80	9902.50

从表4.7可以看到，随着需求增长比例的增加，各航空公司分配后的利润总体呈现出先增后减的趋势。例如，13家样本航空公司的平均分配后利润由需求增长比例为0.1时的9850.24增长到需求比例为0.4的10281.96，然后，随着需求增长比例的增加，其分配后利润呈现下降趋势。就个体航空公司而言，1号、6号、8号和9号航空公司分配后利润变动的拐点与总体平均趋势一致，均发生在需求增长比例为0.4的时候。而2号、3号、7号和12号等4家航空公司的分配后利润随着需求增长比例由0.1增加到1的过程中一直呈现出下降的趋势，为解释其具体原因，回到模型式（4.6）可知，如果航空公司产出水平不能继续提升的时候，由于存在销量损失成本，因此越多的需求量实际上表示更高的销量损失成本。对上述4家航空公司而言，当需求增长比例超过0.2的时候，由于相应需求量增加带来产出水平增加的收益无法抵消潜在销量损失增加的成本，因此，当需求增加比例继续增大的时候，相应分配后利润值减少。与这4家航空公司所对应的是5号和10号航空公司，这两家航空公司随着需求增长比例的增加，其分配后利润值也增加，因此，这两家航空公司的分配后利润的相对增长潜力比较大。

此外，为了分析不同融资策略对各航空公司分配后利润的影响，在图 4.4 中展示了考虑融资扩张和不考虑融资扩张两种情景下 13 家航空公司平均分配后利润的对比。通过观察图 4.4，可以直观地得出以下结论，与之前的分析结果一致。首先，考虑融资扩张情景下，当需求增长比例为 0.4 时，13 家航空公司的平均分配后利润达到最高值。这一点与之前的研究结果相符。然而，对比图中的小正方形标识折线图（不考虑融资扩张情景）和小三角标识的折线图（考虑融资扩张情景），可以得出以下几点结论：一是不考虑融资扩张情景下，各航空公司的平均分配后利润总是低于考虑融资扩张情景下的水平。二是传统的资源配置策略，由于保守等原因，可能导致投资不足。因此，本来有利可图的融资扩张策略被忽略，进而降低了航空公司的盈利水平。

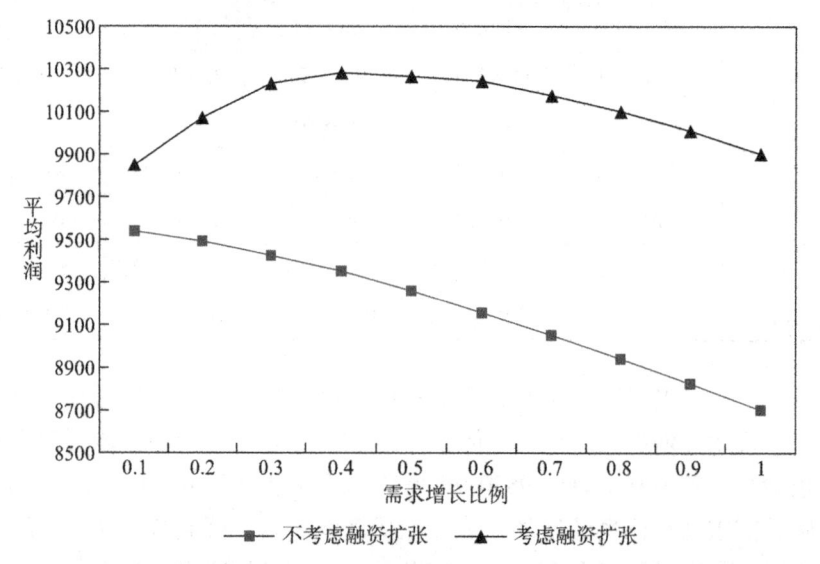

图 4.4 考虑融资扩张与不考虑融资扩张各航空公司平均分配后利润对比

另外，随着需求增长比例的上升，不考虑融资扩张情景下的 13 家航空公司在平均资源配置后的利润持续下降，而没有出现融资扩张情景中的"拐点"现象。为了解释这一现象，需要回顾模型式（4.6）并根据约束条件式（4.6.1）～式（4.6.3）进行分析。根据约束条件，当融资扩张策略被禁止时，相应的产出增长空间也受到限制。因此，不考虑融资扩张策略将使得各航空公司更容易接近其产能的"极限"。然而，需要认识到，从"生产可能集"的角度而言，上述的"极限"并不代表决策单元真实的产能极限。当生产变得"有利可图"时，传统的资源配置决策，如果不考虑融资扩张策略，很可能会低估决策单元的生产潜能。针对本节的实例来说，如果航空公司忽略了融资扩张策略，就有可能因为资源投入不足而错失在需求旺盛时期获取更高收益的机会，同时也会承担更高的销量损失成本。因此，本节研究结果揭示了融资扩张策略的重要性。在需求增长阶段，融资扩张策略能够帮助航空公司充分利用资源，发挥出更大的生产潜能，并在竞争激烈的市场中获得更多利润。相比之下，不考虑融资扩张策略可能导致资源配置不足，限制了企业的生产能力和潜力，从而错失了收益最大化的机会。

第五节 本章小结

通过融合截断需求生产函数（DTPF）概念，对确定型 FRA-DEA 模型进行了理论扩展。首先，通过定义一种新的截断需求生产可能集，将现实中存在的能力过剩或能力不足情形纳入到本章分析框架中，并据此构建了一种量化存货和销量损失的分散式 FRA-DEA 模型，为解决需求不确定性下个体决策单元的资源配置问题提供了理论参考。其次，进一步将分散式 FRA-DEA 模型扩展至集中式情形，一方面验证了 FRA-DEA 框架的有效性和稳健性；另一方面为解决集中式情境下考虑需求不确定性的资源配置问题提供了模型参考。最后，通过算例和实际应用对所提出的考虑不确定性需求的 FRA-DEA 方法进行了理论验证。结果显示，外部融资扩张策略能够提升需求不确定情境下的资源配置利润。此外，利用外部融资工具不仅在一定程度上避免了因需求不确定性而导致的"投资不足"，还为缓解实际中存在的"过度投资"等问题提供了切实可行的解决方案。

第五章 融资约束 DEA 模型在碳减排任务分配中的应用

在之前的章节中，已经讨论了需求不确定情况下潜在融资策略对资源配置过程的影响。然而，需要注意到前几章的资源配置过程仅考虑了期望产出，而现实中的生产过程可能同时涉及期望产出和非期望产出。以工业生产为例，除了生产工业产品外，还会产生污染物排放等非期望产出。因此，本章在 FRA-DEA 框架下，主要探讨潜在融资策略对考虑非期望产出的"碳减排"任务分配的影响。以中国工业生产为背景，将工业产品产值作为期望产出，将估计的工业二氧化碳排放作为非期望产出，从理论和应用的角度为"碳减排"任务分配提供决策支持和政策建议。首先，将介绍问题的背景，接着对相关文献进行综述，包括非 DEA 方法下的碳配额分配机制及基于 DEA 方法的碳配额分配机制。其次，从分散式和集中式的视角分别讨论有效的"碳减排"任务分配模型的构建过程，并重点讨论可能的融资策略对任务分配过程的影响。最后，将应用所提出的方法于中国工业企业的"碳减排"任务分配，并根据研究结果提出具体的政策建议。

第一节 研究背景

全球气候变化是当今时代最紧迫的挑战之一。其中，温室气体排放的持续增加是导致全球气候变化的主要原因之一（Kuosmanen et al., 2020）。为了应对这一挑战，全球范围内进行了一系列努力。1992 年，《联合国气候变化框架公约》在巴西的里约热内卢签署，并得到联合国所有成员国的批准。随后，1997 年 12 月，由 43 个工业化国家组成的集团在日本京都签署了《京都议定书》，旨在稳定大气中温室气体含量，以避免急剧的气候变化对人类造成伤害。2015 年，《巴黎协定》通过，并在 2016 年 4 月 22 日在纽约正式签署。该协定的主要目标是控制全球平均气温上升幅度，将全球气温上升控制在不超过前工业化时期水平之上的 1.5 摄氏度或在 2 摄氏度以内（Lee, 2016）。

我国作为全球最大的能源消费国和碳排放国，面临着减少碳排放等巨大的社会压力（Li et al., 2019）。为了控制温室气体排放，2009年在哥本哈根气候变化大会上，我国承诺到2020年将单位GDP的二氧化碳排放强度较2005年下降40%～45%（Bian et al., 2013；武红，2015）。此外，我国的"十二五规划"提出到2015年年底，单位GDP二氧化碳排放强度要比2010年基期降低17%（武红，2015）。早期采取的措施主要是通过命令和控制方式，比如设立标准，以实现温室气体减排等目标。然而，这种行政命令方式忽略了企业在边际减排成本和边际排放损害等方面的差异，可能增加减排成本或导致经济损失（Muller and Mendelsohn，2009；Wang et al., 2016）。与命令和控制方法不同，近年来基于市场的工具引起了广泛关注。其中，基于排放配额的交易机制是目前广泛使用的市场工具之一（石敏俊等，2013；Muller and Mendelsohn，2009）。

例如，欧盟于2005年启动了欧盟排放权交易机制（EUETS），目前成为全球最大的碳排放交易体系，其碳交易量占全球碳交易市场的60%以上，碳交易额的比重更是超过75%（林坦和宁俊飞，2011）。为了更好地实现"碳减排"目标和履行"碳减排"义务，我国于2013年在北京、天津、重庆、上海、湖北、广东和深圳试点启动了碳交易市场，并计划在2015年推广至全国，建成全国性的碳交易市场（王明喜等，2015）。总的来说，碳排放配额交易市场为面临高边际减排成本的企业提供了从减排成本较低的企业购买碳排放权的机会，被学者们视为一种成本有效的减排政策工具（Carlson et al., 2000；Wang et al., 2016）。

鉴于中国各省份在经济增长方式、自然资源、产业结构和技术水平上存在差异，各省份的减排成本也会有所不同（Cui et al., 2014；Wang et al., 2016）。碳排放交易机制可以帮助中国实现减排目标，并减少碳排放控制政策带来的经济损失，这也解释了中国在碳排放交易市场试点方面的努力（Wang et al., 2016）。基于这样的背景，本章旨在从外部融资角度探讨碳排放交易可能性下的最优资源配置决策。与以往研究仅关注内部资源控制过程不同，本章受到"绿色金融"实践的启发，希望从外部融资的角度分析其对最佳资源配置决策的影响。

首先，基于非参数DEA框架构建了一种考虑外部融资可能性的分散型"碳减排"任务分配模型。需要指出的是，该模型是在Wu等（2016）收益最大化减排任务分配DEA模型的基础上构建的。然而，与Wu等（2016）模型不同的是，本书区分了可变投入和不变投入，并将投入的数量视为有限。例如，有限的运营资本是企业采购决策中常见的限制因素之一。当出现流动性约束时，企业可能需要通过寻求短期融资来执行采购行动（Kouvelis and

Zhao，2012）。因此，将投入分为可变投入和不变投入两类，对不变投入而言，将其当前观测值视为上界，对可变投入则由当前观测值和通过外部融资扩张得到的数量构成上界。其次，在减排任务分配过程中，发现减排配额总量与个体最优减排数量可能存在不一致的情况。为此，通过引入"满意度"概念，并将其应用于设计协调的减排任务分配方案，借鉴了 Wu 等（2016）方法。此外，进一步考虑了集中式管理情境，并将之前的分散型减排任务分配模型扩展为集中形式。最后，通过对中国工业企业的实证研究验证了该方法的有效性和可行性。

本章的研究在以下三个方面做出了贡献：一是首次构建了考虑外部融资可能性的"碳减排"FRA-DEA 模型，以解决分散式场景下碳配额供需不匹配的问题。二是基于分散式模型，还构建了集中式"碳减排"FRA-DEA 模型，从理论上探讨了集中式管理的潜在优势。三是通过对中国省际"碳减排"任务分配潜力的实证分析，发现实现有效的"碳减排"任务分配除了需要消除传统技术性无效率外，还需要充分利用内外部资源，并适时引入外部融资扩张策略，以实现减排过程中资源的最优利用。综合来看，本章的研究通过理论推演和实证检验，全面阐明了适时引入外部融资扩张策略是确保"碳减排"任务分配有效的必要条件。此外，该研究还为其他相关领域的外部融资决策分析提供了可借鉴的经验。

本章的组织结构如下：第二节对相关文献进行了综述和评述，为后续研究提供了理论基础；第三节详细介绍了本章的模型构建过程，包括分散式模型和集中式模型两个部分；第四节应用了所提出的方法到中国工业企业减排任务分配实例，并根据测算结果提供了管理启示和政策建议；最后一节对本章的主要研究内容进行总结，并提出了几个与本研究相关的未来研究方向。

第二节 相关文献评述

在上一节中，本章详细阐述了实施"碳减排"任务分配的背景及其重要性，并提出了潜在融资策略在这一过程中的重要作用。为了更好地整理相关理论研究，同时凸显本章研究的创新性，本节将从两个方面回顾与本节相关的文献。一方面，将回顾采用非 DEA 方法进行碳配额分配机制的文献，通过梳理非 DEA 方法的相关理论研究，为本章的理论研究奠定基础。另一方面，本书还将详细综述采用 DEA 方法的碳配额分配文献，系统回顾现有基于 DEA 的碳配额分配理论研究，并通过对比现有研究与本章研究的不同之处，进一步阐明本章研究的独特贡献。

一、非 DEA 方法的碳配额分配机制

碳排放配额分配问题已引起全球广泛关注。在早期，碳排放配额分配问题通常被统称为排放配额分配问题，包括碳排放和二氧化硫等污染气体的排放权分配。总结起来，这类排放配额方法大致分为两类：

第一类，基于拍卖的方法（Jensen and Rasmussen，2000）。这种方法的优势在于能显著降低排放配额分配成本，因为拍卖所得收入可以用来减少相关税费（Pezzy and Park，1998）。然而，由于拍卖机制设计复杂，该方法在实际应用中较少被使用。此外，拍卖方法可能导致大量资金从私营部门流向政府，因此引发了相关行业利益相关者的强烈反对（Cramton and Kerr，2002）。另一类方法是基于免费分配的机制，其中溯源分配（grandfathering allocation，GFA）和基于产出的分配是两种常见的免费分配方法（Jensen and Rasmussen，2000）。溯源分配机制主要依据历史排放或生产数据来确定相应的排放配额（Goulder et al.，1999）。这种方法是最常见的分配方式（Sun et al.，2014），事实上，大多数排放交易系统都将溯源分配方法作为主要的排放配额分配机制（Stavins，1998）。例如，美国1990年签署的《清洁空气修正法案》中涉及的二氧化硫交易系统就采用了溯源分配方法进行排放配额分配。1997年的《京都议定书》中，碳排放配额则是根据各国1990年的排放水平进行协商谈判的（Cason and Gangadharan，2003）。Ackerman 和 Moomaw（1997）应用 GFA 方法研究了美国二氧化硫配额问题，主要基于发电厂的历史电力生产数据进行测算。然而，由于溯源分配方法是一种一次性配额分配方式，其缺点是使新进企业无法进入配额分配市场，即后来设立的企业无法获得应有的排放配额（Ahman et al.，2007）。此外，基于溯源方法的分配效果也值得讨论。例如，Burtraw 等（2001）调查了不同排放配额分配方案在电力部门的成本效益和分配效果，并发现溯源分配对企业来说可能是最好的，但会给消费者带来沉重负担。

第二类，基于产出的分配，该方法根据企业当前产出水平而非历史产出水平来分配排放配额。这种机制相对于一次性分配来说，允许动态分配并能够更新相应的排放方案。近年来，基于产出的配额分配方法也受到广泛关注。例如，Jensen 和 Rasmussen（2000）将基于产出的分配方法引入丹麦经济的动态数值一般均衡模型中，发现这种方法可能会抑制部门调整，并且与溯源分配机制相比，会带来更大的福利损失。Burtraw 等（2001）使用不同的方法分配电力部门的碳排放许可，发现基于产出分配的方法所产生的成本与溯源方法相似，但大约是拍卖方法的两倍。Fischer 和 Fox（2007）比较了不同的配额分配方法（溯源、基于产出的分配和拍卖），认为基于产出的分配接近于全

面拍卖，并且从整体经济指标来看，收益可以循环利用。他们还指出，基于产出的分配明显优于溯源分配，因为这种方案可以增加产出、减少排放泄漏。然而，基于产出的分配会对产出产生补贴，这在一定程度上可能会激励企业通过降价来增加产量，进而导致排放量增加。

二、基于 DEA 方法的碳配额分配机制

考虑到非参数 DEA 方法的优势，比如能够处理多输入多输出问题、不需预先设定生产前沿函数形式、评估结果客观等（详见第二章文献综述），众多研究者在 DEA 理论基础上讨论排放配额分配（AEP）问题（Sun et al.，2014；Wu 等，2016）。具体来说，Lozano 等（2009）提出了一个三阶段 DEA 方法来解决排放配额分配问题：一是实现预期产出的最大化；二是实现总减排均值的最大化；三是寻求一种能够确保 Russell 投入效率最大化的资源分配方案。Gomes 和 Lins（2008）采用零和博弈 DEA 方法研究了《京都议定书》签署国的二氧化碳排放配额分配问题。Sun 等（2014）利用 DEA 方法研究了排放配额分配问题，特别考虑了两种机制：一是假设个体决策单元（企业）代表整个集团进行排放配额分配（称为分散式排放配额情形），在这种情况下，主导企业在分配集团其他成员的配额前首先优化自身配额。二是假设存在一个第三方中央管理机构，由其负责协调集团各成员的配额分配（称为集中式排放配额情形）。应用分析表明，集中式排放配额分配机制优于个体排放配额分配机制，因为集中式机制不仅能最大化集团整体效率，还能提升个体决策单元的效率。Wu 等（2016）通过 DEA 方法研究了中国 30 个省级行政单位如何通过资源再分配减少二氧化碳排放和降低能源强度。他们首先提出一个非径向 DEA 模型来衡量能源和环境效率；其次，考虑到减缓温室气体排放和减少能源消耗的目标，提出一种背景依存（context-dependent）DEA 方法。

Wu 等（2016）基于 DEA 理论研究了"碳减排"任务分配问题，特别是他们的分配模型还考虑了配额交易的可能性。首先，他们根据集中式收益最大化模型确定各决策单元的碳排放配额；其次，个体决策单元根据分配到的配额在市场中自由交易以实现收益最大化；最后，考虑到自由交易模型可能导致配额总量不足或其他问题，并提出了一个基于满意度的集中式模型来确定最终的"碳减排"任务分配方案。Wu 等（2018）基于 DEA 方法提出了一种考虑生产稳定性的排放配额分配 DEA 模型，特别是将分配的配额视为一种新的投入，通过最小化各决策单元与实际排放数据的距离来确定最终分配方案。相比分配前的效率表现，他们的分配机制确保各决策单元在新的生产可能集下均达到有效状态。其他相关研究见本书第二章第四节关于考虑非期望产出的 DEA 方法在"碳减排"中的应用部分。

第三节 研究方法

在本节，首先提供本章后续将会用到的一些重要准备知识。其次，从个体决策单元角度出发，研究分散式情境下的"碳减排"任务分配问题，并构建相应的考虑潜在融资策略的分散式融资"碳减排"任务分配 DEA 模型；最后，将分散式融资"碳减排"任务分配 DEA 模型扩展至集中式情形，以期为实际"碳减排"任务分配问题提供更全面的决策支持。

不失一般性，考虑现有 J 个待评价决策单元，每个决策单元消耗 P 个可变投入及 N 个固定（半固定）投入，具体可变投入向量表示为 $x = (x_1, \cdots, x_P) \in \Re_+^P$，固定（半固定）向量表示为 $f = (f_1, \cdots, f_N) \in \Re_+^N$。同时，生产 S 个期望产出和 Q 个非期望产出，具体期望产出向量可以表示为 $y = (y_1, \cdots, y_S) \in \Re_+^S$，非期望产出向量可以表示为 $b = (b_1, \cdots, b_Q) \in \Re_+^Q$。因此，标准生产向量 (x, f, y, b) 框架下的真实（概念）的生产技术集可以表示为

$$T = \{(x, f, y, b) \in \Re_+^P \times \Re_+^N \times \Re_+^S \times \Re_+^Q :$$
$$(x, f) \text{ 可以生产} (y, b)\} \tag{5.1}$$

总的来看，T 可以表示为所有技术可行的可变投入、固定（半固定）投入、期望产出及非期望产出组合。等价地，T 可以刻画为相应的产出可能集，具体标记为

$$P(x^f, x^v) = \{(y, b) \in \Re_+^S \times \Re_+^Q : (x^f, x^v, y, b) \in T\},$$
$$(x^f, x^v) \in \Re_+^P \times \Re_+^N \tag{5.2}$$

或者表示为相应的投入要求集（input requirement set），具体标记为

$$L(y, b) = \{(x, f) \in \Re_+^P \times \Re_+^N :$$
$$(x, f, y, b) \in T\}, (y, b) \in \Re_+^S \times \Re_+^Q \tag{5.3}$$

在本节中，为了对非期望产出进行合理地刻画，参考 Podinovski 和 Kuosmanen（2011）、Abad 和 Briec（2019）、Pham 和 Zelenyuk（2019），本节假设技术集 T 满足以下公理：

A1. 期望产出自由（强）可处置（free or strong disposability）：$(x, f, y, b) \in T \Rightarrow (x, f, y', b) \in T \,\forall\, y' \leq y$。

A2. 期望产出和非期望产出联合弱可处置（weak-disposability）：$(x, f, y, b) \in T \Rightarrow (x, f, \theta y, \theta b) \in T \,\forall\, 0 \leq \theta \leq 1$。

A3. 期望产出和非期望产出零结合（Null-jointness）性：$(x, f, y, b) \in T$ 及 $b = 0 \Rightarrow y = 0$。

公理 A1 主要对期望产出性质进行限定，意思是如果生产 y 数量期望产出是可行的话，那么在固定投入、可变投入以及非期望产出保持不变的前提下，

生产任意不超过数量的期望产出 y 也是可行的，即在生产可能集内。公理 A2 表示在投入指标不变的前提下，单独减少非期望产出是不可行的，即减少非期望产出的同时也需要减少期望产出的数量。公理 A3 表示期望产出和非期望产出的生产具有零结合性，也就是说，要想完全清除非期望产出，唯一可行的方式是中断生产，实际上这与现实也比较接近，比如，工业生产过程中，有些污染（比如废弃）的排放是与相应产品紧密联系起来的，也就是说，污染是生产的附属品，按照目标的技术手段无法实现零污染的生产。

但需要注意的是，在实际中 T 是未知的。理论上，它可以根据一系列实证观测的数据估计得到。假设实际观测数据 $\chi_J = \{(x^j, f^j, y^j, b^j): j=1, \cdots, J\}$，那么在生产技术满足假定公理 A1～公理 A3 时，参考 Podinovski 和 Kuosmanen（2011），估计的生产可能集可以表示为

$$\widetilde{T} = \left\{ (x, f, y, b) \left| \begin{array}{l} \sum_{j=1}^{n} (\lambda_j + \mu_j) x_{ij} \leq x_j, \ \forall i; \\ \sum_{j=1}^{n} (\lambda_j + \mu_j) f_{nj} \leq f_n, \ \forall n; \\ \sum_{j=1}^{n} \lambda_j y_{rj} \geq y_r, \ \forall r; \\ \sum_{j=1}^{n} \lambda_j b_{tj} = b_t, \ \forall t; \\ \sum_{j=1}^{n} (\lambda_j + \mu_j) = 1 \\ \lambda_j, \ \mu_j \geq 0, \ \mu_j. \end{array} \right. \right\} \quad (5.4)$$

在技术式（5.4）中，第一个约束是关于可变投入的约束；第二个约束是关于固定（半固定）投入的约束；第三个约束是关于期望产出的投入；第四个约束是关于非期望产出的约束；第五个约束是关于强度向量的约束。需要注意的是，Färe 和 Grosskopf（2003）曾讨论了另一种采用统一缩放因子（single scaling factor）的联合技术生产集刻画方法，但 Podinovski 和 Kuosmanen（2011）指出 Färe 和 Grosskopf（2003）使用的技术集并不是满足产出集凸性假设下的最小凸包（the smallest hull），因此，本章采用 Podinovski 和 Kuosmanen（2011）方法来刻画非期望产出和期望产出的联合弱可处置特性。

一、分散式情境下考虑非期望产出的 FRA-DEA 方法

本章的主要研究目的是希望从事后分析视角探讨如何通过资源的再分配（包括投入资源和减排任务的分配）来实现收益的最大化，类似于第三章，本

节首先讨论分散式情景下的减排任务分配模型。基于生产可能集 $\widetilde{T}$，同时参考 Wu 等（2016），本节可以得到如模型式（5.5）所示的个体减排任务分配模型：

$$\begin{aligned}
\max \quad & \sum_{r=1}^{s} P_r \hat{y}_{rk} \\
s.t. \quad & \sum_{j=1}^{n} (\lambda_j + \mu_j) x_{ij} \leqslant x_{ik}, \quad \forall i \\
& \sum_{j=1}^{n} (\lambda_j + \mu_j) f_{nj} \leqslant f_{nk}, \quad \forall n \\
& \sum_{j=1}^{n} \lambda_j y_{rj} \geqslant y_{rk} + \hat{y}_{rk}, \quad \forall r \\
& \sum_{j=1}^{n} \lambda_j b_j = b_k - \Delta b_k \\
& \sum_{j=1}^{n} (\lambda_j + \mu_j) = 1 \\
& \lambda_j, \mu_j \geqslant 0
\end{aligned} \quad (5.5)$$

需要注意的是，由于后面本节主要讨论"碳减排"任务分配问题，因此，模型式（5.5）中，本节假设只有一个污染物，即二氧化碳排放。为此，令 $Q=1$，Δb_k 表示决策单元 k 的所对应的唯一污染物（二氧化碳排放）的减少量。目标函数为最大化收益的增量，即 $\sum_{r=1}^{s} P_r \hat{y}_{rk}$。实际上，模型式（5.5）追求的是满足一定"碳减排"目标的前提下最大化收益增量，该模型主要是站在事后角度对当前资源配置方案进行再分配，同时还引入了相应的规制约束。另外，从模型式（5.5）的第一个约束条件可以看出，模型式（5.5）实际上假设投入资源最大值即为当前观测值，该模型考虑的是站在事后角度研究可变投入资源如何分配才能实现收益最大化。[1] 但在实际中，对可变投入来讲，它至少在短期内是可以被扩张的。也就是说，如果扩张决策对企业来讲是一

---

[1] 这里需要注意的是，如果假设可变投入的最大值为当前观测水平的话，那么其表达式实际上与固定投入一致，同样做法参见 Kerstens 等（2019）。但此时可变投入与固定投入的区别在于如果需要计算利润的时候，固定投入将被视为全部使用只是存在没有充分利用的可能性（比如购置机床后虽然产能没有完全利用但是购置费用已成为沉没成本），而可变投入多余的部分则可以直接消减不用添加到利润函数中（比如人力资源或者原材料）。

种有利可图或者说能够实现更优目标的决策的话,那么扩张将是一种更为合理的决策。但是,扩张可变投入并不是无成本的,它不仅包含可变投入自身的购买成本,而且还包括相应用于扩张可变投入资金的机会成本(比如至少可以将该部分资金投入存至银行获取"无风险"收益)。为具体说明,假设总部企业获知当季各分公司的投入产出数据,现在总部企业需要对下一季的公司资源配置进行提前安排,此时的限制包含总部企业受限于环境规制约束(即"碳减排"约束),显然,对于追求收益最大化的企业来讲,此时即便其可利用的可变投入资源为当前水平,但如果扩张相应可变投入对其来讲是有利可图的话,那么不难想象各分公司个体决策会选择扩张生产,即便扩张需要寻求外部融资(当然,假设各企业信用良好,不存在融资困难)。为了刻画上述场景,下面提出一种考虑外部融资的收益增量最大化减排任务分配模型:

$$
\begin{aligned}
\max \quad & \sum_{r=1}^{s} P_r \hat{y}_{rk} - (1+\alpha) \sum_{i=1}^{m} C_i \delta_{ik} \\
s.t. \quad & \sum_{j=1}^{n} (\lambda_j + \mu_j) x_{ij} \leq x_{ik} + \delta_{ik}, \quad \forall i \\
& \sum_{j=1}^{n} (\lambda_j + \mu_j) f_{nj} \leq f_{nk}, \quad \forall n \\
& \sum_{j=1}^{n} \lambda_j y_{rj} \geq y_{rk} + \hat{y}_{rk}, \quad \forall r \qquad (5.6)\\
& \sum_{j=1}^{n} \lambda_j b_j = b_k - \Delta b_k \\
& \sum_{j=1}^{n} (\lambda_j + \mu_j) = 1 \\
& \delta_{ik} \geq 0, \quad \forall i \\
& \lambda_j, \mu_j \geq 0
\end{aligned}
$$

需要注意的是,模型式(5.6)中 Δb_k 是一个决策变量,表示决策单元 k 所对应的资源配置后的"碳减排"水平,也就是该决策单元可以调整的当前碳排放水平。$b_k - \Delta b_k$ 则表示配置后的预期二氧化碳排放水平。实际上,通过假设 Δb_k 是一个决策变量,可以确定在满足相应生产可能集下,决策单元最大化收益时所对应的"碳减排"水平。此外,由于零联结特性, $\sum_{j=1}^{n} \lambda_j b_j = b_k - \Delta b_k$ 也就是二氧化碳排放水平要降为0只有当生产中断才可行,这也就是说非期望产出在现实中是不能完全消除的（Feng et al., 2015）。此外，从第四个约束条件可以知道由于 $\lambda_j \geq 0$，因此 $b_k - \Delta b_k \geq 0$ 对所有 $k=1, \cdots, J$ 都成立，也就是说，b_{tk} 是决策单元 k 对应"碳减排"水平的一个上界。类似地，根据第四个约束条件，可知 $\Delta b_k = b_k - \sum_{j=1}^{n} \lambda_j b_{tj}$，由于 b_k 是一个确定数，这也意味着 Δb_k 的一个下界可以根据 $\sum_{j=1}^{n} \lambda_j b_{tj}$ 的上界转换得到。为此，参考 Feng 等（2015），下面可以根据模型式（5.7）得到 $\sum_{j=1}^{n} \lambda_j b_{tj}$ 的一个上界：

$$\begin{aligned}
\max \quad & \sum_{j=1}^{n} \lambda_j b_{tj} \\
s.t. \quad & \sum_{j=1}^{n} (\lambda_j + \mu_j) x_{ij} \leq x_{ik} + \delta_{ik}, \quad \forall i \\
& \sum_{j=1}^{n} (\lambda_j + \mu_j) f_{nj} \leq f_{nk}, \quad \forall n \\
& \sum_{j=1}^{n} \lambda_j y_{rj} \geq y_{rk} + \hat{y}_{rk}, \quad \forall r \\
& \sum_{j=1}^{n} (\lambda_j + \mu_j) = 1 \\
& \sum_{j=1}^{n} \lambda_j b_j = b_k - \Delta b_k \\
& \lambda_j, \mu_j \geq 0
\end{aligned} \quad (5.7)$$

求解模型式（5.7），标记最优解为 $(\lambda_j^*, \mu_j^*, \Delta b_k^*, \hat{y}_{rk}^*, \delta_{ik}^*)$，下面可以确定 Δb_k 的取值范围，具体可以表示为 $[\Delta b_k^-, \Delta b_k^+]$，其中下界为 $b_k - \sum_{j=1}^{n} \lambda_j^* b_{tj}$，上界则为 b_k。根据这个范围，模型式（5.6）实际上可以等价于下面模型式（5.8）：

$$\begin{aligned}
\max \quad & \sum_{r=1}^{s} P_r \hat{y}_{rk} - (1+\alpha) \sum_{i=1}^{m} C_i \delta_{ik} \\
s.t. \quad & \sum_{j=1}^{n} (\lambda_j + \mu_j) x_{ij} \leq x_{ik} + \delta_{ik}, \quad \forall i
\end{aligned}$$

$$\sum_{j=1}^{n} (\lambda_j + \mu_j) f_{nj} \leq f_{nk}, \quad \forall n$$

$$\sum_{j=1}^{n} \lambda_j y_{rj} \geq y_{rk} + \hat{y}_{rk}, \quad \forall r$$

$$\sum_{j=1}^{n} \lambda_j b_j = b_k - \Delta b_k \quad (5.8)$$

$$\Delta b_k \in [\Delta b_k^-, \Delta b_k^+]$$

$$\sum_{j=1}^{n} (\lambda_j + \mu_j) = 1$$

有趣的是，与Feng等（2015）类似，可以证明模型式（5.8）具有以下特性。

定理5.1：模型式（5.8）的最优目标函数值是关于污染物排放水平Δb_k的一个凸函数，即$f_k(\Delta b_k) = \max \pi_k(\Delta b_k)$是关于"碳减排"水平$\Delta b_k$的一个凸函数。①

证明：对于任意$\Delta b_k^1, \Delta b_k^2 \in [\Delta b_k^-, \Delta b_k^+]$，其对应的模型式（5.8）的最优目标函数值为$\pi_k^1$和$\pi_k^2$，其对应的满足模型式（5.8）约束条件的最优解为$(\lambda_j^1, \mu_j^1, \Delta b_k^1)$和$(\lambda_j^2, \mu_j^2, \Delta b_k^2)$。把这两个解通过线性组合合并，可以得到一个可行解$(a\lambda_j^1 + (1-a)\lambda_j^2, a\mu_j^1 + (1-a)\mu_j^2, a\Delta b_j^1 + (1-a)\Delta b_j^2)$，其所对应的减排水平为$a\Delta b_j^1 + (1-a)\Delta b_j^2 \in [\Delta b_j^-, \Delta b_j^+]$，其中$0 \leq a \leq 1$，且下面约束条件皆满足：

$$\begin{cases} \sum_{j=1}^{n} (a\lambda_j^1 + (1-a)\lambda_j^2 + a\mu_j^1 + (1-a)\mu_j^2) x_{ij} \leq x_{ik} + a\delta_{ik}^1 + (1-a)\delta_{ik}^2, \quad \forall i \\ \sum_{j=1}^{n} (a\lambda_j^1 + (1-a)\lambda_j^2 + a\mu_j^1 + (1-a)\mu_j^2) f_{ij} \leq f_{nk}, \quad \forall n \\ \sum_{j=1}^{n} (a\lambda_j^1 + (1-a)\lambda_j^2) y_{rj} \geq y_{rk} + a\hat{y}_{rk}^1 + (1-a)\hat{y}_{rk}^2, \quad \forall r \\ \sum_{j=1}^{n} (a\lambda_j^1 + (1-a)\lambda_j^2) b_j = b_k - [a\Delta b_j^1 + (1-a)\Delta b_j^2], \quad \forall t \\ a\Delta b_j^1 + (1-a)\Delta b_j^2 \in [\Delta b_j^-, \Delta b_j^+] \\ \sum_{j=1}^{n} (a\lambda_j^1 + (1-a)\lambda_j^2 + a\mu_j^1 + (1-a)\mu_j^2) = 1 \end{cases}$$

---

① 其中的最优目标函数值。

因此，模型式（5.8）的最优目标函数值肯定要大于或等于 $a \times \pi_k^1 + (1-a) \times \pi_k^2$，即 $f_k(a\Delta b_k^1 + (1-a)\Delta b_k^2) \geqslant a \times \pi_k^1 + (1-a) \times \pi_k^2$。由前述分析可知，$\pi_k^1$ 和 π_k^2 是模型式（5.8）对应"碳减排"水平的最优目标函数值，因此，可以知道模型式（5.8）的最优目标函数值是关于"碳减排"水平的一个凸函数。①

实际上，定理 5.1 所表达的意思是，存在一个最优"碳减排"水平 Δb_k^* 使得决策单元 k 在当前生产技术下能够实现收入的最大化。理论上，在分配碳排放配额过程中，规制者需要对企业或决策单元限制一个"碳减排"水平，但根据定理 5.1 可以知道，一旦该"碳减排"水平与最优减排水平不一致的话可能导致相应决策单元期望产出收益降低。为了确定每个决策单元的碳排放配额，参考 Feng 等（2015），每个决策单元 k 对应的碳排放配额可以通过求解模型式（5.9）分别得到：

$$\begin{aligned}
\max \quad & \beta_k \\
s.t. \quad & \sum_{j=1}^n (\lambda_j + \mu_j) x_{ij} \leqslant x_{ik}, \quad \forall i \\
& \sum_{j=1}^n (\lambda_j + \mu_j) f_{nj} \leqslant f_{nk}, \quad \forall n \\
& \sum_{j=1}^n \lambda_j y_{rj} \geqslant (1 + \beta_k) y_{rk}, \quad \forall r \quad (5.9)\\
& \sum_{j=1}^n \lambda_j b_{tj} = (1 - \beta_k) b_k, \\
& \sum_{j=1}^n (\lambda_j + \mu_j) = 1 \\
& \lambda_j, \mu_j \geqslant 0
\end{aligned}$$

在模型式（5.9）中，$\beta_k \in 0,1$ 表示决策单元 k 在满足相应生产技术前提下，其对应的期望产出和非期望产出的扩张（expansion）比例及收缩（contraction）比例。其中 $\beta_k b_k$ 表示决策单元 k 在满足相应生产技术条件下，基于当前资源配置水平得到的"最优"的"碳减排"水平。相应地，$(1-\beta_k) b_k$ 则可以表示为决策单元 k 在满足相应生产技术条件下，其所有应的碳排放配额。利用模型式（5.9）来确定各决策单元的碳排放配额至少有两个优点：一是模型式（5.9）确定的是一种较为理想的生产方案，该方案同时确保

---

① 这里与英文 concave function 对应。

了期望产出的增加也确保了非期望产出（即二氧化碳排放）水平的减少，这与现实需求一致。二是基于模型式（5.9）得到的是一种客观碳排放配额分配，相比于主观碳排放配额分配机制，可以在一定程度上减少决策单元对相应分配机制的抵制，使分配方案能够更顺利地实施。

求解模型式（5.9），令 β_k^* 表示决策单元 k 所对应的最优目标函数值，则 $b_k^* = (1 - \beta_k^*) b_k$ 表示决策单元 k 得到的碳排放配额。在分配了相应碳排放配额后，每个决策单元基于其当前资源情况及生产能力进行相应的资源配置。如果最优的资源配置方案要求排放数量小于分配到的配额数量，那么决策单元可以选择向市场中购买配额；如果最优的资源配置方案要求排放数量大于分配到的配额数量，那么决策单元可以在市场中出售相应的配额。考虑排放配额交易的可能性，每个决策单元的最优减排任务分配方案可以通过模型式（5.10）求解得到：

$$\begin{aligned}
\max \quad & \sum_{r=1}^{s} P_r \hat{y}_{rk} - (1+\alpha) \sum_{i=1}^{m} C_i \delta_{ik} + \zeta (b_k^* - b_k + \Delta b_k) \\
s.t. \quad & \sum_{j=1}^{n} (\lambda_j + \mu_j) x_{ij} \leq x_{ik} + \delta_{ik}, \quad \forall i \\
& \sum_{j=1}^{n} (\lambda_j + \mu_j) f_{nj} \leq f_{nk}, \quad \forall n \\
& \sum_{j=1}^{n} \lambda_j y_{rj} \geq y_{rk} + \hat{y}_{rk}, \quad \forall r \qquad (5.10) \\
& \sum_{j=1}^{n} \lambda_j b_j = b_k - \Delta b_k \\
& \sum_{j=1}^{n} (\lambda_j + \mu_j) = 1 \\
& \delta_{ik} \geq 0, \quad \forall i \\
& \lambda_j, \mu_j \geq 0
\end{aligned}$$

在模型式（5.10）中，C_i 表示扩张第 i 个可变投入的单位成本，ζ 表示市场中碳排放配额的单位价格。为了使得某些决策单元选择卖出排放许可，以及有些决策单元选择买入相应排放许可，关于单位购买或者卖出价格的设置需要相对谨慎一些（Wu et al., 2016）。如果 $b_k^* - b_k + \Delta b_k > 0$，表示决策单元 k 的最优资源配置方案所要求的碳排放数量小于获得的配额数量，因此剩余部分可以选择在市场中出售；如果 $b_k^* - b_k + \Delta b_k < 0$，表示决策单元 k 的最优资源配置方案所要求的碳排放数量大于获得的配额数量，因此需要在市场

中购买配额。值得注意的是，模型式（5.10）与 Wu 等（2016）模型由几点重要的区别：一方面，Wu 等（2016）模型假设可变投入不受限，而模型式（5.10）仅允许可变投入扩张，而此时的扩张是需要成本的，正如前面分析所知，即便对于自有资金来讲，其至少存在机会成本，因此，本节构建的模型与现实更相符。而且，通过考虑扩张的成本，可以确定更为实际的资源配置方案，因为传统不考虑扩张成本在一定程度上是本节考虑模型的一个特例，仅通过假设扩张成本为 0 可能会产生有偏的配置结果。另一方面，模型式（5.10）考虑了非期望产出和期望产出联合弱可处置性，而 Wu 等（2016）实际上将非期望产出视为相应的投入，因此没有反应真实生产过程，关于此详见第二章第四节关于非期望产出 DEA 的理论回顾和述评部分。

从上面模型可以知道，考虑配额交易可能性的个体收益肯定要比不考虑配额交易的收益要高。而且假设模型式（5.10）的最优碳排放数量为 $b_k^{**} = b_k - \Delta b_k^{**}$（ $**$ 表示模型式（5.10）的最优解），那么实际上可以把决策单元分为两类：一是决策单元的"碳减排"分配 $b_k^{**} = b_k^*$，碳排放配额正好等于最优生产的方案所需的配额数量。二是决策单元的"碳减排"分配满足 $b_k^{**} \neq b_k^*$，也就是说该决策单元需要额外购买或者卖出相应的排放配额。

理论上通过模型式（5.10）可以确定各决策单元的最优满足"碳减排"任务且允许交易的配置方案。但遗憾的是，正如 Wu 等（2016）指出，上述方案可能与优先的总排放配额实际相冲突。例如，标记满足 $b_k^{**} \neq b_k^*$ 的决策单元为 $G(f)$。那么当 $\sum_{k \in G(f)} b_k^{**} > \sum_{k \in G(f)} b_k^*$ 时，说明对碳排放配额的需求要超过其供给量。而当 $\sum_{k \in G(f)} \Delta b_k^{**} < \sum_{k \in G(f)} \Delta b_k^*$ 时，说明碳排放配额存在超过 $\sum_{k \in G(f)} \Delta b_k^* - \sum_{k \in G(f)} \Delta b_k^{**}$ 单位不能在市场中销售出去。

实际中，正如 Wu 等（2016）指出，在集合 $G(f)$ 中的决策单元可选择相互协商来调整其生产计划以缓解碳排放配额供给不匹配等冲突。为了构建相应的协商机制，参考 Wu 等（2016），首先给出一个定义来描述集合 $G(f)$ 中的决策单元对给定的碳排放配额交易和生产计划感到满意的程度。

定义 5.1. 决策单元 $DMU_j (j \in G(f))$ 对给定的生产和碳排放配额交易和生产计划的满意度可以定义为

$$S_j = \frac{R_j - R_j^*}{R_j^{**} - R_j^*}, \quad j \in G(f) \tag{5.11}$$

在式（5.11）中，R_j^{**} 表示决策单元 $DMU_j (j \in G(f))$ 所实现的理想最优收益增量，R_j^* 表示决策单元 $DMU_j (j \in G(f))$ 在不允许配额交易情形下的原始最优收益增量，R_j^* 也可以理解为最差情形下决策单元 $DMU_j(j \in G(f))$ 得到的收益增量，即考虑配额总量限制但不考虑融资情形的收益增量，即在令模型式 (5.10) 中变量 $\delta_{ik} = 0$，且令 $b_k^* = b_k - \Delta b_k$。实际中，S_j 满足 $S_j \in [0, 1]$，$j = 1, \cdots, n$。如果 $S_j = 0$，说明决策单元 j 在给定的生产和碳排放配额交易和生产计划下只能得到原始不考虑碳配额交易情形的收入；如果 $S_j = 1$，说明决策单元 j 在给定的生产和碳排放配额交易和生产计划下可以实现理想配额交易和生产情形下的最优收入，即 $R_j^{**} = \sum_{r=1}^{s} P_r \hat{y}_{rj}^{**} - (1 + \alpha) \sum_{i=1}^{m} C_i \delta_{ij}^{**} + \zeta(b_j^* - b_j + \Delta b_j^{**})$。

显然，如果 $G(f)$ 不为空集的话，那么不可能使得所有决策单元的满意度都为 1。为此，就需要各决策单元相互协商以尽可能地实现它们各自的最优碳排放配额分配和生产。具体地，参考 Bi 等（2011）、Li 等（2013）及 Wu 等（2016），假设协商过程需要尽可能地最大化所有决策单元的满意度，同时还要尽可能地缩小不同个体之间的满意度差异。为实现上述目标，提出如下最终考虑交易可能性的分散式碳配额分配模型：

$$\max S$$

$$s.t. \sum_{j=1}^{n} (\lambda_j + \mu_j) x_{ij} \leq x_{ik} + \delta_{ik}, \quad \forall i$$

$$S \leq S_k = \frac{\sum_{r=1}^{s} P_r \hat{y}_{rk} - (1 + \alpha) \sum_{i=1}^{m} C_i \delta_{ik} + \zeta(b_k^* - b_k + \Delta b_k) - R_k^*}{R_k^{**} - R_k^*}, \quad \forall k \in G(f)$$

$$\sum_{j=1}^{n} (\lambda_{jk} + \mu_{jk}) f_{nj} \leq f_{nk}, \quad \forall n, \forall k \in G(f)$$

$$\sum_{j=1}^{n} \lambda_{jk} y_{rj} \geq y_{rk} + \hat{y}_{rk}, \quad \forall r, \forall k \in G(f)$$

$$\sum_{j=1}^{n} \lambda_{jk} b_j = b_k - \Delta b_k, \quad \forall k \in G(f) \quad (5.12)$$

$$\sum_{k \in G(f)} (b_k - \Delta b_k) = \sum_{k \in G(f)} b_k^*, \quad \forall k \in G(f)$$

$$\sum_{j=1}^{n} (\lambda_{jk} + \mu_{jk}) = 1, \quad \forall k \in G(f)$$

$$\lambda_{jk}, \mu_{jk} \geq 0, \quad \forall j, \forall k \in G(f)$$

模型式 (5.12) 是一个最大最小化模型，其目标函数试图最大化拥有最小满意度决策单元的满意度。Δb_k 表示决策单元 k 在上述协商机制下的"碳减排"数量,并要求满足 $\sum_{k \in G(f)} (b_k - \Delta b_k) = \sum_{k \in G(f)} b_k^*$,即满足最优生产的总的碳排放数量要求等于给定碳配额下的"碳减排"总量。显然,模型式(5.12)是一个单目标线性规划模型,求解上述模型,并标记每个决策单元在模型式(5.12)中的最优减排任务为 $b_k^{***} = b_k - \Delta b_k^{***}$,则每个决策单元最优需要交易的碳排放配额量为 $b_k^* - b_k^{***}$,$k \in G(f)$。如果 $b_k^* - b_k^{***} \geq 0$,说明决策单元 DMU_k 可以卖出相应的配额以提高其收益。另外,如果 $b_k^* - b_k^{***} < 0$,则决策单元 DMU_k 需要买入相应配额以提高其收益。

二、集中式情境下考虑非期望产出的 FRA-DEA 方法

上文研究了分散式情境下考虑融资可能性的"碳减排"任务分配问题,该问题旨在最大化个体决策单元的收益。但实际中,可能存在一个超级决策者(super decision-maker)或集中式权威(centralized authority),他们的目标则是希望通过优化资源配置在保证实现相应减排目标前提下实现整体层面的最优(Feng et al.,2015;Wu et al.,2016)。为刻画该情境,提出如下考虑融资可能性的集中式碳配额分配模型:

$$\max \sum_{k=1}^{n} \sum_{r=1}^{s} P_r \hat{y}_{rk} - (1+\gamma) \sum_{i=1}^{m} C_i (\sum_{k=1}^{n} s_{ik}^+ - \sum_{k=1}^{n} s_{ik}^-) -$$
$$\sum_{k=1}^{n} \sum_{r=1}^{s} a_i s_{ik}^- + \zeta \sum_{k=1}^{n} (b_k^* - b_k + \Delta b_k)$$

$$s.t. \sum_{j=1}^{n} (\lambda_{jk} + \mu_{jk}) x_{ij} \leq \hat{x}_{ik}, \forall i, \forall k$$

$$\hat{x}_{ik} \leq x_{ik} + s_{ik}^+ - s_{ik}^-, \forall i, \forall k$$

$$\sum_{k=1}^{n} s_{ik}^+ \geq \sum_{k=1}^{n} s_{ik}^-, \forall i$$

$$\sum_{j=1}^{n} (\lambda_{jk} + \mu_{jk}) f_{nj} \leq f_{nk}, \forall n, \forall k$$

$$\sum_{j=1}^{n} \lambda_{jk} y_{rj} \geq y_{rk} + \hat{y}_{rk}, \forall r, \forall k$$

$$\sum_{j=1}^{n} \lambda_{jk} b_j = b_k - \Delta b_k, \forall k$$

$$\sum_{k=1}^{n} (b_k - \Delta b_k) = \sum_{k=1}^{n} b_k^*$$

(5.13)

$$\sum_{j=1}^{n}(\lambda_{jk}+\mu_{jk})=1, \forall k$$

$$s_{ik}^{+} \geq 0, s_{ik}^{-} \geq 0, \forall i, \forall k$$

$$\lambda_{jk}, \mu_{jk} \geq 0, \forall j, \forall k.$$

在模型式（5.13）中，与分散式情形所不同的是，假设可变投入可以在各决策单元之间进行流转，这种做法沿用了本书第三章集中式模型中关于"可再分"投入的处置方式。其中，s_{ik}^{+} 表示决策单元 DMU_k 的第 i 个可变投入的扩张数量，s_{ik}^{-} 表示决策单元 DMU_k 的第 i 个可变投入的转运数量。此外，模型式（5.13）的第三个约束表示所有决策单元每个可变投入总的扩张数量要大于等于该投入对应的总的转运数量。显然，超过的部分（$\sum_{k=1}^{n} s_{ik}^{+} - \sum_{k=1}^{n} s_{ik}^{-}$）需要通过外部融资等方式进行扩张。需要强调的是，与 Lozano 等（2011）将扩张渠道局限于内部预算过程所不同的是，模型式（5.13）在引进扩张生产方面更为合理，理由如下：一方面，Lozano 等（2011）虽然允许内部融资（预算）扩张，但忽略了扩张的成本，他们假设内部扩张过程是无成本的。然而，正如第三章中所强调的，即便对于内部资金来讲，它至少也存在机会成本。此外，只要假设模型式（5.13）中扩张单位成本为0，且将预算约束加入模型中，则该思路与 Lozano 等（2011）一致。也就是说，Lozano 等（2011）的做法实际上可以看作为本节处理方式的一个特例。另一方面，Lozano 等（2011）的做法实际上忽略了外部融资可能性，但对许多企业来讲（尤其是中小企业），它们经常是受资金约束的。当资金约束存在时，外部融资（比如银行贷款）不仅能够帮助企业缓解资金不足等问题，而且还能够在一定程度上最大化资金价值（比如资金流向效率高的企业，进而促进整个资金链良性发展）。因此，通过引入外部融资可能性不仅将现实情景直接纳入到整个"碳减排"任务分配研究框架，而且为进一步研究资本互动在"碳减排"任务分配中的作用构建了理论基础。

另外，与分散式模型的目标函数所不同的是，模型式（5.13）的目标函数聚焦于所有决策单元收益增量的最大化。具体模型式（5.13）目标函数共由四个部分组成，第一部分表示所有决策单元的集结收益增量，即 $\sum_{k=1}^{n}\sum_{r=1}^{s} P_r \hat{y}_{rk}$；第二部分表示融资扩张总成本（包括本息和），即 $(1+\gamma)\sum_{i=1}^{m} C_i (\sum_{k=1}^{n} s_{ik}^{+} - \sum_{k=1}^{n} s_{ik}^{-})$。其中 γ 表示集中式决策环境下寻求融资的单位成本，同样参考第三章做法，假设 $\gamma \leq \alpha$，即集中式管理者的融资议价能力要大于等于分散式管理者。第三部分表示转运总成本，a_i 表示第 i 个可变投入的单位转运成本（比如运输、储存等成本）。最后一部分表示配额交易收益或者成本，当 $b_k^* - b_k + \Delta b_k \geq 0$ 时表示集中式情境下要求决策单元 DMU_k 卖出配额以增加收益，当 $b_k^* - b_k + \Delta b_k < 0$ 时表示集中式情境下要求决策单元 DMU_k 需要购买相应配额以增加整体收益。

第四节 应用研究

中国经济在过去的四十年里取得了举世瞩目的成就，然而，快速的经济增长背后也带来了许多严峻的环境污染问题。正如本章研究背景中介绍，控制温室气体排放、实现"节能减排"目标正成为全球关注的重点问题之一。如何实现经济增长和环境保护协调发展成为理论界和实践需要共同面对的挑战之一，在本节，将用上一节提出的新方法应用于中国省际工业企业"碳减排"任务分配中，以期从外部融资视角对中国区域"碳减排"任务分配进行分析。本节第一部分首先基于已有研究具体阐述本节实证研究之变量选择及数据来源。其次，分别从分散式视角和集中式视角对中国省际工业企业"碳减排"任务分配之经济效益进行分析，同时，还对比分析有无融资可能性情形下的减排任务分配效果异同。最后，根据实证结果，为实际碳排放任务分配决策提供了一些理论指导和政策建议。

一、变量选择与数据来源

考虑到具体工业企业层级数据比较难获取，根据中国各行政区域的累计数据来分析中国区域减排任务分配问题，类似做法还包括 Wu 等（2016）。此外，由于西藏数据存在缺失，台湾、香港和澳门等区域数据比较难获取，因此出于数据可获得性原因，本节主要研究中国 30 个省、自治区以及直辖市（以下简称省级地区）2015 年的数据。

此外，需要特别说明的是，由于 DEA 方法是一种数据敏感型方法。因此，指标选取是一项十分重要的工作。在进行指标选取之前主要综合已有研究（比如 Wang et al.，2016；Wu et al.，2016），从人、财、物三个方面考虑投入指标的选取。具体采用工业企业平均用工人数作为人力的代理变量，主要测度工业生产人力方面的使用情况；采用固定资产合计作为资产的代理变量，并将其视为固定投入，具体处置方法参考 Kerstens 等（2019）；采用能源消费总量作为资源的代理变量（能源资源）。其中工业企业平均用工人数和固定资产合计指标来自《中国工业统计年鉴（2016）》，而中国统计年鉴未对工业行业能源消费总量进行统计，具体地，借鉴 Wang 等（2018）研究，通过《中国能源统计年鉴（2016）》公布的各省能源平衡表中工业行业终端消费量的数据进行估计，根据各省化石能源的消费进行估算，具体包括煤炭消费、焦炭消费、汽油消费、煤油消费、柴油消费、燃料油消费以及天然气消费，然后将这 7 种能源消费量转化为相应的标准煤，具体转化方法参考《中国能源统计年鉴（2016）》附录中各种能源折标准煤参考系数，其中原煤的折标系数为 0.7143 万吨标准煤/万吨，焦炭的折标系数为 0.9714 万吨标准煤/万吨，汽油的折标系数为 1.4714 万吨标准煤/万吨，煤油的折标系数为 1.4714 万吨标准煤/万吨，柴油的折标系数为 1.4571 万吨标准煤/万吨，燃料油的折标系数为 1.4286 万吨标准煤/万吨，天然气的折标系数为 12.15 万吨标准煤/亿立方米。①

在产出方面，选取各地区工业销售产值作为期望产出指标，工业二氧化碳排放作为非期望产出指标。由于我国统计年鉴并未直接公布具体的二氧化碳排放数据，因此，参考 Wu 等（2016）、杜立民（2010）等研究，同时借鉴 IPCC（2006）的做法，根据前面化石能源的消费量来估算各地区（省、自治区、直辖市）的二氧化碳排放量。各化石能源的二氧化碳排放具体计算公式可以表示为

$$AEC = \sum_{e=1}^{n} EC_e = \sum_{e=1}^{n} \left(E_e \times CCF_e \times HE_e \times COF_e \times \frac{44}{12} \right) \quad (5.14)$$

其中，AEC 表示根据各类能源消费最终估计得到的二氧化碳排放总量，e 表示相应的能源消费类别，具体包括原煤消费、焦炭消费、汽油消费、煤油消费、柴油消费、燃料油消费及天然气消费等 7 种；EC_e 表示根据第 e 类能源消费量所估计得到的二氧化碳排放量；E_e 表示各省工业行业第 e 类能源的能源消费量；CCF_e 表示第 e 类能源的碳含量因子（carbon content factor）；HE_e 表示第 e 类能源的发热值；COF_e 表示第 e 类能源的氧化因子。其中 $CCF_e \times HE_e \times COF_e \times \frac{44}{12}$ 则被称作二氧化碳排放系数。

表 5.1 给出了 7 种能源碳含量、热值数据以及碳氧化率等数据，根据这些数据最终估计出各省工业企业的二氧化碳排放量，具体描述性统计数据如

---

① 《中国能源统计年鉴（2016）》公布的天然气折合标准煤为 1.1000~1.3300 千克标准煤/立方米，为此，在具体计算过程中采取低位值和高位值的平均数作为天然气的折标煤系数，转换过来，即 12.15 万吨标准煤/亿立方米。

表5.2所示。此外，表5.2还列出了其他指标的描述性统计数据。从表5.2可以看出，中国各省级地区的工业企业发展状况存在较大差异性，相应的二氧化碳排放量也存在比较大的差异性。比如，能源消费总量最小的省份只有3.10百万吨标准煤，而最大的省份则达到124.55百万吨标准煤，二者相差近40倍；而二氧化碳排放量最小的省份排放了6.29百万吨，最大的则超过3亿吨，二者相差近50倍。

表5.1　　　　　　　　　　二氧化碳排放系数

具体指标	煤炭	焦炭	汽油	煤油	柴油	燃料油	天然气
碳含量（tC/TJ）	27.28	29.41	18.90	19.60	20.17	21.09	15.32
热值数据（TJ/万吨或TJ/亿立方米）	178.24	284.35	448.00	447.50	433.30	401.90	3893.10
碳氧化率	0.923	0.928	0.980	0.986	0.982	0.985	0.990

资料来源：①IPCC. IPCC Guidelines for National Greenhouse Gas Inventories［R］. Hayama：Institute for Global Environmental Strategies (IGES), 2006.
②杜立民. 我国二氧化碳排放的影响因素：基于省级面板数据的研究［J］. 南方经济 2010, (11)：20-33.

表5.2　　　　　　　　　其他指标的描述性统计数据

指标	样本量	最小值	最大值	平均值	方差
劳动力（万人）	30	11.64	1463.80	325.77	345.08
能源消费（百万吨标准煤）	30	3.10	124.55	38.20	26.64
固定资产（百亿元）	30	12.22	399.14	125.70	91.67
工业销售产值（百亿元）	30	18.33	1473.92	367.97	384.54
二氧化碳排放量（百万吨）	30	6.29	331.22	93.72	69.72

二、结果分析

在具体估算之前，要对模型中的参数设置进行说明。实际上，由于市场波动等原因，要准确地估计各要素的市场价格非常困难，为此，根据已有统计信息来估计本章需要用到的要素价格。首先，根据《中国统计年鉴（2016）》统计显示2015年我国城镇单位就业人员平均工资为62029元，因此，采用此价格作为劳动力的单位价格。其次，由于能源消费最终转化为标准煤进行计算，而根据能源折标准煤参考系数可知1千瓦小时电力当量等价于 0.1229 千克标准煤，但是不同地区的工业用电价格不完全相同，大致范围在 0.4 元/度~1.2 元/度，因此如果以工业用电平均电价来计算可以得出 1 千克标准煤的单价大约为 6509.4 元。最后，参考 Wu 等（2016），将二氧化碳的价格设置为 2500 元/吨。此外，为了统一单位以使最终估算结果以百亿元进行计算，劳动力的"单价"最终转化为 0.062029 百亿元/万人，能源消费量的"单价"最终转化为 0.65094 百亿元/百万吨标准煤，二氧化碳的"单价"则最终转化为 0.25 百亿元/百万吨。另外，在分散式情境下各省融资利率为方便起见统一设置为 0.05，在实际决策过程中，决策者需要根据实际情况来设置融资成本，以便获得符合实际要求的资源配置方案。

根据前面搜集到的数据以及相应的参数设置，将它们代入到模型式（5.5）中，可以得到资源重新配置情形下各省收益（即潜在工业产值增加值）增量情况，表 5.3 的第 2~第 3 列给出了各省在不考虑融资可能性前提下的潜在收益增量以及潜在"碳减排"数量。从中可以看到，30 个地区有 21 个地区的收益增量为正，换句话说，2015 年中国各省的资源配置情况并没有达到有效配置，还存在较大的改善空间，其他 9 个达到有效配置的地区分别是北京市、天津市、上海市、江苏省、福建省、山东省、广西壮族自治区、广东省和海南省。而河南省的潜在收益增量最大，达到 210.80 百亿元，河南省如果能实现资源的有效配置，则可以带来超过 2 万亿元的工业销售产值增长额。而从潜在"碳减排"数量结果可以看出，在生产可能集内，只有 13 个地区的潜在"碳减排"数量为 0，根据"最优"资源配置安排，超过一半的地区需要减少碳排放数量。

此外，模型式（5.5）假设投入资源的上界为当前观测水平，但正如研究背景中所介绍，在实际中，企业不仅可以利用内部资源进行各种生产和运营活动，还可以充分利用外部资源（比如贷款融资）以实现效益的最大化。因此，如果考虑融资扩张可能性，那么将数据代入到模型式（5.6）中可以得到考虑融资的潜在收益增量、潜在"碳减排"数量以及可变投入的融资扩张数量，具体结果分别列于表 5.3 中的第 4~第 7 列。从中可以看出，对所有决策单元来讲，考虑融资策略的潜在收益增量大于等于不考虑融资可能性情形，这说明如果忽略外部融资可能性的话将可能低估相应地区的潜在收益增长潜能，也会高估相应地区的资源配置效率。比如天津、上海、福建、山东和广西等 5 个地区在不考虑融资情形下的潜在收益增量为 0（可以理解为实现了资源的有效配置），但是如果考虑融资可能性的话，这 5 个地区的潜在收益增量严格为正，也就是说这 5 个地区还没有达到有效资源配置状态。出现这种现象的关键原因在于原来不考虑融资可能性的资源配置模型只是站在事后角度来重新审视当前资源配置情况,而在考虑外部融资可能性的时候,由于增加了投入资源变动的灵活性从而使得原来生产可能集得以扩大。从管理意义角度来讲,这也为相应决策者进一步消除无效率提供了理论指导,即不仅要从技术角度消除技术无效率还应该从策略角度消除策略无效率(比如由保守策略转向融资扩张策略)。

表 5.3　　　　　　不考虑碳排放配额交易的估计结果对比

决策单元	不考虑融资 潜在收益增量(百亿元)	不考虑融资 潜在"碳减排"数量(百万吨)	考虑融资 潜在收益增量(百亿元)	考虑融资 潜在"碳减排"数量(百万吨)	融资扩张数量:劳动力(万人)	融资扩张数量:能源消费(百万吨标准煤)
北京市	0.00	0.00	0.00	0.00	0.00	0.00
天津市	0.00	0.00	61.92	8.25	260.02	0.00
河北省	146.54	229.78	378.73	255.44	676.79	0.00
山西省	205.50	84.61	396.71	87.77	464.31	0.00
内蒙古自治区	26.61	86.87	336.14	71.82	545.25	0.00
辽宁省	148.20	73.49	263.66	96.84	450.02	0.00
吉林省	16.80	11.96	64.16	25.91	209.50	0.00
黑龙江省	96.17	0.00	155.79	0.79	211.56	0.30
上海市	0.00	0.00	38.88	3.09	199.02	0.06
江苏省	0.00	0.00	0.00	0.00	0.00	0.00
浙江省	95.93	0.00	157.17	5.11	280.85	0.00
安徽省	75.73	20.81	128.15	54.38	302.13	0.00
福建省	0.00	0.00	3.75	33.69	51.68	0.00
江西省	13.47	0.00	30.27	44.17	147.42	0.00
山东省	0.00	0.00	19.37	51.41	187.47	0.00
河南省	210.80	1.59	305.39	41.01	584.01	0.00
湖北省	53.93	29.65	116.23	58.20	339.44	0.00
湖南省	26.68	5.36	47.24	50.83	171.50	0.00

续表

决策单元	不考虑融资 潜在收益增量（百亿元）	不考虑融资 潜在"碳减排"数量（百万吨）	考虑融资 潜在收益增量（百亿元）	考虑融资 潜在"碳减排"数量（百万吨）	融资扩张数量：劳动力（万人）	融资扩张数量：能源消费（百万吨标准煤）
广东省	0.00	0.00	0.00	0.00	0.00	0.00
广西壮族自治区	0.00	0.00	7.85	46.03	95.40	0.00
海南省	0.00	0.00	0.00	0.00	0.00	0.00
重庆市	46.67	0.00	71.13	14.50	151.08	0.00
四川省	171.14	33.63	312.00	63.13	534.02	0.00
贵州省	71.79	13.00	106.05	20.29	147.64	0.00
云南省	65.31	45.08	231.27	39.03	319.40	0.00
陕西省	96.81	43.66	323.82	40.85	492.96	0.00
甘肃省	39.17	21.49	149.10	17.23	208.18	0.00
青海省	10.83	10.37	88.80	4.87	114.34	0.00
宁夏回族自治区	18.88	28.41	76.93	25.59	102.23	0.00
新疆维吾尔自治区	43.29	52.44	292.69	37.56	402.53	0.00
平均值	56.01	26.41	138.77	39.93	254.96	0.01
标准差	64.09	46.55	129.26	48.81	190.05	0.05

前面分析了不考虑融资可能性以及考虑融资可能性情形下如何通过资源的再分配以实现收益的最大化，但需要注意的是，上述估计结果没有考虑"碳减排"规制约束。上述结果成立的一个前提是各决策单元可以自由决定其"碳减排"数量。虽然最终结果显示所有决策单元的"碳减排"总量为正，但这种自由分配机制有几个弊端，一方面，正如表5.3显示，不同地区之间的"碳减排"数量差异非常大，有的地区（比如北京市）在不考虑和考虑融资可能性情形下得到的"碳减排"数量都为0，而有的地区（比如河北省）却要承担非常高的"碳减排"数量，因此会造成配额分配不均等现象。另一方面，模

型式（5.5）和式（5.6）最终得到的减排总量一般是一个固定值，该数值与国家期望的减排目标很可能不一致（比如前面提到的我国"十二五"规划提出，到2015年年底，我国单位GDP二氧化碳排放强度要比2010年基期降低17%）。因此，如何公平合理地分配减排配额成为能否在实现碳减排目标的同时保持经济高速发展的一个关键。

正如研究背景中所阐明，基于市场的减排任务分配机制是目前实现"碳减排"目标的一种有效的工具。而在设计相应分配方案之前，一个首要前提是确定减排目标及各地区的初始碳排放配额。在此，参考Feng等（2015）做法，同时为了客观地确定各地区的碳排放配额，将搜集数据代入到模型式（5.9）中，分别求出各地区同时扩张期望产出（即工业销售产值）和缩减非期望产出（二氧化碳排放量）的比例。[1] 然后，根据该比例求出各地区初始二氧化碳排放配额，具体求解结果详见表5.4的第2列。从该结果可知，样本地区总的碳排放配额为2240.14百万吨，而初始估计的样本地区总的二氧化碳排放量为2811.48百万吨。在该配额下要求所有样本地区的二氧化碳减排总量为571.35百万吨，减排比例约为20.32%。

在确定了各地区的初始二氧化碳排放配额之后，根据模型式（5.10）可以得到考虑融资可能性以及碳排放配额交易的减排任务分配结果，见表5.4。对比表5.3和表5.4的潜在收益增量结果可以发现，与预期结果一致，考虑碳排放配额交易的情形下，样本地区平均潜在收益增量为196.35百亿元，要高于不考虑碳排放配额交易的情形（该情形平均潜在收益增量为138.77百亿元）。具体而言，除北京市、山西省、黑龙江省、江苏省、浙江省、广西壮族自治区、海南省、贵州省、云南省、陕西省、甘肃省及青海省等12个地区以外，其他地区在考虑碳排放配额交易情形下的收益增量要大于不考虑碳排放配额交易情形，主要原因是考虑碳排放配额交易的分配机制允许碳排放配额有余的地区通过碳排放交易市场卖出相应的配额，因此增加了交易收益。而导致上述12个地区收益增量下降的主要原因是，在考虑碳排放配额交易模型中，实际上是对碳排放量较大且需要购买碳排放配额的地区增加了购买成本。

---

[1] 当然，在实际中，决策者还可能限定碳排放配额总量，此时，初始碳排放配额可以按照模型式（5.9）的分配结果进行等比例放缩。另外，其他分配方式还可以参见Wu等（2016），虽然不同分配方式可能得到不一样的结果，但为了聚焦本研究贡献，本章对此不进行延伸拓展，感兴趣读者可以基于此展开深入研究。

表 5.4 考虑碳排放配额交易的估计结果

决策单元	初始碳排放配额（百万吨）	潜在收益增量：考虑交易（百亿元）	二氧化碳排放量（百万吨）	融资扩张数量：劳动力（万人）	融资扩张数量：能源消费（百万吨标准煤）
北京市	6.29	0.00	6.29	0.00	0.00
天津市	44.83	90.01	28.32	260.02	0.00
河北省	331.22	1020.23	72.56	676.79	0.00
山西省	12.43	304.78	45.16	464.31	0.00
内蒙古自治区	123.77	521.37	45.67	545.25	0.00
辽宁省	85.52	340.82	51.04	450.02	0.00
吉林省	56.65	131.66	24.07	209.50	0.00
黑龙江省	10.95	112.59	22.54	211.56	0.30
上海市	40.46	53.98	29.22	199.02	0.06
江苏省	196.16	0.00	196.16	0.00	0.00
浙江省	67.82	151.67	67.61	280.85	0.00
安徽省	84.20	218.94	43.74	302.13	0.00
福建省	74.45	92.01	36.30	51.68	0.00
江西省	76.82	139.78	27.70	147.42	0.00
山东省	247.57	147.91	196.16	187.47	0.00
河南省	104.99	342.11	89.49	584.01	0.00
湖北省	98.39	233.93	47.43	339.44	0.00
湖南省	85.70	164.32	34.01	171.50	0.00
广东省	100.76	0.00	100.76	0.00	0.00
广西壮族自治区	73.23	130.89	18.39	95.40	0.00
海南省	11.49	0.00	11.49	0.00	0.00
重庆市	36.73	91.31	23.00	151.08	0.00
四川省	78.49	348.71	60.90	534.02	0.00
贵州省	18.64	96.00	16.53	147.64	0.00

续表

决策单元	初始碳排放配额（百万吨）	潜在收益增量：考虑交易（百亿元）	二氧化碳排放量（百万吨）	融资扩张数量：劳动力（万人）	融资扩张数量：能源消费（百万吨标准煤）
云南省	26.25	213.82	27.93	319.40	0.00
陕西省	48.66	321.32	45.65	492.96	0.00
甘肃省	20.53	140.22	18.07	208.18	0.00
青海省	13.19	83.56	8.58	114.34	0.00
宁夏回族自治区	24.33	99.56	8.56	102.23	0.00
新疆维吾尔自治区	39.63	298.97	32.12	402.53	0.00
平均值	74.67	196.35	47.85	254.96	0.01
标准差	72.52	199.74	46.44	190.05	0.05

此外，从表5.4的第2列和第4列可以发现，除北京市、江苏省、广东省和海南省以外，其余地区的碳排放量与其分配到的碳排放配额数量均不相同，而且从总量上来看，所有地区的碳排放配额总量为2240.14百万吨，但模型式（5.9）得到的所有地区碳排放总量为1435.41百万吨，碳排放配额出现供给大于需求的现象。为此，根据前面分析，为得到供需匹配情形的碳排放配额分配和生产计划，将上述数据和参数设置代入到模型式（5.12）中，得到如表5.5所示的各地区（除北京市、江苏省、广东省和海南省以外）的碳排放配额分配和生产计划结果。

表5.5　模型式（5.12）得到的排放配额分配和生产计划结果

决策单元	二氧化碳排放量（百万吨）	满意度水平	潜在收益增量（百亿元）	融资扩张数量：劳动力（万人）	融资扩张数量：能源消费（百万吨标准煤）
天津市	44.83	0.54	48.41	238.30	2.66
河北省	196.33	0.54	548.74	362.46	0.00
山西省	82.29	0.54	216.82	400.62	0.00
内蒙古自治区	120.27	0.54	280.42	380.42	0.00

续表

决策单元	二氧化碳排放量（百万吨）	满意度水平	潜在收益增量（百亿元）	融资扩张数量：劳动力（万人）	融资扩张数量：能源消费（百万吨标准煤）
辽宁省	87.07	0.54	250.72	385.38	0.00
吉林省	51.68	0.54	74.49	180.56	0.00
黑龙江省	32.24	0.54	95.73	202.77	0.70
上海市	40.46	0.54	29.03	187.25	1.73
浙江省	76.50	0.54	115.28	247.87	0.05
安徽省	73.34	0.54	152.74	266.70	0.00
福建省	55.50	0.54	49.49	29.07	0.00
江西省	55.60	0.54	81.14	117.40	0.00
山东省	219.92	0.54	79.55	100.83	0.00
河南省	114.55	0.54	252.93	523.94	0.00
湖北省	82.87	0.54	150.13	279.55	0.00
湖南省	63.39	0.54	100.60	138.11	0.00
广西壮族自治区	47.24	0.54	70.40	62.92	0.00
重庆市	37.25	0.54	69.23	142.81	0.00
四川省	94.29	0.54	258.15	470.10	0.00
贵州省	29.39	0.54	78.80	142.64	0.00
云南省	60.05	0.54	144.10	282.86	0.00
陕西省	86.59	0.54	217.33	418.58	0.00
甘肃省	42.27	0.54	92.77	185.51	0.50
青海省	23.95	0.54	49.84	97.90	1.22
宁夏回族自治区	30.07	0.54	61.13	83.35	0.00
新疆维吾自治区	77.51	0.54	178.75	312.72	0.00
平均值	74.06	0.54	144.10	240.02	0.26
标准差	47.18	0.00	112.00	134.39	0.65

从表 5.5 中，可以得到以下几点结论：

（1）与不考虑碳排放配额供需不匹配情形相比，模型式（5.12）得到的各地区收益增量值均出现不同程度的降低，这也与实际情形一致，主要原因是，为了满足碳排放配额供需匹配要求，在一定程度上约束了各地区自由购买或者卖出碳排放配额的行为，这实际上也为进一步优化目前碳排放交易市场提供了动力。同时，该结论也进一步阐明了碳排放配额设置的重要性，根据市场需求尽可能地提供一个供需匹配的碳排放配额分配机制不仅有利于"碳减排"目标的实现，也有利于激励不同排放主体根据自身需求参与"碳排放"配额的交易过程，最终实现"碳减排"和企业利益最大化的双赢。

（2）从表 5.5 的第 3 列可知，所有处于 $G(f)$ 中的地区其满意度水平相同。此外，最大满意度水平为 0.54 说明要实现碳排放配额供需匹配，根据最大最小满意度原则，所有决策单元的分配后收益增量都要小于原来根据模型式（5.9）得到的最高收益增量水平。但是，出于公平的角度，所有出现供需不匹配的地区其最终的满意度水平相同，分配方案尽量照顾 $G(f)$ 中所有决策单元的"利益"，可在一定程度上降低决策单元对相应分配机制的抵触感。

三、管理启示

实际上，碳排放分配是一项复杂而重要的任务，目前尚未形成一致的认识。在传统观点中，假设资本市场完全且不存在信息不对称和道德风险等因素，这相当于贷款成本为零的情况。在这种情况下，碳排放配额的分配有效性与否和是否引入外部融资是无关的，这与 M-M 理论一致。然而，现实市场是不完全的，存在各种金融摩擦和信息不对称，导致实际的贷款成本往往不为零。因此，如果忽略外部融资的影响，采取保守策略，很可能导致投资不足的现象，这在现有的实证研究中已经得到证实。

此外，研究结果也显示，如果忽视外部融资的影响，可能会导致企业无法实现最大化的收益。外部融资可以为企业提供额外的资金来源，促进投资和生产能力的扩张，从而提高企业的效益。在碳配额分配中引入外部融资的考虑，有助于克服资金短缺的问题，并为企业在"碳减排"领域实现更大的竞争优势提供支持。因此，考虑外部融资的影响对于制定合理的碳排放配额分配机制非常重要。在实际市场中，各种金融摩擦和信息不对称的存在会导致贷款成本的增加，这需要在设计碳配额分配方案时充分考虑。引入外部融资可以提高企业的资金利用效率，确保资源的充分配置，从而实现收益最大化和碳减排效益的"双赢"。

第五节 本章小结

全球气候变暖是当前备受关注的全球性问题之一。为了解决气候变化和可持续发展所带来的挑战，合理的碳排放配额分配机制变得至关重要。在这方面，DEA 作为一种出色的非参数工具，正成为有效分配碳排放配额的实用工具。DEA 能够评估决策单元的相对效率，并在资源有限的情况下帮助制定资源配置策略。然而，目前基于 DEA 的碳排放配额分配研究主要集中在内部资本对配额分配的影响上，而对外部渠道对碳排放配额的直接或潜在影响关注不足。这种忽视可能导致分配结果偏离实际情况，无法全面考虑决策单元的外部资源利用能力以及融资需求。为了更准确地分配碳排放配额并促进可持续发展，需要更深入地探讨外部渠道对碳排放配额分配的影响。

（1）可以通过构建一个考虑外部融资可能性的碳排放配额分配机制，为管理者在配额分配过程中引入外部资本的合理性提供理论基础。同时也为决策单元提供更好地利用内外部融资渠道的机会，进而促进资源配置的灵活性和改善资源配置能力。具体而言，考虑外部融资的碳排放配额分配机制可以为决策单元提供更多的资金来源，进而增加其在碳排放配额市场中的竞争力。通过与金融机构合作，决策单元可以获得额外的融资，以满足更高的碳排放配额需求。由此，决策单元不仅能够更好地满足环境规制的碳排放要求，还能够在市场竞争中获得更大的优势。

（2）为了提供切实可行的配额分配方案，构建了分散式和集中式融资的"碳减排"资源配置 DEA 模型。在分散式融资方案中，决策单元可通过与外部资本进行合作、借助外部融资渠道扩大生产规模和减排能力。而在集中式融资方案中，资源的集中配置和统一管理可以实现更高效的"碳减排"效果。其不同的融资方案可根据实际情景和决策单元的需求进行灵活选择，以实现资源的最优配置和碳减排效益。实证研究结果显示，引入外部融资的可能性可显著提高收益。例如，研究人员发现在特定情境下，外部融资可帮助决策单元解决资金不足问题，促进生产能力和碳减排能力的提升。这意味着传统的不考虑融资可能性的配额分配机制会因过于保守而损失一定收益。因此，合理的碳排放配额分配机制应同时考虑内部和外部资本的互动，以实现最大化的收益。

（3）本章的研究还可以进一步拓展和完善。一是考虑企业的利润最大化也是一个重要目标，可以进一步探讨碳排放配额分配机制在追求利润最大化的情景下的优化策略,可以将所提出的模型扩展至多个周期的情景。在现实中,碳减排是一个持续性的挑战,需要长期努力和规划。因此,将碳排放配额分配模型扩展至多周期情景,可以更好地适应实际应用的需求,并为决策者提供长期规划和资源配置的指导。二是探讨不同行业和部门之间的碳排放配额分配差异,针对特定行业和部门的碳排放配额分配机制可能需要进行定制化设计。

第六章 两阶段 FRA-DEA 方法及其应用

在前述章节中,生产决策单元被视为一个"黑箱",仅考虑其初始投入和最终产出,而忽略了其内部结构。然而,在实际应用中,生产决策单元可能不仅包括初始投入和最终产出,而是具有更为复杂的内部结构。因此,若仍然沿用传统的单阶段范式进行相应的资源配置决策,可能导致偏差较大或不可行的分配结果。为此,本章开展以下研究:①在单阶段 FRA-DEA 的基础上构建两阶段 FRA-DEA 的分析框架。②通过实证分析对中国省际"生产和工业废水处置"系统的资源配置潜力进行评估。③从利润最大化的角度,探讨了两阶段"生产和工业废水处置"系统资源配置过程中融资成本与融资收益之间的权衡问题。④根据预估结果,提出对中国实施有效的"生产和工业废水处置"资源配置过程的理论指导和政策建议。

第一节 研究背景

在经济的发展过程中,有时候不可避免地会产生许多环境问题,比如空气污染、固体废物污染、水资源污染等。以水资源污染为例,科学合理地解决好水资源污染问题不仅有利于实现经济的可持续发展(sustainable development),而且还关系整个人类的健康与生存(Gómez et al., 2017)。为了解决水资源污染问题,国际社会付出了极大努力以确保能够实现环境的可持续性(environmental sustainability)。比如,2015 年联合国定义的在 2030 年之前需要实现的 17 个可持续发展目标(Sustainable Development Goals,SDGs)中,其中目标 6 就曾把改善水资源的质量视为确保人人都能获取水资源以及相应卫生设施的关键步骤(D'Inverno et al., 2018)。

近年来,为缓解各种环境污染问题,学术界提供了一系列解决方法和政策意见。从方法角度来讲,由于 DEA 方法的各种优势,许多学者倾向于在 DEA 框架的基础上对环境污染等相关问题进行深入研究。具体而言,现有基于 DEA 方法的环境污染问题研究大致可以分为两类:

第一，关注于运用 DEA 方法评价与环境污染相关主体（比如工厂、企业、国家）的效率（以下简称环境效率评价研究）。特别地，此类研究从应用层面来讲大致可以分为企业或工厂层面研究、产业层面研究、区域层面研究及国家层面研究。企业或工厂层面研究中，Nabavieh 等（2015）运用共同前沿 Malmquist 二氧化碳排放绩效指数对 58 家伊朗化石燃料发电厂（fossil-fuel power plants）2007—2012 年间的二氧化碳排放绩效进行了研究，并发现燃气（gas-fired）发电厂和混合循环（combined cycle）发电厂的环境绩效变动相对稳定，而蒸汽（steam）发电厂的环境绩效水平表现较差。Bostian 等（2016）则从跨期视角运用网络 DEA 方法研究了归属于瑞士造纸行业的 66 家工厂（plant）的环境绩效。他们将跨期环境投资纳入网络环境技术框架中，在一定程度上为管理者或规制者了解投资决策在改善环境效率和减排方面的作用提供了实用工具。区域层面研究中，Long 等（2017）则采用方向距离函数（Directional Distance Function，DDF）及方向松弛量测度（Directional Slack-Based Measure，DSBM）方法评价了中国的 31 个省、市、自治区水泥产业的生态效率，并发现基于方向距离函数和基于方向松弛量测度方法得到的生态效率值存在一定的差距，主要原因可能在于投入过多或者产出水平不足。此外，他们还发现中国东部、中部及西部的生态效率总体来看趋于收敛，并根据评价结果为中国水泥产业未来发展提出了建设性意见。Wang 和 He（2017）采用一种全局性（global）方向距离函数方法来研究中国不同地区交通运输部门 2007—2012 年的生产力、经济效率、二氧化碳排放效率及边际减排成本。鉴于传统 Malmquist-Luenberger 指数在计算跨期方向距离函数过程中可能产生的无解性问题，Du 等（2018）基于一种改进的方向距离函数提出了一种修正的 Malmquist-Luenberger 指数方法，并将其应用到中国 30 个地区（包含 21 个省、5 个自治区及 4 个直辖市）的环境生产力绩效评价中，他们发现技术变动（technical change）是绝大多数全要素生产率（Total Factor Productivity，TFP）增长的主要驱动力，而且全要素生产率的变化在一定程度上证实中国不同地区之间经济发展水平存在明显差距的现状。而国家层面研究中，Chiu 等（2012）通过结合方向距离函数（directional distance function）与元前沿分析（meta-frontier analysis）方法来研究技术异质性（technology heterogeneities）以及非期望产出（undesirable ouptut）对环境效率评价的影响。特别地，他们运用相应的方法对 90 个国家 2003—2007 年的环境效率进行了评价，并发现高竞争力的国家其平均环境效率要高于"中—低"以及"中—高"竞争力国家的平均环境效率。Wang 等（2016）基于共同前沿和非径向方向距离函数方法，对 54 个国家 2001—2007 年的二氧化碳排放绩效进行了研究，他们发现中高收入国家的碳排放绩效表现不及高收入国家和中低收入国家，此外，他们还发现管理无效率及技术差距均负向影响二氧化碳排放绩效，其中管理效率低下起主导作用。Ignatius 等（2016）基于一个模糊 DEA 框架，对 23 个欧盟成员国的能源效率进行了研究，不同于传统 DEA 方法假设投入产出数据为准确值（crisp value）情形，他们则将投入产出数据刻画为对称和非对称的模糊数。Wang 等（2017）通过结合元前沿函数，以及非径向 DEA 方法提出了一种新的碳排放绩效指数，并将其应用于 58 个国家的碳排放绩效的估算中，并发现亚洲的碳排放绩效要低于欧洲和美洲，但是亚洲的碳排放减少潜能最大。表 6.1 对近期环境效率评价相关研文献究进行了汇总。

表 6.1　　　　　　　　环境效率评价相关研究文献汇总

文献	研究方法	企业层面	区域层面	国家层面
Chiu 等（2012）	元前沿+DDF			×
Wang（2013）	非径向 DDF		×	
Zhang 等（2013）	共同前沿+DDF	×		
Woo 等（2015）	Malmquist 指数方法			×
Nabavieh 等（2015）	Malmquist 指数+共同前沿	×		
Zhang 和 Wei（2015）	元前沿非径向 Luenberger 指数		×	
Yao 等（2016）	元前沿+非径向 Malmquist 指数		×	
Bostian 等（2016）	网络 DEA	×		
Ignatius 等（2016）	模糊 DEA			×
Wu 等（2016）	两阶段 DEA		×	
Wang 等（2016）	共同前沿+非径向 DDF			×
Sueyoshi 和 Yuan（2016）	联合环境效率			×
Long 等（2017）	DDF+方向 SBM		×	
Wang 和 He（2017）	全局 DDF		×	
Wang 等（2017）	元前沿+非径向 DEA			×
Du 等（2018）	Malmquist-luenberger 指数		×	
Du 等（2018）	改进 Malmquist-luenberger 指数		×	
Feng 等（2019）	共同前沿		×	

第二，倾向于运用 DEA 方法的事前资源配置功能，例如，为了控制温室气体排放，许多研究者在 DEA 框架的基础上进行减排任务分配（或碳排放配额分配）设计。具体而言，Wu 等（2019）通过结合讨价还价博弈理论和 DEA 方法对 15 个欧盟成员国之间的碳排放配额分配问题进行了研究，他们发现基于 DEA 方法的碳排放配额分配机制能够激励处于最优运营规模的国家，同时对那些偏离最优运营规模的国家起到了一定的约束作用。Feng 等（2015）则基于 DEA 框架从个体和整体角度分别讨论了"碳减排"任务分配及其对应的补偿机制设计问题。他们发现集中式分配方案可能会面临实施困难（implementation difficulty）等问题，为此，他们提出了两种补偿机制：第一种补偿机制是按照个体决策单元相对整体的减排贡献程度进行补偿；第二种补偿机制则基于一个破产模型来设计相应的补偿机制。Wu 等（2016）基于 DEA 方法研究了"碳减排"任务分配问题，考虑到现实中可能存在决策单元并不希望最小化（最大化）某些特定投入（产出）的情形，他们将投入和产出划分为两类：一类是正常投入（产出）；另一类是决策单元希望变动最小的投入（产出）。与此同时，他们还基于 Aparicio 等（2007）的最近目标（closest target）方法，研究了如何确定减排任务分配中的最近目标等问题。其他相关研究还包括 Wang 等（2016）、Ma 等（2018）。

以上研究对缓解相关环境问题做出了重要的贡献。但遗憾的是，现有研究绝大多数集中于研究当前配置条件下的环境效率测度或者资源配置的优化，而较少涉及考虑外部融资可能性的相关环境问题研究。但正如第二章第一节中所强调，仅从当前资源配置情况可能无法提供最优的资源配置方案。更重要的是，如果完全忽略外部融资可能性不仅会产生有偏的资源配置结果，而且还会因为"投资不足"或者"过度投资"造成生产效益（比如利润）低下。已有研究中，Yang 和 Fukuyama（2018）从效率测度角度考虑了区域生产能力利用问题，为了研究资源扩张对环境效率的影响，他们考虑了可变投入扩张的可能性，并据此来估计决策单元的生产潜能。但是，他们的研究框架将决策单元视为一个"黑箱"，因此忽略了决策单元的内部结构及其内在生产状况。另外，更重要的是，Yang 和 Fukuyama（2018）所考虑的能力扩张问题实际上是基于投入资源没有限制这样强的假设基础上，而且也没有考虑扩张成本对相关效率测度或者资源配置决策的影响。不同于以往研究，本章尝试在两阶段 DEA 的框架下研究外部融资可能性对两阶段污染控制系统的影响。本章主要研究如下问题：在两阶段 DEA 框架下，外部融资决策是否影响两阶段污染控制系统的资源配置过程，如果影响，管理者或决策者应该如何设计相应的资源配置方案？

为了回答上述问题，本章探讨了在考虑融资约束和环境因素的情况下，利用两阶段 DEA 方法进行资源配置的应用。

（1）采用这种非参数方法至少有两个理由的支持。一方面，传统的资源配置框架通常只限于个体生产单元，未能考虑同侪决策单元之间的依赖关系。然而，以往的研究已经证实，公司绩效取决于众多因素，如制度环境（Vanacker et al.，2017）、公司治理（Sueyoshi et al.，2010）、相对同行质量（Francis et al.，2016）等。因此，当资源配置只从个体决策单元的角度进行时，可能导致估计结果存在偏差，因为能力利用率不仅取决于个体努力，还受到由技术边界等各类因素的影响。相反，DEA 可以通过一组成熟的公理体系来描述生产依赖关系（An et al.，2016；Kerstens et al.，2019）。此外，DEA 使得经验性地逼近实际的生产边界变成可能，而这在考虑实际权衡时可能很难实现（Chen and Delmas，2012）。另一方面，DEA 在资源配置中的应用可以为高效的资源配置过程提供有价值的见解。例如，通过该技术生成的边界不依赖于预先指定的生产技术函数形式，而参数化方法可能容易出现模型误置。更重要的是，基于 DEA 的资源配置建立在一个事实上，即资源配置方案应该被经验性构建的生产边界所包围，这更可靠，因为同侪决策单元的依赖性在这样一个边界的构建过程中被内生地反映出来。

（2）本章的资源配置过程是基于一个两阶段的生产和污染处理系统进行的。不仅仅依赖于利用内部资源（例如当前观察到的资源）的保守策略，而是探索了一个更现实的情况，即每个 DMU 可以从其他外部（如银行贷款、贸易信贷、债券等）来筹措资金。此外，这些能力扩张选项并非免费，因此需要决策者在附加融资成本和潜在收入增益之间进行权衡。在 Fang（2020）研究中，提出了一种基于两阶段 DEA 的环境效率评估方法，用于在不考虑生产扩张的情况下确定有效目标。在这方面，本章将在后面展示，这种保守策略可能会导致次优的资源配置方案，因为它完全排除了生产性 DMU 采用基于融资的策略的可能性。此外，他的方法没有充分权衡给定资源配置方案的成本和效益，并且在评估规划后利润时可能遇到唯一性问题。相比之下，本章提出的方法可以适当解决这些问题。

（3）考虑融资选项的原因有两个方面：一方面，如果 DMU 可以获得融资，并且额外融资成本可能会被潜在的收入增益抵消，那么这表明这种选项可能是有利可图的。显然，在当前竞争环境下，这是一个不容忽视的理想情况，管理者应该予以重视。另一方面，对无效或缺失环境监管的关注增加以及公众对此日益不满，可能会促使 DMU（企业）减少污染。此外，当未遵守相关环境法规导致处罚时，成本可能是灾难性的。因此，进行能力投资或污染治理投资不仅可以降低不符合环境法规的成本，还可以提升企业形象，避免顾客的不满。与前面考虑融资约束的单阶段资源配置框架相比，本章研究对于两阶段资源配置系统提供了有益的见解。重要的是，它揭示了采用基于融资的策略不仅可以缓解低效率，而且可以适当协调生产和可持续性。

鉴于以上情况，本章研究的贡献主要体现在以下三个方面。

（1）通过引入新的基于两阶段 DEA 框架的非参数方法，本章对丰富资源配置文献做出了一定的贡献。该方法通过打开两阶段生产和污染处置系统的"黑箱"，为资源配置问题提供了一种数据驱动的技术。与传统的资源配置研究相比，本章提出的方法可以考虑输入和输出之间的生产依赖关系。此外，本章方法的独特之处在于，它允许基于融资的能力扩张策略，而无须确定生产技术的具体函数形式。

（2）本研究在两阶段 DEA 文献中引入了考虑环境因素的基于 DEA 的资源配置模型，对该领域也做出了贡献。与现有基于两阶段 DEA 的资源配置研究（如 Ang et al., 2020；Yu and Chen, 2016）相比，本章进一步考虑了当额外的扩张成本（如融资成本）可以通过潜在的收入增长来抵消时，扩张很可能会发生。这与那些在能力投资时不考虑潜在成本的研究有所不同。此外，本章还表明，如果传统的资源配置不考虑融资选择，可能会导致投资不足或过度投资的问题。为此，本章确定了可能的贷款下限和上限，这可以为如何缓解投资不足等问题提供管理启示。重要的是，本章发现那些没有包括融资扩张实践的两阶段 DEA 研究，当融资成本无法通过相应的收入增长来抵消时，可以被视为本章提出的方法的特例。

（3）本章通过引入一种新颖的分析框架，对如何规划能力投资和资源配置进行了研究，对相关文献做出了贡献。在这方面，本章发现融资选择不仅可以帮助改善资源配置过程，还可以提供一种有利的方式来协调生产和可持续发展，从而实现"双赢"。这与那些在能力投资时不考虑潜在成本的研究明显不同。此外，实证证据表明，传统的资源配置方案可能高估相关的利润效率，因为忽视了采用融资策略所带来的潜在收益，相比当前观察水平，平均利润增加比例达到了 108.28%。因此，本章提出的资源配置举措可以为盈利能力和环境保护带来显著的益处。

第二节 研究方法

不同于前面三个主体章节中假设生产过程为一个"黑箱"，仅考虑初始投入和最终产出情况。本章进一步将本研究所提出的 FRA-DEA 分析范式扩展至两阶段情形：一方面，进一步验证本书分析框架的稳健性与有效性；另一方面，也是对现有两阶段DEA研究的一个扩展和补充。同时，也在一定程度上为未来网络DEA的发展提供一个方向。本节第一部分将界定本章的研究问题及相应的两阶段结构；然后，构建相应的考虑融资可能性的两阶段资源配置DEA模型，并从理论上分析了信贷额度及目标设定的影响。

一、准备知识

本节主要考虑如图6.1所示的两阶段污染控制系统（Wu et al.，2020）。不失一般性，假设共有n个决策单元（亦指省级区域）需要评估，具体可用$DMU_j(j=1,\cdots,n)$来表示。每个决策单元包含两个子系统，具体见图6.1[①]。对于第一个子系统而言，假定每个决策单元DMU_j使用m个投入$x_{ij}(i=1,\cdots,m)$来生产D个中间产出$z_{dj}(d=1,\cdots,D)$及L个常规产出$g_{lj}(l=1,\cdots,L)$。需要注意的是，为了反应短期实际情况，参考Kerstens等（2019），进一步将投入向量分为m^f个固定投入$x_{aj}^f(a=1,\cdots,m^f)$及m^v个可变投入$x_{ij}^v(i=1,\cdots,m^v)$，且满足$m=m^f+m^v$。而且，为了考虑环境因素，中间产出被视为非期望污染项。对第二个子系统而言，其投入为第一阶段生产的中间产出以及H个外生投入$h_{qj}(q=1,\cdots,H)$。整个生产系统的最终产出可以表示为$y_{rj}(r=1,\cdots,s)$。

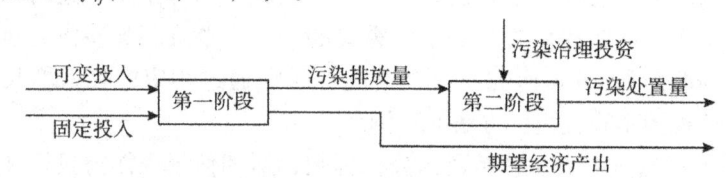

图6.1 两阶段"生产—污染控制"系统示意图

为了构造图6.1所示的两阶段系统生产可能集，需要引入一些必要的公理。参考Hu等（2019），同时根据前面的介绍，可以基于DEA范式构造相应的生产可能集，具体而言，标记$\lambda=(\lambda_1,\cdots,\lambda_n)\in\Re_+^n$和$\mu=(\mu_1,\cdots,\mu_n)\in\Re_+^n$分别对应第一子系统和第二子系统的强度变量。因此，第一子系统的生产可能集可以表示为

$$\overline{PPS}^1=\{(x_a^f, x_i^v, g_l, z_d, \forall a, c, l, d): \tag{6.1}$$

[①] 为了便于下面的实证应用，引入了一个具体的两阶段框架，见图6.1。然而，本章的方法可以很容易地扩展到其他网络结构（如三级结构，并行结构或其他复杂结构）。

$$\sum_{j=1}^{n} \lambda_j x_{aj}^f \leq x_a^f, \ a = 1, \cdots, m^f, \qquad (6.1.1)$$

$$\sum_{j=1}^{n} \lambda_j x_{ij}^v \leq x_i^v, \ i = 1, \cdots, m^v, \qquad (6.1.2)$$

$$\sum_{j=1}^{n} \lambda_j g_{lj} \geq g_l, \ l = 1, \cdots, L, \qquad (6.1.3)$$

$$\sum_{j=1}^{n} \lambda_j z_{dj} = z_d, \ l = 1, \cdots, L, \qquad (6.1.4)$$

$$\sum_{j=1}^{n} \lambda_j = 1, \qquad (6.1.5)$$

$$\lambda_j \geq 0, \ j = 1, \cdots, n. \} \qquad (6.1.6)$$

第二子系统的生产可能集可以表示为

$$\overline{PPS}^2 = \{(z_d, \ h_q, \ y_r, \ \forall d, \ q, \ r): \qquad (6.2)$$

$$\sum_{j=1}^{n} \mu_j z_{lj} = z_d, \ d = 1, \cdots, D, \qquad (6.2.1)$$

$$\sum_{j=1}^{n} \mu_j h_{qj} \leq h_q, \ q = 1, \cdots, T, \qquad (6.2.2)$$

$$\sum_{j=1}^{n} \mu_j y_{rj} \geq y_r, \ r = 1, \cdots, s, \qquad (6.2.3)$$

$$\sum_{j=1}^{n} \mu_j = 1, \qquad (6.2.4)$$

$$\mu_j \geq 0, \ j = 1, \cdots, n. \} \qquad (6.2.5)$$

基于前面基础，可以得到如下两阶段系统的生产可能集：

$$\overline{PPS}^N = \{(x_a^f, \ x_i^v, \ g_l, \ z_d, \ ?_q, \ y_r, \ \forall a, \ i, \ l, \ d, \ q, \ r): \qquad (6.3)$$

$$\sum_{j=1}^{n} \lambda_j x_{aj}^f \leq x_a^f, \ a = 1, \cdots, m^f, \qquad (6.3.1)$$

$$\sum_{j=1}^{n} \lambda_j x_{ij}^v \leq x_i^v, \ i = 1, \cdots, m^v, \qquad (6.3.2)$$

$$\sum_{j=1}^{n} \lambda_j g_{lj} \geq g_l, \ l = 1, \cdots, L, \qquad (6.3.3)$$

$$\sum_{j=1}^{n} \lambda_j z_{dj} = \sum_{j=1}^{n} \mu_j z_{dj} = z_d, \ d = 1, \cdots, D, \qquad (6.3.4)$$

$$\sum_{j=1}^{n} \mu_j h_{qj} \leq h_q, \ q = 1, \cdots, T, \qquad (6.3.5)$$

$$\sum_{j=1}^{n} \mu_j y_{rj} \geq y_r, \ r = 1, \cdots, s, \qquad (6.3.6)$$

$$\sum_{j=1}^{n} \lambda_j = 1, \tag{6.3.7}$$

$$\sum_{j=1}^{n} \mu_j = 1, \tag{6.3.8}$$

$$\lambda_j, \mu_j \geq 0, j = 1, \cdots, n. \} \tag{6.3.9}$$

在 $\overline{PPS^N}$ 中，约束条件式（6.3.1）和式（6.3.2）是关于 PS 子系统的固定投入和可变投入的约束，它们表明不能将各自的投入增加到当前观测水平以上。约束条件式（6.3.3）限制了 PS 子系统的期望产出，确保对生产子系统而言其任意期望产出的目标产出量不会减少。约束条件式（6.3.5）和式（6.3.6）是针对处置子系统的外生投入和最终产出指标的约束。前者表明不能将外生投入增加到当前观测水平以上，而后者保证不能减少任何一个处置产出的产出量。约束条件式（6.3.7）~式（6.3.8）指明 $\overline{PPS^N}$ 假定模型满足可变规模报酬（VRS）假设。通过删除这两个约束，可以得到不变规模报酬（CRS）假设下的资源配置或效率测度模型（Charnes et al., 1978）。

最后，约束式（6.3.4）要求作为 PS 输入的污染物水平等于作为 TS 输出的污染物水平。在这方面，值得注意的是，生产理论中的一个标准假设是输入和输出是强可处置的，这意味着可以通过消耗更多的输入来产生更少的输出（Akther et al., 2013）。对于正常输入和输出也是如此，例如约束式（6.3.1）~式（6.3.3）、式（6.3.5）~式（6.3.6）。然而，由于本章主要关注生产和污染物处理过程，不良的中间产出可以被视为理想产出的副产品。因此，对这些不良输出施加弱一次性更为合适。因此，参考 Akther 等（2013）、Bian 等（2015）及 Hu 等（2019），本节没有施加不平等约束，而是为这些中间产出引入了相关的等式约束。另外，正如 An 等（2016）所述，它也可以通过假设等式约束来避免"内部资源浪费"。有趣的是，这也符合 Tone 和 Tsutsui（2009）中提到的"固定"连接例子。当然，后续研究可以很容易地将本节的方法扩展到"自由"或"可变"连接例子（An et al., 2016; Fukuyama and Weber, 2010）。

二、不考虑融资约束的资源配置模型

从理论上讲，本节可以基于 $\overline{PPS^N}$ 开展资源配置或能力计划活动。然而，有必要明确相关的目标函数，以便实现一些预期目标。在传统的 DEA 范式中，目标函数可以是特定的效率目标，确定输入的比例减少或输出的比例增加。然而，这种方法无法在给定的资源配置决策中进行成本和效益之间的经济权衡。因此，本节用 $P^f = (P_1^f, \cdots, P_{m^f}^f)^T$ 和 $P^v = (P_1^v, \cdots, P_{m^v}^v)^T$ 分别表示固定输入和可变输入的单位成本向量。同时，本节用 $P^2 = (P_1^2, \cdots, P_H^2)^T$ 表示附加到 TS 的外生输入的单位成本向量。对于输出方面，用 $Q^1 = (Q_1^1, \cdots, Q_L^1)^T$ 表示 PS 直接输出的单位价格向量，而用 $Q^2 = (Q_1^2, \cdots, Q_s^2)^T$ 表示 TS 最终输出的单位价格向量。最后，用 $Q^3 = (Q_1^3, \cdots, Q_D^3)^T$ 表示 PS 的中间输出和 TS 的中间输出的单位价格向量。可以如下受限资源配置（RCP）模型：

$$\pi_o^{RCP} = \max \left(\sum_{l=1}^{L} Q_l^1 \hat{g}_{lo} - \sum_{i=1}^{m^v} P_i^v \hat{x}_{io}^v \right) + \left(\sum_{r=1}^{s} Q_r^2 \hat{y}_{ro} - \sum_{q=1}^{H} P_q^2 \hat{h}_{qo} \right) - \sum_{r=1}^{s} P^3 S_{ro}^+ \tag{6.4}$$

$$s.t. \sum_{j=1}^{n} \lambda_j x_{aj}^f \leq x_{ao}^f, \ a = 1, \cdots, m^f, \tag{6.4.1}$$

$$\sum_{j=1}^{n} \lambda_j x_{ij}^v \leq \hat{x}_i^v, \ i = 1, \cdots, m^v, \tag{6.4.2}$$

$$\hat{x}_i^v \leq x_{io}^v, \ i = 1, \cdots, m^v, \tag{6.4.3}$$

$$\sum_{j=1}^{n} \lambda_j g_{lj} \geq \hat{g}_{lo}, \ l = 1, \cdots, L, \tag{6.4.4}$$

$$\hat{g}_{lo} \geq g_{lo}, \ l = 1, \cdots, L, \tag{6.4.5}$$

$$\sum_{j=1}^{n} \lambda_j z_{dj} = \sum_{j=1}^{n} \mu_j z_{lj} = z_{do}, \ d = 1, \cdots, D, \tag{6.4.6}$$

$$\sum_{j=1}^{n} \mu_j h_{qj} \leq \hat{h}_{qo}, \ q = 1, \cdots, H, \tag{6.4.7}$$

$$\hat{h}_{qo} \leq h_{qo}, \ q = 1, \cdots, H, \tag{6.4.8}$$

$$\sum_{j=1}^{n} \mu_j y_{rj} \geq \hat{y}_{ro}, \ r = 1, \cdots, s, \tag{6.4.9}$$

$$\hat{y}_{ro} \geq (1 + \theta) y_{ro} - S_{ro}^+, \ r = 1, \cdots, s, \tag{6.4.10}$$

$$\sum_{j}^{n} \lambda_j = 1, \tag{6.4.11}$$

$$\sum_{j}^{n} \mu_j = 1, \tag{6.4.12}$$

$$\lambda_j \geq 0, \ j = 1, \cdots, n, \tag{6.4.13}$$

$$\mu_j \geq 0, \ j = 1, \cdots, n. \tag{6.4.14}$$

$$\hat{x}_i^v \geq 0, \hat{g}_{lo} \geq 0, \hat{h}_{qo} \geq 0, \hat{y}_{ro} \geq 0, \forall i, l, q, r. \tag{6.4.15}$$

在模型式（6.4）中，约束条件式（6.4.1）是固定输入约束，要求每个固定输入的投影值小于或等于可用的固定输入。约束条件式（6.4.2）和式（6.4.3）限制了在实施资源配置时可以消耗的可变输入的最大数量。与式

(6.4.1) 中的固定输入相反，可变输入可以在短期内进行调整，x_i^v 表示在实施资源配置过程使用的第 i 个输入。约束条件式（6.4.4）~式（6.4.5）限制了 PS 的计划直接产出，约束条件式（6.4.5）确保 PS 的目标直接产出不会减少。约束条件式（6.4.6）是"固定"的连接约束，要求作为 PS 的输出的污染物水平应等于作为 TS 的输入的污染物水平。约束条件式（6.4.7）~式（6.4.8）限制了在进行资源配置时可以消耗的 TS 的外生输入的最大数量。约束条件式（6.4.9）~式（6.4.10）确保在实施资源配置时至少要生产 TS 的直接产出的最小数量。引入参数 θ 来表示环境改善的所需比率。例如，$\theta = 0.05$ 表示处置的污染物应比当前观察水平相对增加 5%。θ 的值越高，规制标准就越严格。另外，考虑到并非所有 DMU 都符合规制要求，进一步引入松弛变量 S_{ro}^+ 来衡量 TS 的直接产出（应处置的污染物量）偏离相关规制水平的程度。最后，目标函数中括号内的项可视为与 PS 相关的"利润"项，而括号外的项可视为与 TS 相关的"利润"项。此外，类似于固定输入的做法，本节还从"利润"函数中排除了中间产品的值，因为它们是给定假设的常数项。实际上，可以轻松地将它们包含在目标函数中，而不偏离本章的主要结论。最后一项 $\sum_{r=1}^{s} P_r^3 S_{ro}^+$ 表示违反规制标准的惩罚成本，P_r^3 表示附加到 TS 的第 r 个直接产出的单位成本。

有趣的是，当 $\theta = 0$ 时，很容易验证变量 S_{ro}^+ 的最优值将为零，即存在一个资源配置方案，使得模型式（6.4）是可行的，并且不会附加额外的惩罚成本。在这种情况下，可以定义与子系统和整个系统相关的"利润"效率如下：

定义 6.1：（决策单元在 PS 阶段的利润效率）决策单元在 PS 阶段的利润效率被定义为

$$PE_j^1 = \frac{\sum_{l=1}^{L} Q_l^1 g_{lj} - \sum_{i=1}^{m^v} P_i^v x_{io}^v}{\sum_{l=1}^{L} Q_l^1 \hat{g}_{lj}^* - \sum_{i=1}^{m^v} P_i^v x_{io}^{v*}} \tag{6.5}$$

其中 x_{io}^{v*} 和 $\hat{g}_{lj}^*$ 表示模型式（6.4）对应变量的最优解。

定义 6.2：（决策单元在 TS 阶段的利润效率）决策单元在 TS 阶段的利润效率被定义为

$$PE_j^2 = \frac{\sum_{r=1}^{s} Q_r^2 y_{rj} - \sum_{q=1}^{H} P_q^2 h_{qj}}{\sum_{r=1}^{s} Q_r^2 \hat{y}_{rj}^* - \sum_{q=1}^{H} P_q^2 \hat{h}_{qj}^*} \tag{6.6}$$

其中 $\hat{h}_{qj}^*$ 和 $\hat{y}_{rj}^*$ 表示模型式（6.4）对应变量的最优解。

定义 6.3：（决策单元的系统利润效率）待评价决策单元的系统利润效率可以表示为

$$PE_j^N = \frac{\left(\sum_{l=1}^{L} Q_l^1 g_{lj} - \sum_{i=1}^{m^v} P_i^v x_{io}^v\right) + \left(\sum_{r=1}^{s} Q_r^2 y_{rj} - \sum_{q=1}^{H} P_q^2 h_{qj}\right)}{\pi_o^{RCP*}} \quad (6.7)$$

与关联子系统/系统相关的利润效率越大，意味着在实施资源配置方案后，关联子系统/系统的当前观测利润水平越接近相应的利润水平。此外，在实际利润为正的假设下，可以推断系统的效率（即 $PE_j^N = 1$）当且仅当两个子系统都是有效的，即 $PE_j^1 = 1$ 和 $PE_j^2 = 1$。

此外，根据约束条件式（6.4.2），知道第 i 个可变输入的上限受限于其当前观测水平。正如之前所说明的，从预先控制的角度来看，扩大可变输入至少有两个原因。一方面，如果限制可变输入为其相应的观测水平，无法保证最大化利润。另一方面，从监管或目标设定的角度来看，可能由于不符合规定而产生额外成本。为了解决这些问题，本节提出了以下模型式（6.8）来研究无限制资源配置（UCE）实践对资源配置决策的影响。

$$\pi_o^{UCE} = \max \left(\sum_{l=1}^{L} Q_l^1 \hat{g}_{lo} - \sum_{i=1}^{m^v} P_i^v \hat{x}_{io}^v\right) + \left(\sum_{r=1}^{s} Q_r^2 \hat{y}_{ro} - \sum_{q=1}^{H} P_q^2 \hat{h}_{qo}\right) - \sum_{r=1}^{s} P_r^3 S_{ro}^+ \quad (6.8)$$

$$s.t. \ \hat{x}_{io}^v \leq x_{io}^v + \delta_{io}^x, \ i = 1, \cdots, m^v, \quad (6.8.1)$$

$$\delta_{io}^x \geq 0, \ i = 1, \cdots, m^v, \quad (6.8.2)$$

$$\hat{h}_{qo} \leq h_{qo} + \delta_{qo}^h, \ q = 1, \cdots, H, \quad (6.8.3)$$

$$\delta_{qo}^h \geq 0, \ q = 1, \cdots, H, \quad (6.8.4)$$

约束条件式（6.4.1），（6.4.2），（6.4.4）~（6.4.7），（6.4.9）~（6.4.15）

比较模型式（6.4）和式（6.8），它们之间的区别在于模型式（6.8）中的额外扩展项 δ_{io}^x 和 δ_{qo}^h。在模型式（6.4）中，约束条件式（6.4.3）要求第 i 个可变输入的水平不得超过其当前观测水平。而在模型式（6.8）中，约束条件式（6.8.1）限制第 i 个可变输入的水平不得超过其当前观测水平与其相应的可扩展数量之和。这也可以在约束条件式（6.8.3）中观察到。基于模型式（6.4）和式（6.8），得到如下结果：

定理 6.1：假设模型式（6.4）和式（6.8）的最优目标值分别为 π_o^{RCP*} 和 π_o^{UCE*}，则有 $\pi_o^{UCE*} \geq \pi_o^{RCP*}$。

证明：假设模型式（6.4）的最优解为 $(\hat{x}_{io}^{v*}, \hat{g}_{lo}^{*}, \hat{h}_{qo}^{*}, \hat{y}_{ro}^{*}, S_{ro}^{+*}, \lambda_j^{*}, \mu_j^{*})$，对于所有 $i \in \{1, \cdots, m\}$，令 $\delta_{io}^{x*} = 0$，对于所有 $q \in \{1, \cdots, H\}$，令 $\delta_{qo}^{h*} = 0$，则很容易得到 $(\hat{x}_{io}^{v*}, \hat{g}_{lo}^{*}, \hat{h}_{qo}^{*}, \hat{y}_{ro}^{*}, S_{ro}^{+*}, \lambda_j^{*}, \mu_j^{*}, \delta_{io}^{x*}, \delta_{qo}^{h*})$ 是模型式（6.8）的可行解。因此，有 $\pi_o^{UCE*} \geq \left(\sum_{l=1}^{L} Q_l^1 \hat{g}_{lo}^{*} - \sum_{i=1}^{m^v} P_i^v \hat{x}_{io}^{v*}\right) + \left(\sum_{r=1}^{s} Q_r^2 \hat{y}_{ro}^{*} - \sum_{q=1}^{H} P_q^2 \hat{h}_{qo}^{*}\right) - \sum_{r=1}^{s} P_r^3 S_{ro}^{+*}$。另外，由于 $\left(\sum_{l=1}^{L} Q_l^1 \hat{g}_{lo}^{*} - \sum_{i=1}^{m^v} P_i^v \hat{x}_{io}^{v*}\right) + \left(\sum_{r=1}^{s} Q_r^2 \hat{y}_{ro}^{*} - \sum_{q=1}^{H} P_q^2 \hat{h}_{qo}^{*}\right) - \sum_{r=1}^{s} P_r^3 S_{ro}^{+*}$ 是模型式（6.4）的最优目标值，有 $\pi_o^{UCE*} \geq \pi_o^{RCP*}$。因此，命题6.1得证。

将非受限能力扩张效应（UCEE）定义为从模型式（6.8）生成的利润与从模型式（6.4）生成的利润之间的差异，即 $\pi_o^{UCE*} - \pi_o^{RCP*}$。因此，UCEE 考察了价格保持不变前提下，能力扩张活动对相关分配利润的影响。有趣的是，命题6.1确定了扩展实践带来的非负 UCEE。换句话说，如果忽视相关的扩展策略，可能会导致潜在的利润损失。因此，允许扩展的可能性涉及效用最大化和遵守相关的经济/环境标准的成本之间的权衡。也就是说，允许扩展不仅可以保证潜在的利润改善，还可以导致可能的污染减少。

三、考虑融资约束的资源配置 DEA 模型

值得注意的是，模型式（6.8）隐含地假设所有决策单元具有足够的可用能力来进行扩张生产。然而，在现实中，存在着融资约束的情况。例如，根据世界银行集团企业调查，有近26.5%的企业认为"融资渠道不畅"是他们的主要限制因素（Zhou et al., 2020）。此外，与许多现有的基于 DEA 的能力扩张模型类似（例如，Kerstens et al., 2019；Yang and Fukuyama, 2018），模型式（6.8）未考虑融资成本，而融资成本可能对资源配置决策产生影响。为了给决策者提供更实际的资源配置方案，本节提出了考虑融资资源配置（FCP）和环境因素的如下资源配置 DEA 模型。

$$\pi_o^{FCP} = \max \left(\sum_{l=1}^{L} Q_l^1 \hat{g}_{lo} - \sum_{i=1}^{m^v} P_i^v \hat{x}_{io}^v\right) + \left(\sum_{r=1}^{s} Q_r^2 \hat{y}_{ro} - \sum_{q=1}^{H} P_q^2 \hat{h}_{qo}\right) - \sum_{r=1}^{s} P_r^3 S_{ro}^+ - \alpha F_o$$

(6.9)

$$s.t. \quad \hat{x}_{io}^v \leq x_{io}^v + \delta_{io}^x, \quad i = 1, \cdots, m^v, \quad (6.9.1)$$

$$\delta_{io}^x \geq 0, \quad i = 1, \cdots, m^v, \quad (6.9.2)$$

$$\hat{h}_{qo} \leq h_{qo} + \delta_{qo}^h, \quad q = 1, \cdots, H, \quad (6.9.3)$$

$$\delta_{qo}^h \geq 0, \quad q = 1, \cdots, H, \quad (6.9.4)$$

$$\sum_{i=1}^{m^v} P_i^v \delta_{io}^x + \sum_{q=1}^{H} P_q^2 \delta_{qo}^h \leq F_o, \qquad (6.9.5)$$

约束 (6.4.1), (6.4.2), (6.4.4) ~ (6.4.7), (6.4.9) ~ (6.4.15)

在模型式 (6.9) 中，与允许无财务限制的扩展不同，约束条件式 (6.9.2) 限制了用于扩展的资金上限。具体而言，F_o 表示评估的具体 DMU 从银行或相关金融机构借入的最大资金金额。在实践中，F_o 也可以解释为 DMU 的信贷额度。参数 α 表示能力扩展实践的融资成本。模型式 (6.9) 的目标函数旨在最大化评估的特定 DMU 的分配利润。模型式 (6.9) 目标函数的最后一项表示对所考察的 DMU 的担保贷款的利息。引入这一项的理由如下所述：理想的融资水平应为 $\sum_{i=1}^{m^v} P_i^v \delta_{io}^x + \sum_{q=1}^{H} P_q^2 \delta_{qo}^h$，如果 DMU_o 借入的资金超过此值，则多余的资金 $F_o - \left(\sum_{i=1}^{m^v} P_i^v \delta_{io}^x + \sum_{q=1}^{H} P_q^2 \delta_{qo}^h \right)$ 也可用于偿还贷款。因此，目标函数实际上可以写为 $\left(\sum_{l=1}^{L} Q_l^1 \hat{g}_{lo} - \sum_{i=1}^{m^v} P_i^v \hat{x}_{io}^v \right) + \left(\sum_{r=1}^{s} Q_r^2 \hat{y}_{ro} - \sum_{q=1}^{H} P_q^2 \hat{h}_{qo} \right) + \left(\sum_{i=1}^{m^v} P_i^v \delta_{io}^x + \sum_{q=1}^{H} P_q^2 \delta_{qo}^h \right) + F_o - \left(\sum_{i=1}^{m^v} P_i^v \delta_{io}^x + \sum_{q=1}^{H} P_q^2 \delta_{qo}^h \right) - \sum_{r=1}^{s} P_r^3 S_{ro}^+ - (1 + \alpha) F_o$。此公式中的第三项用于避免在评估扩展实践成本时的重复扣除。本节将目标函数构建如模型式 (6.9) 所示。以下的命题 6.2 提供了一个充分条件，使得存在严格正的 UCEE。

定理 6.2：对于任何评估下的 DMU_o，将 $(\hat{x}_{io}^{v*}, \hat{g}_{lo}^*, \hat{h}_{qo}^*, \hat{y}_{ro}^*, \delta_{io}^{x*}, \delta_{qo}^{h*}, \lambda_j^*, \mu_j^*, S_{ro}^{+*})$ 作为模型式 (6.9) 的最优解，并假设该决策单元面临正的融资成本（即 $\alpha > 0$），那么如果存在至少一个 $i \in \{1, \cdots, m^v\}$，使得 δ_{io}^x 严格大于零，即 $\delta_{io}^{x*} > 0$，或者存在至少一个 $q \in \{1, \cdots, H\}$，使得 δ_{qo}^h 严格大于零，即 $\delta_{qo}^{h*} > 0$，可以得到 $\pi_o^{UCE*} > \pi_o^{RCP*}$，即该决策单元表现出严格正的无限制能力扩张效应（VCEE）。

证明：本节通过反证法来证明命题 6.2。根据命题 6.1，可以得到 $\pi_o^{UCE*} \geq \pi_o^{RCP*}$。假设当存在至少一个 $i \in \{1, \cdots, m\}$ 或 $q \in \{1, \cdots, H\}$ 使得 δ_{io}^{x*} 严格大于零或 δ_{qo}^{h*} 严格大于 0 时，有 $\pi_o^{UCE*} = \pi_o^{RCP*}$。不失一般性的，假设 $\delta_{io}^{x*} > 0 (i \in \{1, \cdots, m\})$。通过比较模型式 (6.8) 和模型式 (6.9)，可以观察到 $(\hat{x}_{io}^{v*}, \hat{g}_{lo}^*, \hat{h}_{qo}^*, \hat{y}_{ro}^*, \delta_{io}^{x*}, \delta_{qo}^{h*}, \lambda_j^*, \mu_j^*, S_{ro}^{+*})$ 也是模型式 (6.8) 的一个可行解。因此，可以得到 $\pi_o^{UCE*} \geq \left(\sum_{l=1}^{L} Q_l^1 \hat{g}_{lo}^* - \sum_{i=1}^{m^v} P_i^v \hat{x}_{io}^{v*} \right) + \left(\sum_{r=1}^{s} Q_r^2 \hat{y}_{ro}^* - \sum_{q=1}^{H} P_q^2 \hat{h}_{qo}^* \right)$

$-\sum_{r=1}^{s}P_r^3S_{ro}^{+*}$。另外,由于$\delta_{io}^{x*}>0$,可以得到$0<\sum_{i=1}^{m^v}P_i^v\delta_{io}^{x*}+\sum_{q=1}^{H}P_q^2\delta_{qo}^{h*}\leq F_o$。结合上述结果,可以得到以下结论:

$$\pi_o^{UCE*}=\pi_o^{RCP*}>\left(\sum_{l=1}^{L}Q_l^1\hat{g}_{lo}^*-\sum_{i=1}^{m^v}P_i^v\hat{x}_{io}^{v*}\right)+\left(\sum_{r=1}^{s}Q_r^2\hat{y}_{ro}^*-\sum_{q=1}^{H}P_q^2\hat{h}_{qo}^*\right)-\sum_{r=1}^{s}P_r^3S_{ro}^{+*}-\alpha F_o.$$

继续证明,将模型式(6.4)的最优解表示为$(\hat{x}_{io}^{v*1},\hat{g}_{lo}^{*1},\hat{h}_{qo}^{*1},\hat{y}_{ro}^{*1},\lambda_j^{*1},\mu_j^{*1},S_{ro}^{+*1})$,定义对于所有$i\in\{1,\cdots,m^v\}$,有$\delta_{io}^{x*1}=0$,对于所有$q\in\{1,\cdots,H\}$,有$\delta_{qo}^{h*1}=0$。然后,可以验证$(\hat{x}_{io}^{v*1},\hat{g}_{lo}^{*1},\hat{h}_{qo}^{*1},\hat{y}_{ro}^{*1},\delta_{io}^{x*1},\delta_{qo}^{h*1},\lambda_j^{*1},\mu_j^{*1},S_{ro}^{+*1})$是模型式(6.9)的一个可行解。这表明存在一个可行解使得模型式(6.9)的目标值严格大于其最优目标函数值π_o^{FCP*},从而构成了矛盾。因此,始终有$\pi_o^{UCE*}>\pi_o^{RCP*}$。

命题6.2表明,只有存在严格正的UCEE时才会发生能力扩张。这是合理的,因为存在正的利息支付(即存在融资成本)。此外,值得注意的是,严格正的UCEE不一定意味着至少存在一个$i\in\{1,\cdots,m^v\}$使得δ_{io}^x严格为正,或至少存在一个$q\in\{1,\cdots,H\}$,使得δ_{qo}^h严格为正。为了探索这一点,转向模型式(6.9)的目标函数可知,与模型式(6.4)相比,$-\alpha F_o$是添加到模型式(6.9)中的附加项。此外,只要利率α和融资水平F_o严格为正,$-\alpha F_o$就严格为负。因此,如果附加的融资成本无法被严格正的UCEE抵消,就不会采用能力扩张,即对于所有$i\in\{1,\cdots,m^v\}$,$\delta_{io}^{x*}=0$,并且对于所有$q\in\{1,\cdots,H\}$,$\delta_{qo}^{h*}=0$。上述讨论的一个重要含义是,传统的扩展方法如果不考虑融资成本,很可能会导致对能力扩张实践的偏导,即在传统方法中会将导致利润损失的扩展实践视为有利可图。在这里,引入融资扩展实践使决策者面临一个权衡。一方面,决策者可以采取融资策略来实施能力扩张实践(产能潜力效应)。另一方面,决策者还需要承担申请相关贷款的额外成本(附加成本效应)。一旦附加成本效应被产能潜力效应抵消,那么即使存在可能的债务,能力扩张也是有利可图的。

类似地,可以进一步定义融资能力扩张效应(FCEE)为模型式(6.4)和式(6.9)确定的利润之间的差异,即$FCEE=\pi_o^{FCP*}-\pi_o^{RCP*}$。有趣的是,如果设置$F_o=0$,那么很容易观察到模型式(6.9)会退化为模型式(6.4)。然而,如果$F_o>0$,FCEE的符号可以是正、负或零。例如,如果融资选项对于DMU A而言并不具有利润性,那么相比于模型式(6.4),可能会产生额外的利息支出,即$\pi_o^{FCP*}<\pi_o^{RCP*}$。而如果融资选项对于DMU A而言具有利润

性，当融资水平适当确定时，可以得到 $\pi_o^{FCP*} \geqslant \pi_o^{RCP*}$。

利用模型式（6.9）确定的资源配置结果，可以如下定义新的无偏利润效率指标：

定义 6.4：（决策单元在 PS 阶段的无偏利润效率）决策单元在 PS 阶段的无偏利润效率被定义为

$$\widehat{PE}_j^1 = \frac{\sum_{l=1}^{L} Q_l^1 g_{lj} - \sum_{i=1}^{m^v} P_i^v x_{io}^v}{\sum_{l=1}^{L} Q_l^1 \widehat{g}_{lj}^* - \sum_{i=1}^{m^v} P_i^v x_{io}^{v*}} \tag{6.10}$$

其中，x_{io}^{v*} 和 $\widehat{g}_{lj}^*$ 表示模型式（6.9）对应变量的最优解。

定义 6.5：（决策单元在 TS 阶段的无偏利润效率）决策单元在 TS 阶段的无偏利润效率被定义为

$$\widehat{PE}_j^2 = \frac{\sum_{r=1}^{s} Q_r^2 y_{rj} - \sum_{q=1}^{H} P_q^2 h_{qj}}{\sum_{r=1}^{s} Q_r^2 \widehat{y}_{rj}^* - \sum_{q=1}^{H} P_q^2 \widehat{h}_{qj}^*} \tag{6.11}$$

其中，$\widehat{h}_{qj}^*$ 和 $\widehat{y}_{rj}^*$ 表示模型式（6.9）对应变量的最优解。

定义 6.6：（决策单元的系统无偏利润效率）决策单元的系统无偏利润效率被定义为

$$\widehat{PE}_j^N = \frac{\left(\sum_{l=1}^{L} Q_l^1 g_{lj} - \sum_{i=1}^{m^v} P_i^v x_{io}^v\right) + \left(\sum_{r=1}^{s} Q_r^2 y_{rj} - \sum_{q=1}^{H} P_q^2 h_{qj}\right)}{\pi_o^{FCP*}} \tag{6.12}$$

其中，π_o^{FCP*} 表示模型式（6.9）对应最优目标函数值。

与定义 6.1 至定义 6.3 中引入的利润效率度量不同，定义 6.4 至定义 6.6 所给出的无偏利润效率度量通常为决策者提供了一种更实用的决策技术，用于识别系统和两个子系统的利润效率来源。

第三节 贷款上下界

在本节中，将继续研究融资选择对资源配置的影响。为了实现该目标，回顾模型式（6.4），其中变量 S_{ro}^+ 仅在未能达到规制标准时有效（如相关目标产出低于预期）；即 $\widehat{y}_{ro} < (1+\theta) y_{ro}$。因此，当惩罚成本足够高时，最优的"利润" π_o^{RCP} 可能为负值。这与相关的环境政策一致，这些政策对不符合环境规制的成本要求较高。例如，一些企业在未能满足相关环境规制标准时

可能面临停产的风险。特别是两个原因导致了这种不符合规定的情况：第一个原因是规制标准过于严格（如 θ 设置得过高）。这可以解释为技术限制，在短期内无法改变。第二个原因与实施相应资源配置过程中可能存在的战略失败有关。例如，模型式（6.4）确定的资源配置方案可能会导致不符合给定规制水平的违规成本。然而，在模型式（6.9）确定的方案中，由于可能存在融资选择，变量 S_{ro}^+ 也无效，因为目标产出可以满足相关的规定标准。

然而，正如前面所述，由于财务限制，可能也会面临违规成本的压力。因此，提出如下模型来确定可能的债务下限 $F_o^{lower}(\theta)$，以确保单位能够满足给定的规制水平 θ。

$$F_o^{lower}(\theta) = \min \sum_{i=1}^{m^v} P_i^v \delta_{io}^x + \sum_{q=1}^{H} P_q^2 \delta_{qo}^h \qquad (6.13)$$

$$s.t. \ \hat{x}_{io}^v \leq x_{io}^v + \delta_{io}^x, \ i = 1, \cdots, m^v, \qquad (6.13.1)$$

$$\delta_{io}^x \geq 0, \ i = 1, \cdots, m^v, \qquad (6.13.2)$$

$$\hat{h}_{qo} \leq h_{qo} + \delta_{qo}^h, \ q = 1, \cdots, H, \qquad (6.13.3)$$

$$\delta_{qo}^h \geq 0, \ q = 1, \cdots, H, \qquad (6.13.4)$$

$$\hat{y}_{ro} \geq (1+\theta) y_{ro}, \ r = 1, \cdots, s, \qquad (6.13.5)$$

约束（6.4.1），（6.4.2），（6.4.4）~（6.4.7），（6.4.9），（6.4.11）~（6.4.15）

模型式（6.13）的目标函数旨在寻找能够防止当前 DMU 承担违反相关规定标准风险的最小贷款额。值得注意的是，如果将模型式（6.13）的目标函数替换为最大化 θ 的值，那么可以确定 DMU_o 能够承担的最大规制水平（记为 θ_o^{max}）。当政策制定者提出更严格的规定水平（如 $\theta > \theta_o^{max}$）时，很容易证明模型式（6.13）是不可行的，即单位必须在一定程度上违反相关规制标准。基于模型式（6.13），可以得出以下结果：

定理 6.3：给定环境规制水平 θ，使得模型式（6.13）可行（如 $\theta \leq \theta_o^{max}$），假设与第 r 个直接产出相关联的单位惩罚成本严格为正，即 $P_r^3 > 0$。对于评估的 DMU_o，设其模型式（6.13）的最优目标函数值为 $F_o^{lower*}(\theta)$，如果 $F_o < F_o^{lower*}(\theta)$，则在模型式（6.9）中将面临违反相关规制标准的情况，即 $\sum_{r=1}^{s} P_r^3 S_{ro}^+ > 0$。

证明：通过反证法完成命题 6.3 的证明。首先假设如果 $F_o < F_o^{lower*}(\theta)$，则 $\sum_{r=1}^{s} P_r^3 S_{ro}^{+*} = 0$。然后，将 $(\hat{x}_{io}^{v*}, \hat{g}_{lo}^*, \hat{h}_{qo}^*, \hat{y}_{ro}^*, \delta_{io}^{x*}, \delta_{qo}^{h*}, \lambda_j^*, \mu_j^*, S_{ro}^{+*})$

表示为模型式（6.9）的最优解。随后，通过比较模型式（6.9）和模型式（6.13），可以发现 $(\hat{x}_{io}^{v*}, \hat{g}_{lo}^{*}, \hat{h}_{qo}^{*}, \hat{y}_{ro}^{*}, \delta_{io}^{x*}, \delta_{qo}^{h*}, \lambda_{j}^{*}, \mu_{j}^{*})$ 是模型式（6.13）的可行解。因此，$F_o^{lower*}(\theta) \geqslant \sum_{i=1}^{m^v} P_i^v \delta_{io}^{x*} + \sum_{q=1}^{H} P_q^2 \delta_{qo}^{h*}$。然而，根据约束条件式（6.9.5），可知 $\sum_{i=1}^{m^v} P_i^v \delta_{io}^{x*} + \sum_{q=1}^{H} P_q^2 \delta_{qo}^{h*} \leqslant F_o < F_o^{lower*}(\theta)$。另外，存在一个可行解 $(\hat{x}_{io}^{v*}, \hat{g}_{lo}^{*}, \hat{h}_{qo}^{*}, \hat{y}_{ro}^{*}, \delta_{io}^{x*}, \delta_{qo}^{h*}, \lambda_{j}^{*}, \mu_{j}^{*})$ 使得模型式（6.13）可以达到一个更小的目标函数值 $\sum_{i=1}^{m^v} P_i^v \delta_{io}^{x*} + \sum_{q=1}^{H} P_q^2 \delta_{qo}^{h*}$，该值严格小于最优目标函数值 $F_o^{lower*}(\theta)$。这与 $F_o^{lower*}(\theta)$ 是模型式（6.13）的最优目标函数值的事实相矛盾。因此，命题6.3得证。

命题6.3具有一些有趣的管理启示。一方面，它为决策者提供了避免违反相关环境规制可能性的最低贷款下限。这在相关金融机构评估贷款申请时尤为有用。同时，它还为政策制定者提供了一种有用的决策技术，以制定相关的环境监管政策。另一方面，它进一步暗示融资选择不仅可以减轻可能的环境政策违规，还可以为有效的资源配置提供实用指导。有趣的是，如果将 θ 设置为0，则很容易验证所有DMU所需的最小债务额为零，即模型式（6.13）始终是可行的。

然而，用于资源配置的贷款并非越多越好，这是由于额外的融资成本所致。为了探索这一问题，首先定义如下模型式（6.14）：

$$\pi_o^{DP} = \max \left(\sum_{l=1}^{L} Q_l^1 \hat{g}_{lo} - \sum_{i=1}^{m^v} P_i^v \hat{x}_{io}^v \right) + \left(\sum_{r=1}^{s} Q_r^2 \hat{y}_{ro} - \sum_{q=1}^{H} P_q^2 \hat{h}_{qo} \right) -$$
$$\sum_{r=1}^{s} P_r^3 S_{ro}^+ - \alpha \times \left(\sum_{i=1}^{m^v} P_i^v \delta_{io}^x + \sum_{q=1}^{H} P_q^2 \delta_{qo}^h \right) \quad (6.14)$$

$s.t. \ \hat{x}_{io}^v \leqslant x_{io}^v + \delta_{io}^x, \ i = 1, \cdots, m^v,$ \quad (6.14.1)

$\delta_{io}^x \geqslant 0, \ i = 1, \cdots, m^v,$ \quad (6.14.2)

$\hat{h}_{qo} \leqslant h_{qo} + \delta_{qo}^h, \ q = 1, \cdots, H,$ \quad (6.14.3)

$\delta_{qo}^h \geqslant 0, \ q = 1, \cdots, H,$ \quad (6.14.4)

约束（6.4.1），（6.4.2），（6.4.4）~（6.4.7），（6.4.9）~（6.4.15）

模型式（6.14）假设所有DMU都具有足够的财力资源，没有融资限制。这类似于Tirole（1988）中描述的"长钱袋"或"深口袋"企业。通过求解模型式（6.14），并将其相应的最优目标函数值记为 π_o^{DP*}。接下来，得到以下模型式（6.15）：

$$F_o^{upper} = \min \sum_{i=1}^{m^v} P_i^v \delta_{io}^x + \sum_{q=1}^{H} P_q^2 \delta_{qo}^h \qquad (6.15)$$

$$s.t. \quad \hat{x}_{io}^v \leq x_{io}^v + \delta_{io}^x, \quad i = 1, \cdots, m^v, \qquad (6.15.1)$$

$$\delta_{io}^x \geq 0, \quad i = 1, \cdots, m^v, \qquad (6.15.2)$$

$$\hat{h}_{qo} \leq h_{qo} + \delta_{qo}^h, \quad q = 1, \cdots, H, \qquad (6.15.3)$$

$$\delta_{qo}^h \geq 0, \quad q = 1, \cdots, H, \qquad (6.15.4)$$

$$\left(\sum_{l=1}^{L} Q_l^1 \hat{g}_{lo} - \sum_{i=1}^{m^v} P_i^v \hat{x}_{io}^v \right) + \left(\sum_{r=1}^{s} Q_r^2 \hat{y}_{ro} - \sum_{q=1}^{H} P_q^2 \hat{h}_{qo} \right) -$$

$$\sum_{r=1}^{s} P_r^3 S_{ro}^+ - \alpha \times \left(\sum_{i=1}^{m^v} P_i^v \delta_{io}^x + \sum_{q=1}^{H} P_q^2 \delta_{qo}^h \right) \geq \pi_o^{DP*}, \qquad (6.15.5)$$

约束 (6.4.1), (6.4.2), (6.4.4) ~ (6.4.7), (6.4.9) ~ (6.4.15)

模型式 (6.15) 确定了确保最大 "利润" 的可能债务的理想上限。如果用于资源配置的贷款额超过此上限，则存在与获得的资金对应的拥堵情况。

第四节　应用研究

在本节，首先对中国省际两阶段 "生产—污染控制" 系统进行概述；其次，对中国省际两阶段 "生产—污染控制" 系统评价两阶段指标体系进行确定，同时指明相应投入、产出指标变量及相关数据来源；再次，运用上一节提出的方法对中国省际两阶段 "生产—污染控制" 系统投资潜能进行分析；最后，根据实证结果提出相应管理启示和政策意见。

一、背景介绍

解决水资源污染问题是实现可持续发展的重要环节。改革开放 40 多年，中国经济取得了巨大的成就，国内生产总值从 1978 年的 3678.7 亿元增长到 2018 年的 919281.1 亿元。然而，中国经济的高速增长是有代价的，近年来，水资源污染、空气污染、季节性雾霾等环境污染问题成为影响中国经济可持续发展的重要问题。其中，水资源污染问题是关系国计民生的重点问题之一，根据联合国报告指出，水资源污染问题背后将直接影响中国粮食安全问题，因此，如何协调经济发展与水资源污染问题成为理论界和实践界关注的热点和重点。

从本章研究背景部分可知，DEA 方法在解决水资源污染等环境问题方面扮演着重要的角色。依赖 DEA 的事后评价功能，决策者可以根据效率评价结果，因地制宜，提出相应改善水资源污染问题政策意见和建议。然而，此类事后评价研究无法为决策者或管理者提供关于即时信息的政策指导。虽然传统 DEA 方法本质上可以通过为无效决策单元提供投影或标杆信息来帮助相关决策单元制定未来生产分配方案提供理论指导，但此类研究要求可利用的资源不能超过当前水平，这类研究主要还是从事后控制角度对当前观测数据的生产情况进行再配置。但在实际中，现有资源即可能大于当前水平也有可能小于当前水平。当现有资源等于当前水平时，发现现有理论模型可能出现无解的情形。更重要的是，将资源限定在当前观测水平之下实际上也可能与现实不相符，例如，当政府对企业或组织规制了相应的减排要求下限之后，企业为了避免不达标的惩罚，可能会进行着手投资相应的污染减排技术，以满足规制要求的污染减排任务。另外，还有部分研究倾向于从能力利用的角度研究污染减排与处置问题，即模型假定可变投入无限制。实际上，资源是有限的。研究从能力利用角度考虑生产扩张的可能性，忽略了一个重要问题，即生产扩张是有成本的，换句话说，该研究混淆了内部融资与外部融资的区别。基于上述背景，本节旨在从非参数角度研究我国省际生产和水资源污染控制两阶段系统的最优资源配置决策。不同于以往研究忽略外部融资可能性，本节将从事前控制角度，分析可能的外部融资对实现各省水资源污染控制，以及经济效益最大化等目标的影响。此外，本节还对我国各省的水资源污染控制潜能及经济增长潜能进行了估计，并从分散式和集中式视角确定了各省用于污染控制的信贷额度上下界。最后，根据估计结果，为改善我国省际生产和水资源污染控制两阶段系统提出了政策意见和建议。

二、指标及数据来源

本书数据主要包含我国 30 个省（自治区、直辖市）工业部门数据，由于数据缺失及限于数据的可获得性等原因，我国的西藏自治区、台湾地区、香港地区、澳门地区等暂不考虑。此外，根据我国行政区域划分，30 个区域可以分为东、中、西三个区域（Yu et al., 2019），具体区域分组详见表 6.2。

表 6.2　　　　　　　　　　区域划分

区域	省（自治区、直辖市）
东部地区	北京市、天津市、河北省、辽宁省、上海市、江苏省、浙江省、福建省、山东省、广东省、海南省
中部地区	山西省、吉林省、黑龙江省、安徽省、江西省、河南省、湖北省、湖南省

续表

区域	省（自治区、直辖市）
西部地区	内蒙古自治区、广西壮族自治区、重庆市、四川省、贵州省、云南省、陕西省、甘肃省、宁夏回族自治区、新疆维吾尔自治区、青海省

资料来源：Yu A, You J, Rudkin S, et al. Industrial Carbon Abatement Allocations and Regional Collaboration: Re-Evaluating China Through a Modified Data Envelopment Analysis [J]. Applied Energy, 2019, 233: 232-243.

现有研究关于生产和污染控制系统做了大量工作，参考现有研究（Wu et al., 2020），关于中国省际生产和污染控制系统结构见图 6.2。对于生产阶段的投入指标来讲，本章主要根据道格拉斯生产函数，同时基于已有研究（Wu et al., 2020），一方面考虑人力、资本、能源消费三个常用的投入变量；另一方面，针对中国水资源污染控制特殊背景加入水资源使用量。本节主要考虑中国工业行业的"生产—水资源污染控制"情况，主要原因：一方面，中国工业部门是中国经济的重要组成部分；另一方面，工业部门是高污染、高排放产业。因此，研究工业部门的"生产—污染控制"无论从理论角度还是实践角度都显得十分必要（Han et al., 2018）。此外，限于数据的可获得性，本节使用各省规模以上工业企业的平均用工人数作为人力的代理变量。根据《中国工业统计年鉴 2016》关于固定资产合计的介绍如下："固定资产合计指企业为生产商品、提供劳务、出租或经营管理而持有的、使用寿命超过一个会计年度的有形资产。包括使用期限超过一年的房屋、建筑物、机器、机械、运输工具以及其他与生产、经营有关的设备、器具、工具等。来源于会计'资产负债表'中'固定资产'项目的期末余额数。"水资源使用量主要采用工业用水量作为代理变量，主要用于衡量工业行业水资源使用情况。能源消费统计年鉴中并没有直接给出各省工业行业的能源消费数据，在公布的各省能源平衡表第四项列出了各终端消费量情况，其中包括农、林、牧、渔、水利业，以及工业行业的终端消费具体情况。而且，工业行业单列出了具体的消费数据。据此，通过搜集所有省份此科目消费数据来估计工业行业的能源消费量。参考第五章的做法，本章采用以下能源产品消费量来估计具体工业行业的能源消费量，即煤炭、焦炭、汽油、煤油、柴油、燃料油以及天然气等。最后，根据上述能源产品消费量折算成标准煤，具体折算方法参考《中国能源统计年鉴 2016》附录 4 中各种能源折标准煤参考系数来计算得到。参考已有研究（Kerstens 等，2019），除固定资产合计作为固定投入以外，其余三个指标假设为可变投入。

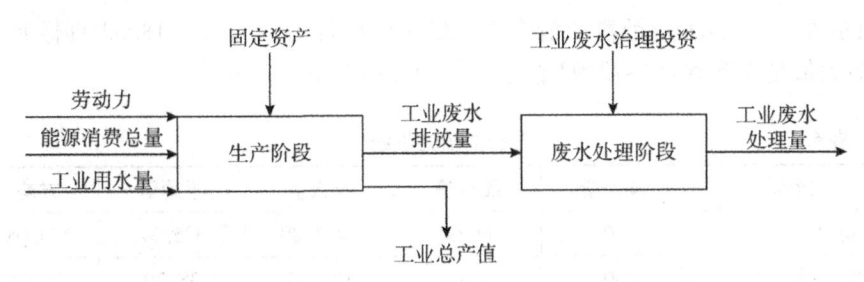

图 6.2 工业"生产—废水处理"两阶段系统示意图

需要特别说明的是，在实际中，经济生产过程除废水排放和处置以外还包括其他污染物的排放（比如二氧化碳排放、二氧化硫排放、固体废弃物排放等）。但是限于数据的可得性，同时为了聚焦本章主要研究贡献。当然，在数据可得的前提下，本章研究范式可以扩展至更一般的污染物处置系统设计中。此外，对于废水处理阶段来讲，它的投入项来自两方面：一方面即为第一阶段的中间产出即工业废水排放量；另一方面，还包括相应污染的治理投入，比如设备、技术、人力等投入。为此，选用工业废水治理费用作为此项目的代理变量（Wu et al., 2020）。表 6.3 给出了所有指标的汇总以及简要介绍。

表 6.3   指标汇总

类型	指标	单位
第一阶段可变投入	劳动力（X1） 能源消费（X2） 工业用水量（X3）	万人 百万吨标准煤 亿立方米
第一阶段固定投入	固定资产（FX）	百亿元
中间产出（作为最终产出）	工业销售产值（IOV）	百亿元
中间产出（作为第二阶段投入）	工业废水排放量（IWE）	百万吨
第二阶段外源投入	工业废水治理费用（IWI）	亿元
第二阶段最终产出	工业废水处理量（IWA）	百万吨

从表 6.4 可以看出，劳动力、固定资产、工业销售产值数据来源于《中国工业统计年鉴 2016》，工业用水量、工业废水排放量和工业废水处理量数据来源于《中国环境统计年鉴 2016》，能源消费量数据来源于《中国能源统计年鉴 2016》。不同省份之间相应指标的差异性比较大，以固定资产指标为例，最小值为 12.22 百亿元（查统计年鉴可知为海南省），最大值为 399.14 百亿元

（山东省）。而就工业销售产值来讲，最小值同样为海南省（18.33 百亿元），而最大值是江苏省（1473.92 百亿元）而非山东省。

表 6.4　　　　　　　　　　数据的描述性统计

指标	样本量	最小值	最大值	平均值	方差
劳动力	30	11.64	1463.80	325.77	345.08
能源消费	30	3.10	124.55	38.20	26.64
工业用水量	30	2.90	239.00	44.45	48.13
固定资产	30	12.22	399.14	125.70	91.67
工业销售产值	30	18.33	1473.92	367.97	384.54
工业废水治理费用	30	0.09	16.49	3.94	4.17
工业废水排放量	30	68.79	2064.27	664.83	530.39
工业废水处理量	30	64.74	5981.93	1481.58	1364.54

三、研究结果

首先描述相关模型的参数设置。为了便于说明，所有利润单位都设置为 100 亿元人民币。在实践中，准确估计每个指标的市场价格相对较复杂。因此，根据现有的统计数据估算每个指标的价格。例如，根据《中国统计年鉴 2016》，2015 年，中国城镇职工平均年薪为 62029 元/年。据此，劳动价格定为每千人 0.62029 亿元。此外，根据能源统计年鉴中给出的电力换算系数为 0.1229 kgce/kWh，据此可以确定能源价格为 65.094 亿元/百万吨标准煤。此外，工业用水价格设置在每亿立方米 10 亿元，工业废水处理单位价值定为百万吨 0.5 亿元。

表 6.5 呈现了在没有融资选择的情况下的资源配置结果。为方便起见，假设融资成本 $\alpha = 0.1$。此外，还假定政府在这个阶段确实实施了更严格的监管标准，即 $\theta = 0$。表 6.5 的第 2 列显示了每个省地区当前观察到的"利润"。第 3~第 4 列描述了模型式（6.4）确定的资源配置结果，而第 5~第 6 列显示了模型式（6.8）确定的资源配置结果。通过分析表 6.5 中的结果，可以得出以下结论。

（1）与当前观察到的资源配置结果相比，相关的"利润"指标平均改善了 25.27%；这表明通过更有效地分配资源，当前的计划可以进行优化。具体而言，根据表 6.5 的第 4 列，江苏省、山东省、海南省和青海省四个地区的利润效率达到了 1，表明它们的资源配置在一定程度上运行有效。

(2) 对于所有地区，从模型式 (6.8) 得出的资源配置结果不低于从模型式 (6.4) 得出的结果，这表明所有地区均具有非负的 UCEE（约束能力效率上限），这符合命题 6.1 的预期。具体而言，对于青海省，根据定义 6.3，其整体利润效率从 1 降至 0.2093（16.46÷78.65）。这表明传统的受限资源配置方法未能识别出利润的低效率，因此有必要考虑可能的能力扩展实践。

(3) 通过比较表 6.5 的第 4 列和第 6 列，可以观察到，除了天津市、江苏省、浙江省、福建省、广东省、广西壮族自治区和海南省这 7 个地区外，其他地区都表现出了严格正的 UCEE（约束能力效率上限）。这表明大多数地区（30 个中的 23 个）只要能够合理分配足够的资源，就可以从能力扩展中获益。

表 6.5 在无融资选择的情况下的资源配置结果

决策单元	π_j^{before} (100 亿元)	π_j^{RCP} (100 亿元)	$\dfrac{\pi_j^{RCP} - \pi_j^{before}}{\pi_j^{before}}$ (%)	π_j^{UCE} (100 亿元)	$\dfrac{\pi_j^{UCE} - \pi_j^{before}}{\pi_j^{before}}$ (%)
北京市	164.04	164.64	0.37	165.00	0.59
天津市	254.25	257.35	1.22	257.35	1.22
河北省	377.04	464.46	23.19	733.17	94.45
山西省	80.40	288.66	259.05	406.93	406.17
内蒙古自治区	148.08	155.02	4.68	369.49	149.51
辽宁省	286.82	296.05	3.22	575.95	100.81
吉林省	200.08	209.03	4.47	269.82	34.86
黑龙江省	100.99	106.51	5.47	252.82	150.35
上海市	283.22	294.32	3.92	327.58	15.66
江苏省	1349.63	1349.63	0.00	1349.63	0.00
浙江省	583.47	597.87	2.47	597.87	2.47
安徽省	339.3	436.29	28.59	493.75	45.52
福建省	354.2	375.95	6.14	375.95	6.14
江西省	270.9	292.07	7.81	317.55	17.22
山东省	1332.39	1332.39	0.00	1338.2	0.44
河南省	659.22	824.76	25.11	934.66	41.78

续表

决策单元	π_j^{before} (100亿元)	π_j^{RCP} (100亿元)	$\dfrac{\pi_j^{RCP}-\pi_j^{before}}{\pi_j^{before}}$ (%)	π_j^{UCE} (100亿元)	$\dfrac{\pi_j^{UCE}-\pi_j^{before}}{\pi_j^{before}}$ (%)
湖北省	390.90	465.72	19.14	540.29	38.22
湖南省	320.49	363.13	13.3	388.94	21.36
广东省	1089.23	1104.41	1.39	1104.41	1.39
广西壮族自治区	187.50	198.43	5.83	198.43	5.83
海南省	13.69	13.69	0.00	13.69	0.00
重庆市	182.45	237.11	29.96	254.30	39.38
四川省	336.52	517.20	53.69	594.64	76.70
贵州省	80.79	139.64	72.84	190.60	135.93
云南省	74.98	82.41	9.91	315.46	320.72
陕西省	167.64	256.84	53.21	382.70	128.29
甘肃省	53.48	88.31	65.14	178.71	234.18
青海省	16.46	16.46	0.00	78.65	377.73
宁夏回族自治区	22.65	25.54	12.74	101.04	346.05
新疆维吾尔自治区	53.72	78.02	45.22	307.65	472.64
平均值	325.82	367.73	25.27	447.18	108.85
标准差	354.60	356.19	48.84	341.66	139.83

表 6.6 报告了根据模型（6.9）得到的结果。具体而言，第 2 至第 5 列列出了对应于劳动力、能源消耗、工业用水消耗和工业废水处理投资的扩展资源量。第 5 至第 6 列展示了各个地区的利润，以及与当前观察到的利润水平相比的增长率。一方面，值得注意的是，对于那些没有表现出严格正的 UCEE（无约束能力效率上限）的所有地区，它们都选择依靠当前观察到的资源而不是从外部融资渠道获取资金。这进一步验证了命题 6.2 的预测。另一方面，正如预期的那样，所有地区在无约束资源配置方案下的利润增长率都大于或

等于本节提出的融资资源配置方案确定的增长率。这表明仅依靠无约束资源配置方法可能会高估相关的利润效率。例如，辽宁省在无约束资源配置方案下的利润增长水平为100.81%，而在融资资源配置方案下为99.75%。差异不显著的原因是假设所有地区都是"长钱包"或"财力雄厚"的决策单元，因此没有任何财务约束。下一小节将进一步探讨财务约束对资源配置结果的影响。

表6.6　　　　　　　　存在融资选项时的资源配置结果

决策单元	X1（万人）	X2（百万吨标煤）	X3（亿立方米）	IIWT（亿元）	π_j^{FCP}（百亿元）
北京市	0.00	0.00	0.00	1.04	165.00
天津市	0.00	0.00	0.00	0.00	257.35
河北省	349.25	0.00	23.21	0.00	730.77
山西省	67.40	0.00	0.00	0.00	406.52
内蒙古自治区	114.51	0.00	0.00	0.00	368.78
辽宁省	433.09	0.00	35.30	0.00	572.91
吉林省	167.79	0.00	1.52	0.20	268.77
黑龙江省	169.71	0.49	0.00	0.00	251.74
上海市	159.52	0.24	0.00	0.00	326.58
江苏省	0.00	0.00	0.00	0.00	1349.63
浙江省	0.00	0.00	0.00	0.00	597.87
安徽省	281.08	0.00	0.00	0.00	492.01
福建省	0.00	0.00	0.00	0.00	375.95
江西省	105.30	0.00	0.00	0.00	316.90
山东省	0.00	0.00	0.00	2.43	1338.20
河南省	363.17	0.00	23.34	0.00	932.18
湖北省	337.60	0.00	0.00	0.00	538.20
湖南省	143.71	0.00	0.00	0.00	388.05
广东省	0.00	0.00	0.00	0.00	1104.41
广西壮族自治区	0.00	0.00	0.00	0.00	198.43
海南省	0.00	0.00	0.00	0.00	13.69
重庆市	96.07	0.00	0.00	0.00	253.70

续表

决策单元	X1（万人）	X2（百万吨标煤）	X3（亿立方米）	IIWT（亿元）	π_j^{FCP}（百亿元）
四川省	173.66	0.00	0.00	0.00	593.56
贵州省	122.28	0.00	0.00	0.37	189.84
云南省	288.00	0.00	7.04	0.00	313.60
陕西省	71.87	0.00	0.00	0.00	382.26
甘肃省	76.88	0.00	0.00	0.67	178.23
青海省	31.97	0.00	0.66	0.00	78.45
宁夏回族自治区	72.62	0.00	4.83	0.00	100.55
新疆维吾尔自治区	172.42	0.00	0.91	0.00	306.57
平均值	126.60	0.02	3.23	0.16	446.36
标准差	127.28	0.10	8.50	0.49	341.57

为了进一步证明本章提出的资源配置方法的优越性，表6.7比较了受限制型和融资资源配置方案之间的利润效率得分。

（1）受限制的无融资资源配置方案模型（6.4）的平均系统和阶段利润效率得分高于考虑融资的资源配置方案模型（6.9）的得分。这表明传统的资源配置方案可能通过忽视融资选项的潜在益处而高估相关的利润效率。例如，青海省在模型式（6.4）中的系统利润效率为1.0000，而在模型式（6.9）中其利润效率得分为0.2099，被评为低效。

（2）两种策略的结果表明，PS的平均利润效率高于TS的平均利润效率，这意味着决策者需要更加关注改善大多数地区TS的利润效率。然而，对于某些特定地区，情况并不一致。例如，山西省在限制型资源配置策略下，PS的利润效率得分为0.2741，而TS的利润效率得分为0.3774，这表明TS的利润改进潜力大于PS。有趣的是，在考虑融资的资源配置方案中也得出了类似结论。例如，在河北省、山西省、辽宁省、黑龙江省、贵州省、云南省、青海省、宁夏回族自治区和新疆维吾尔自治区等，PS的利润效率得分低于TS的利润效率得分，这表明融资策略可以有效提高这些地区的利润效率，相较于忽视融资选项的保守方案而言。特别地，在贵州省的情况下，两个阶段的利润效率与保守策略相比均有所下降，这说明融资选项不仅通过改善资源配置，还提供了一种促进可持续性的有益方式，在一定程度上实现了"双赢"的局面。

表 6.7　　限制型资源配置与融资资源配置的结果比较

决策单元	限制型资源配置结果			融资资源配置结果		
	PE_j^N	PE_j^1	PE_j^2	PE_j^N	PE_j^1	PE_j^2
北京市	0.9964	1.0000	0.4520	0.9942	1.0000	0.3390
天津市	0.9880	1.0000	0.3538	0.9880	1.0000	0.3538
河北省	0.8118	0.7988	1.0000	0.5159	0.4936	1.0000
山西省	0.2785	0.2741	0.3774	0.1978	0.1920	0.3774
内蒙古自治区	0.9553	1.0000	0.3333	0.4016	0.4027	0.3333
辽宁省	0.9688	1.0000	0.6483	0.5006	0.4908	0.6483
吉林省	0.9572	1.0000	0.2114	0.7444	0.7650	0.2101
黑龙江省	0.9482	1.0000	0.4801	0.4012	0.3959	0.4801
上海市	0.9623	1.0000	0.2151	0.8672	0.8939	0.2151
江苏省	1.0000	1.0000	1.0000	1.0000	1.0000	1.0000
浙江省	0.9759	1.0000	0.4373	0.9759	1.0000	0.4373
安徽省	0.7777	0.7965	0.4288	0.6896	0.6994	0.4288
福建省	0.9421	1.0000	0.2439	0.9421	1.0000	0.2439
江西省	0.9275	0.9783	0.3600	0.8549	0.8934	0.3600
山东省	1.0000	1.0000	1.0000	0.9957	1.0000	0.7409
河南省	0.7993	0.8150	0.3345	0.7072	0.7163	0.3345
湖北省	0.8393	0.8622	0.4444	0.7263	0.7373	0.4444
湖南省	0.8826	0.9081	0.5240	0.8259	0.8439	0.5240
广东省	0.9863	1.0000	0.3792	0.9863	1.0000	0.3792
广西壮族自治区	0.9449	1.0000	0.4419	0.9449	1.0000	0.4419
海南省	1.0000	1.0000	1.0000	1.0000	1.0000	1.0000
重庆市	0.7695	0.7971	0.1635	0.7192	0.7409	0.1635
四川省	0.6506	0.6655	0.3231	0.5669	0.5754	0.3231
贵州省	0.5786	0.5824	0.5162	0.4255	0.4201	0.5079
云南省	0.9099	1.0000	0.4620	0.2391	0.2274	0.4620
陕西省	0.6527	0.6699	0.2713	0.4385	0.4430	0.2713

续表

决策单元	限制型资源配置结果			融资资源配置结果		
	PE_j^N	PE_j^1	PE_j^2	PE_j^N	PE_j^1	PE_j^2
甘肃省	0.6055	0.6262	0.2205	0.3000	0.3017	0.2095
青海省	1.0000	1.0000	1.0000	0.2099	0.1959	1.0000
宁夏回族自治区	0.8870	1.0000	0.2694	0.2253	0.2223	0.2694
新疆维吾尔自治区	0.6886	0.7329	0.2980	0.1752	0.1714	0.2980
平均值	0.8561	0.8836	0.4730	0.6520	0.6607	0.4599
标准差	0.1695	0.1773	0.2623	0.2933	0.3049	0.2497

第五节 本章小结

在本章中，我们主要研究了在考虑环境因素的情况下，融资决策与生产计划之间的相互关系。研究动机源于现实情况，许多企业在资源配置方面受到有限资源的限制。不同于传统的参数化生产规划框架，本章提出了一种基于数据驱动的两阶段 FRA-DEA 框架的新方法。研究表明，融资扩张实践能够提高决策单元的利润。此外，本章还确定了可能的贷款水平上下限，为避免投资不足或过度投资问题提供了指导。理论研究表明，融资扩张实践不仅可以减少传统资源配置中常见的低效率问题，还可以在协调生产与可持续性方面实现"双赢"局面。最后，通过对工业生产和废水处理系统的实证研究，验证了所提出方法的有效性。

未来研究可以考虑以下几个方面：①本章的模型仅考虑了单期生产规划。因此，未来的研究可以扩展本章的模型，探索融资对多期情景下资源配置的影响。②本章假设所有生产的产出都能够完全销售，没有库存过剩或未实现的需求。然而，在现实中，受市场缺陷或信息不对称的限制，生产的产出未必能够完全销售。因此，研究如何在非参数框架下考虑不确定性对资源配置决策的影响将是一个有趣的课题。③本章的数据仅涵盖地区工业生产和废水处理系统。将本章的研究应用于其他行业或企业，以评估本章所提出方法的有效性也是非常有价值的。

第七章 结论与展望

第一节 研究结论

资源配置研究的是如何有效利用资源的问题。近年来,非参数 DEA 方法因其客观性和灵活性而被广泛应用于包括资源配置在内的各类实际问题中。然而,以往基于 DEA 方法的资源配置相关研究往往忽略了融资约束等问题。因此,本书旨在建立一个考虑融资约束的非参数资源配置 DEA 框架,并得出以下主要研究结论:

(1) 在基准章节中,本书发现在不考虑融资约束的情况下,传统的资源配置 DEA 模型可能会出现无解情况,尤其是在目标设定过程中。此外,即使在确保模型存在可行解的前提下,不考虑融资约束的情形其配置后利润也偏低。通过分析,本书发现采取融资扩张策略对于具有"融资利润递增"特征的决策单元来说,有利于提高利润并增强竞争力。对于具有"融资利润不变"特征的决策单元而言,尽管融资扩张策略无法增加利润,但为了获得更大的市场份额,外部融资扩张策略仍然是可行的。然而,对于具有"融资利润递减"特征的决策单元来说,采取外部融资扩张策略会导致利润下降,因为这些企业可能存在资源冗余的情况。在这种情况下,继续融资扩张并不能提高利润。

(2) 在考虑需求不确定性的资源配置 DEA 模型构建过程中,外部融资决策对资源配置的重要性得到了验证。具体而言,当产出需求量较低时,内部资源通常能够满足相应需求,因此考虑融资约束与否对利润影响较小。然而,当产出需求量较高时,考虑外部融资决策的资源配置方案明显优于不考虑外部融资的情况。因此,在高需求场景下,传统的资源配置决策会导致投资不足。此外,通过进一步考虑集中式管理情境,本书还发现在需求不确定的情况下,实施集中式管理具有潜在的优势。一方面,通过集中式组织的强大议价能力,决策单元可以获得更低的融资成本。因此,在高需求场景下,更容易吸引决策单元进行外部融资活动,从而促进实体经济与资本市场的共同繁荣。另一方面,由于集中式管理的优势,原本存在资源冗余的决策单元有机会将过剩资源重新分配给其他需要的决策单元,从而避免资源拥塞和浪费的问题。

(3) 在融资"碳减排"分配方面的研究中,本书发现传统基于碳排放配额交易的分配机制存在供需不匹配的问题。为了解决这个问题,本书构建了一种分散式"碳减排"FRA-DEA模型,并引入了基于满意度概念的协调型"碳减排"任务分配DEA模型。同时,本书还在分散式"碳减排"FRA-DEA模型的基础上考虑了集中式管理情境下的减排任务分配综合模型,并分析了集中式管理的潜在优势。此外,通过对中国省际"碳减排"任务分配的实证研究,本书发现中国在2015年的"碳减排"任务分配仍有改进的空间。除了消除传统技术性无效率,实现有效的"碳减排"任务分配还需要充分利用内外部资源。适时引入外部融资扩张策略有助于同时实现减排目标和工业企业的经济利益。

(4) 在两阶段FRA-DEA模型构建及应用方面,本书首先从理论上证明了在资源不受限情况下,个体决策单元存在潜在的污染处置收益增长可能性。基于这一观点,本书提出了一个以利润最大化为目标的两阶段FRA-DEA模型。同时,本书探讨了信贷额度对有效资源配置过程的影响,并发现存在信贷额度下界,通过确保两阶段系统的生产连续性,避免了生产中断的情况。此外,本书还确定了能够保证两阶段生产系统分配后利润最大化的信贷额度上界,并从理论上分析了可能出现的过度投资行为。此外,通过对中国工业生产和废水处理的两阶段系统进行实证研究,本书发现中国各省的工业废水处理潜力较大。分析得出,中国各省在2015年的工业废水处理量理论上可以增长209.88%。此外,通过进一步分析外部融资决策对有效的工业生产和废水处理两阶段系统资源配置过程的影响,本书发现对于扩张潜力较大的地区(如山东省、北京市),考虑外部融资决策可以带来策略型正向收益,即高于不考虑外部融资情况的效果。

第二节 研究展望

本书的研究从理论和应用角度深入探讨了外部融资决策对基于DEA的资源配置过程的影响。通过结合实践经验和DEA领域的现有研究成果,本书的研究工作还可以具体从以下几个方面进行完善和扩展。

(1) 对于FRA-DEA方法来说,其分配机制假设所有决策单元在实施资源配置方案后都能达到帕累托最优效率。然而,现实中存在着一些决策单元效率较低,他们可能会对资源配置方案产生抵制。为了解决这个问题,未来的研究可以参考 Fang（2015）的渐进式资源配置机制，逐步引导决策单元接受最终理想的资源配置结果。此外，本书所提出的 FRA-DEA 方法在实施资源配置方案之前需要获取完整的价格信息。然而，Chen 和 Zhu（2011）指出，在变动的市场中，价格信息通常是不完全的。因此，未来的研究可以在本书的基础上进一步探讨在价格信息不完全的情况下的资源配置问题以及相关的挑战。

（2）在研究需求效应对资源配置决策的影响过程中，本书主要聚焦于单周期生产系统。然而，在现实中存在多周期生产系统，对于这种系统而言，单周期模型中的资源配置结果可能不够有效。单周期模型假设有效的生产过程不会有库存或销量损失，但对于多周期系统来说，特定周期的库存可能是为了应对生产能力不足或价格波动而设置的。因此，库存决策对多周期系统的整体利益可能更加优化。基于这一观点，未来的研究可以在本书第四章的基础上进一步扩展，探讨多周期生产系统的资源配置问题。通过对多周期生产系统的研究，可以更准确地把握资源配置与需求效应之间的关系，并为实际应用提供更有针对性的建议。这将有助于组织在多周期环境下做出更合理、更优化的资源配置决策。

（3）在研究外部融资对"碳减排"任务分配的影响时，本书主要从收益最大化的视角进行探讨。然而，在实际生产过程中，成本方面（如可变投入）也可能对最优的"碳减排"任务分配结果产生影响。因此，未来的研究可以在获取价格信息的前提下，进一步从"利润"最大化的角度研究碳减排任务分配中收益与成本之间的权衡。此外，本书所考虑的碳减排任务分配过程仅涉及单个周期情况。然而，众所周知，实际碳减排任务分配和配额交易涉及空间分配的可能性及跨期结转因素。因此，未来的研究可以借鉴 Wang 等（2016）提出的"空间-跨期"碳排放交易模型，将本书提出的单周期"碳减排"FRA-DEA 模型扩展到多周期模型，以提供关于工业企业或各省实施有效"碳减排"任务分配的空间和跨期角度的理论指导和政策建议。

（4）在研究两阶段 FRA-DEA 模型的构建和实际应用过程中，本书主要探讨了外部融资决策对工业"生产—废水处理"系统资源配置的影响。然而，根据本书第二章对两阶段 DEA 的文献综述可知，现实中还存在其他网络结构的系统，例如平行系统、包含共享投入的两阶段系统以及其他具有网络结构的系统。因此，从应用角度来看，未来的研究可以将本书提出的 FRA-DEA 研究范式应用于这些不同网络结构的资源配置或效率分析过程中。此外，针对可能存在的数据不准确性情况，未来的研究可以将本书的研究范式与现有的不准确 DEA 框架相结合，构建相应的不准确两阶段 FRA-DEA 模型，并以此深入讨论在不准确情境下的融资资源配置问题。

参考文献

[1] 毕功兵,毛秋立,丁晶晶.基于DEA的动态资源分配——生产计划中的应用[J].电子科技大学学报(社科版),2013,15(05):46-51.

[2] 柴磊,赵定涛.基于DEA的并联生产系统效率评价与资源分配[J].中国科学技术大学学报,2016,46(11):939-945.

[3] 陈容,干胜道.权衡理论与优序融资理论的比较研究[J].商业研究,2008(05):37-39.

[4] 崔玉泉,张宪,芦希,等.随机加权交叉效率下的资源分配问题研究[J].中国管理科学,2015,23(01):121-127.

[5] 杜立民.我国二氧化碳排放的影响因素:基于省级面板数据的研究[J].南方经济,2010(11):20-33.

[6] 盖庆恩,朱喜,史清华.劳动力市场扭曲,结构转变和中国劳动生产率[J].经济研究,2013(05):87-97.

[7] 李延喜,郑春艳,包世泽,等.权衡理论与优序融资理论的解释力研究:来自中国上市公司的经验证据[J].管理学报,2007(01):108-113.

[8] 林坦,宁俊飞.基于零和DEA模型的欧盟国家碳排放权分配效率研究[J].数量经济技术经济研究,2011,28(3):36-50.

[9] 卢太平,张东旭.融资需求,融资约束与盈余管理[J].会计研究,2014(01):35-41.

[10] 罗知,张川川.信贷扩张,房地产投资与制造业部门的资源配置效率[J].金融研究,2015(07):60-75.

[11] 屈耀辉,傅元略.优序融资理论的中国上市公司数据验证——兼对股权融资偏好再检验[J].财经研究,2007(02):108-118.

[12] 石敏俊,袁永娜,周晟吕,等.碳减排政策:碳税、碳交易还是两者兼之?[J].管理科学学报,2013,16(09):9-19.

[13] 童盼,陆正飞.负债融资,负债来源与企业投资行为——来自中国上市公司的经验证据[J].经济研究,2005(05):75-84.

[14] 王明喜,鲍勤,汤铃,等.碳排放约束下的企业最优减排投资行为

[J]．管理科学学报，2015，18（06）：41-57．

[15] 王鹏，谢丽文．污染治理投资、企业技术创新与污染治理效率[J]．中国人口·资源与环境，2014，24（09）：51-58．

[16] 武红．中国省域碳减排：时空格局，演变机理及政策建议——基于空间计量经济学的理论与方法[J]．管理世界，2015（11）：3-10．

[17] 杨国梁，刘文斌，郑海军．数据包络分析方法（DEA）综述[J]．系统工程学报，2013，28（06）：840-860．

[18] 杨志华，张倩伟．含模糊数据决策单元间的资源分配问题——基于DEA和Shapley值的研究[J]．系统工程理论与实践，2016，36（03）：719-725．

[19] 曾文江，杨锋．考虑可实现性和管理目标的带有非期望产出的生产计划决策——基于数据包络分析的研究[J]．中国科学技术大学学报，2020，50（07）：940-949．

[20] 张晓明，王应明，施海柳．效率视角下创新型企业关键资源优化配置研究[J]．科研管理，2018，39（05）：103-111．

[21] Abad A, Briec W. On the Axiomatic of Pollution-Generating Technologies: Non-Parametric Production Analysis [J]. European Journal of Operational Research, 2019, 277 (1): 377-390.

[22] Akther S, Fukuyama H, Weber W L. Estimating Two-Stage Network Slacks-Based Inefficiency: An Application to Bangladesh Banking [J]. Omega, 2013, 41 (1): 88-96.

[23] Ahman M, Burtraw D, Kruger J, et al. A Ten-Year Rule to Guide the Allocation of EU Emission Allowances [J]. Energy Policy, 2007, 35 (3): 1718-1730.

[24] Ali A I, Seiford L M. Translation Invariance in Data Envelopment Analysis [J]. Operations Research Letters, 1990, 9 (6): 403-405.

[25] Almeida H, Wolfenzon D. The Effect of External Finance on the Equilibrium Allocation of Capital [J]. Journal of Financial Economics, 2005, 75 (1): 133-164.

[26] Amirteimoori A, Kordrostami S. Allocating Fixed Costs and Target Setting: A DEA-Based Approach [J]. Applied Mathematics and Computation, 2005, 171 (1): 136-151.

[27] Amirteimoori A, Kordrostami S. Production Planning in Data Envelopment Analysis [J]. International Journal of Production Economics, 2012,

140 (1): 212-218.

[28] An Q, Yan H, Wu J, et al. Internal Resource Waste and Centralization Degree in Two-Stage Systems: An Efficiency Analysis [J]. Omega, 2016, 61: 89-99.

[29] Ang S, Chen C M. Pitfalls of Decomposition Weights in the Additive Multi-Stage DEA Model [J]. Omega, 2016, 58: 139-153.

[30] Ang S, Liu P, Yang F. Intra-Organizational and Inter-Organizational Resource Allocation in Two-Stage Network Systems [J]. Omega, 2020, 91: 102009.

[31] Angalakudati M, Balwani S, Calzada J, et al. Business Analytics for Flexible Resource Allocation Under Random Emergencies [J]. Management Science, 2014, 60 (6): 1552-1573.

[32] Aparicio J, Ortiz L, Pastor J T. Measuring and Decomposing Profit Inefficiency Through the Slacks-Based Measure [J]. European Journal of Operational Research, 2017, 260 (2): 650-654.

[33] Aparicio J, Ruiz J L, Sirvent I. Closest Targets and Minimum Distance to the Pareto-Efficient Frontier in DEA [J]. Journal of Productivity Analysis, 2007, 28 (3): 209-218.

[34] Arrow K J. The Role of Securities in the Optimal Allocation of Risk-Bearing [J]. Review of Economic Studies, 1964, 31 (2): 91-96.

[35] Asadpour A, Wang X, Zhang J. Online Resource Allocation with Limited Flexibility [J]. Management Science, 2020, 66 (2), 642-666.

[36] Asmild M, Paradi J C, Pastor J T. Centralized Resource Allocation BCC Models [J]. Omega, 2009, 37 (1): 40-49.

[37] Assaf A G, Matousek R, Tsionas E G. Turkish Bank Efficiency: Bayesian Estimation with Undesirable Outputs [J]. Journal of Banking & Finance, 2013, 37 (2): 506-517.

[38] Athanassopoulos A D. Decision Support for Target-Based Resource Allocation of Public Services in Multiunit and Multilevel Systems [J]. Management Science, 1998, 44 (2): 173-187.

[39] Ayres R U. Thermodynamics and Process Analysis for Future Economic Scenarios [J]. Environmental and Resource Economics, 1995, 6 (3): 207-230.

[40] Azadi M, Shabani A, Khodakarami M, et al. Planning in Feasible Region by Two-Stage Target-Setting DEA Methods: An Application in Green Supply Chain Management of Public Transportation Service Providers [J]. Transportation

Research Part E: Logistics and Transportation Review, 2014, 70: 324-338.

［41］ Bae Y M, Lee Y H. Integrated Framework of Risk Evaluation and Risk Allocation with Bounded Data ［J］. Expert Systems with Applications, 2012, 39 (9): 7853-7859.

［42］ Banker R D, Charnes A, Cooper W W. Some Models for Estimating Technical and Scale Inefficiencies in Data Envelopment Analysis ［J］. Management science, 1984, 30 (9): 1078-1092.

［43］ Barros C P, Managi S, Matousek R. The Technical Efficiency of the Japanese Banks: Non – Radial Directional Performance Measurement with Undesirable Output ［J］. Omega, 2012, 40 (1): 1-8.

［44］ Basso A, Peccati L A. Optimal Resource Allocation with Minimum Activation Levels and Fixed Costs ［J］. European Journal of Operational Research, 2001, 131 (3): 536-549.

［45］ Beasley J E. Allocating Fixed Costs and Resources Via Data Envelopment Analysis ［J］. European Journal of Operational Research, 2003, 147 (1): 198-216.

［46］ Bi G, Ding J, Luo Y, et al. Resource Allocation and Target Setting for Parallel Production System Based on DEA ［J］. Applied Mathematical Modelling, 2011, 35 (9): 4270-4280.

［47］ Bian Y, He P, Xu H. Estimation of Potential Energy Saving and Carbon Dioxide Emission Reduction in China Based on an Extended Non – Radial DEA Approach ［J］. Energy Policy, 2013, 63: 962-971.

［48］ Brandt L, Tombe T, Zhu X. Factor Market Distortions Across Time, Space and Sectors in China ［J］. Review of Economic Dynamics, 2013, 16 (1): 39-58.

［49］ Bostian M, Färe R, Grosskopf S, et al. Environmental Investment and Firm Performance: A Network Approach ［J］. Energy Economics, 2016, 57: 243-255.

［50］ Boukherroub T, LeBel L, Ruiz A. A Framework for Sustainable Forest Resource Allocation: A Canadian Case Study ［J］. Omega, 2017, 66: 224-235.

［51］ Boyd G A, Tolley G, Pang J. Plant Level Productivity, Efficiency, and Environmental Performance of the Container Glass Industry ［J］. Environmental and Resource Economics, 2002, 23 (1): 29-43.

［52］ Burtraw D, Palmer K L, Bharvirkar R, et al. The effect of Allowance Allocation on the Cost of Carbon Emission Trading ［R］. Resources for the Future,

Washington, 2001.

[53] Buzacott J A, Zhang R Q. Inventory Management with Asset-Based Financing [J]. Management Science, 2004, 50 (9): 1274-1292.

[54] Carlson C, Burtraw D, Cropper M, et al. Sulfur Dioxide Control by Electric Utilities: What Are the Gains from Trade? [J]. Journal of political Economy, 2000, 108 (6): 1292-1326.

[55] Camanho A S, Dyson R G. Cost Efficiency Measurement with Price Uncertainty: a DEA Application to Bank Branch Assessments [J]. European journal of operational research, 2005, 161 (2): 432-446.

[56] Cason T N, Gangadharan L. Transactions Costs in Tradable Permit Markets: An Experimental Study of Pollution Market Designs [J]. Journal of Regulatory Economics, 2003, 23 (2): 145-165.

[57] Chang S M, Wang J S, Yu M M, et al. An Application of Centralized Data Envelopment Analysis in Resource Allocation in Container Terminal Operations [J]. Maritime Policy & Management, 2015, 42 (8): 776-788.

[58] Charles V, Kumar M, Kavitha S I. Measuring the Efficiency of Assembled Printed Circuit Boards with Undesirable Outputs Using Data Envelopment Analysis [J]. International Journal of Production Economics, 2012, 136 (1): 194-206.

[59] Charnes A, Cooper W W, Golany B, et al. Two Phase Data Envelopment Analysis Approaches to Policy Evaluation and Management of Army Recruiting Activities: Tradeoffs Between Joint Services and Army Advertising [R]. Center for Cybernetic Studies. University of Texas-Austin Austin, Tex, USA, 1986.

[60] Charnes A, Cooper W W, Rhodes E. Measuring the Efficiency of Decision Making Units [J]. European Journal of Operational Research, 1978, 2 (6): 429-444.

[61] Chen Y, Cook W D, Li N, et al. Additive Efficiency Decomposition in Two-Stage DEA [J]. European Journal of Operational Research, 2009, 196 (3): 1170-1176.

[62] Chen Y, Cook W D, Kao C, et al. Network DEA Pitfalls: Divisional Efficiency and Frontier Projection Under General Network Structures [J]. European Journal of Operational Research, 2013, 226 (3): 507-515.

[63] Chen Y, Du J, Sherman H D, et al. DEA Model with Shared Resources and Efficiency Decomposition [J]. European Journal of Operational Research,

2010, 207 (1): 339-349.

[64] Chen K H, Kou M T. Staged Efficiency and Its Determinants of Regional Innovation Systems: a Two-Step Analytical Procedure [J]. The Annals of Regional Science, 2014, 52 (2): 627-657.

[65] Chen Y, Wang J, Zhu J, et al. How the Great Recession Affects Performance: a Case of Pennsylvania Hospitals Using DEA [J]. Annals of Operations Research, 2019, 278 (1-2): 77-99.

[66] Chen Y, Zhu J. Measuring Information Technology's Indirect Impact on Firm Performance [J]. Information Technology and Management, 2004, 5 (1-2): 9-22.

[67] Chen C M, Zhu J. Efficient Resource Allocation Via Efficiency Bootstraps: an Application to R&D Project Budgeting [J]. Operations Research, 2011, 59 (3): 729-741.

[68] Chen C, Zhu J, Yu J Y, et al. A New Methodology for Evaluating Sustainable Product Design Performance with Two-Stage Network Data Envelopment Analysis [J]. European Journal of Operational Research, 2012, 221 (2): 348-359.

[69] Cherchye L, Rock B D, Dierynck B, et al. Opening the "Black Box" of Efficiency Measurement: Input Allocation in Multioutput Settings [J]. Operations Research, 2013, 61 (5): 1148-1165.

[70] Chiu C R, Liou J L, Wu P I, et al. Decomposition of the Environmental Inefficiency of the Meta-Frontier with Undesirable Output [J]. Energy Economics, 2012, 34 (5): 1392-1399.

[71] Cho S H, Tang C S. Advance Selling in a Supply Chain Under Uncertain Supply and Demand [J]. Manufacturing & Service Operations Management, 2013, 15 (2): 305-319.

[72] Chu J, Wu J, Chu C, et al. DEA-Based Fixed Cost Allocation in Two-Stage Systems: Leader – Follower and Satisfaction Degree Bargaining Game Approaches [J]. Omega, 2020, 94: 102054.

[73] Chu J, Zhu J. Production Scale – Based Two – Stage Network Data Envelopment Analysis [J]. European Journal of Operational Research, 2021, 294 (1): 283-294.

[74] Chung Y H, Färe R, Grosskopf S. Productivity and Undesirable Outputs: a Directional Distance Function Approach [J]. Journal of Environmental Management, 1997, 51 (3): 229-240.

[75] Coelli T J, Rao D S P, O'Donnell C J, et al. An Introduction to Efficiency and Productivity Analysis [M]. New York: Springer Science & Business Media, 2005.

[76] Cook W D, Seiford LM. Data Envelopment Analysis (DEA) —Thirty Years on [J]. European Journal of Operational Research, 2009, 192: 1-17.

[77] Cook W D, Kress M. Characterizing an Equitable Allocation of Shared Costs: A DEA Approach [J]. European Journal of Operational Research, 1999, 119 (3): 652-661.

[78] Cook W D, Harrison J, Imanirad R, et al. Data Envelopment Analysis with Nonhomogeneous DMUs [J]. Operations Research, 2013, 61 (3): 666-676.

[79] Cook W D, Zhu J. Allocation of Shared Costs Among Decision Making Units: A DEA Approach [J]. Computers & Operations Research, 2005, 32 (8): 2171-2178.

[80] Cooper W W, Pastor J T, Aparicio J, et al. Decomposing Profit Inefficiency in DEA Through the Weighted Additive Model [J]. European Journal of Operational Research, 2011, 212 (2): 411-416.

[81] Cramton P, Kerr S. Tradeable Carbon Permit Auctions: How and Why to Auction Not Grandfather [J]. Energy policy, 2002, 30 (4): 333-345.

[82] Cui L B, Fan Y, Zhu L, et al. How Will the Emissions Trading Scheme Save Cost for Achieving China'S 2020 Carbon Intensity Reduction Target? [J]. Applied Energy, 2014, 136: 1043-1052.

[83] Dakpo K H, Jeanneaux P, Latruffe L. Modelling Pollution-Generating Technologies in Performance Benchmarking: Recent Developments, Limits and Future Prospects in the Nonparametric Framework [J]. European Journal of Operational Research, 2016, 250 (2): 347-359.

[84] Debreu G. Theory of Value: An Axiomatic Analysis of Economic Equilibrium [M]. New Haven and London, Yale University Press, 1959.

[85] Despotis D K, Koronakos G, Sotiros D. Composition Versus Decomposition in Two-Stage Network DEA: a Reverse Approach [J]. Journal of Productivity Analysis, 2016a, 45 (1): 71-87.

[86] Despotis D K, Koronakos G, Sotiros D. The "Weak-Link" Approach to Network DEA for Two-Stage Processes [J]. European Journal of Operational Research, 2016b, 254 (2): 481-492.

[87] Diamond D W. Financial Intermediation and Delegated Monitoring [J].

The Review of Economic Studies, 1984, 51 (3): 393-414.

[88] Myers S C. The Capital Structure Puzzle [J]. The Journal of Finance, 1984, 39 (3): 574-592.

[89] Du J, Chen Y, Huang Y. A Modified Malmquist - Luenberger Productivity Index: Assessing Environmental Productivity Performance in China [J]. European Journal of Operational Research, 2018, 269 (1): 171-187.

[90] Du J, Cook W D, Liang L, et al. Fixed Cost and Resource Allocation Based on DEA Cross-Efficiency [J]. European Journal of Operational Research, 2014, 235 (1): 206-214.

[91] Du J, Liang L, Chen Y, et al. DEA-Based Production Planning [J]. Omega, 2010, 38 (1-2): 105-112.

[92] Ebert U, Welsch H. Environmental Emissions and Production Economics: Implications of the Materials Balance [J]. American Journal of Agricultural Economics, 2007, 89 (2): 287-293.

[93] Fama E F, French K R. Testing Trade - off and Pecking Order Predictions About Dividends and Debt [J]. The Review of Financial Studies, 2002, 15 (1): 1-33.

[94] Fang L. A Generalized DEA Model for Centralized Resource Allocation [J]. European Journal of Operational Research, 2013, 228 (2): 405-412.

[95] Fang L. Optimal Budget for System Design Series Network DEA Model [J]. Journal of the Operational Research Society, 2014, 65 (12): 1781-1787.

[96] Fang L. Centralized Resource Allocation Based on Efficiency Analysis for Step-by-Step Improvement Paths [J]. Omega, 2015, 51: 24-28.

[97] Fang L. Centralized Resource Allocation DEA Models Based on Revenue Efficiency Under Limited Information [J]. Journal of the Operational Research Society, 2016, 67 (7): 945-952.

[98] Fang L. Stage Efficiency Evaluation in a Two - Stage Network Data Envelopment Analysis Model with Weight Priority [J]. Omega, 2020, 97: 102081.

[99] Fang L, Li H. Centralized Resource Allocation Based on the Cost - Revenue Analysis [J]. Computers & Industrial Engineering, 2015, 85: 395-401.

[100] Fang L, Yang J. A Financing Perspective on DEA-Based Resource Allocation and the Aggregate Profit Inefficiency Decomposition [J]. Journal of the Operational Research Society, 2021, 72 (2): 320-341.

[101] Fang L, Zhang C Q. Resource Allocation Based on the DEA Model

[J]. Journal of the Operational Research Society, 2008, 59 (8): 1136-1141.

[102] Färe R. Measuring Farrell Efficiency for a Firm with Intermediate Inputs [J]. Academia Economic Papers, 1991, 19 (2): 329-340.

[103] Färe R, Grosskopf S. Network DEA [J]. Socio Economic Planning Sciences, 2000, 34: 35-49.

[104] Färe R, Grosskopf S. Nonparametric Productivity Analysis with Undesirable Outputs: Comment [J]. American Journal of Agricultural Economics, 2003, 85 (4): 1070-1074.

[105] Färe R, Grosskopf S. A Comment on Weak Disposability in Nonparametric Production Analysis [J]. American Journal of Agricultural Economics, 2009, 91 (2): 535-538.

[106] Färe R, Grosskopf S, Lee H. A Nonparametric Approach to Expenditure-Constrained Profit Maximization [J]. American Journal of Agricultural Economics, 1990, 72 (3): 574-581.

[107] Färe R, Grosskopf S, Lovell C A K, et al. Multilateral Productivity Comparisons When Some Outputs Are Undesirable: A Nonparametric Approach [J]. The Review of Economics and Statistics, 1989, 71 (1): 90-98.

[108] Färe, R., Grosskopf, S., & Whittaker, G. (2007). Network DEA [M]. In Zhu, J., Cook, W. D., (Eds.), Modeling Data Irregularities and Structural Complexities in Data Envelopment Analysis. Chapter 12, Springer Science +Business Media, LLC.

[109] Farrell M J. The Measurement of Productive Efficiency [J]. Journal of the Royal Statistical Society: Series A (General), 1957, 120 (3): 253-281.

[110] Feng C, Chu F, Ding J, et al. Carbon Emissions Abatement (CEA) Allocation and Compensation Schemes Based on DEA [J]. Omega, 2015, 53: 78-89.

[111] Fischer C, Fox A K. Output-Based Allocation of Emissions Permits for Mitigating Tax and Trade Interactions [J]. Land Economics, 2007, 83 (4): 575-599.

[112] Forsund F R. Good Modelling of Bad Outputs: Pollution and Multiple-Output Production [J]. International Review of Environmental and Resource Economics, 2009, 3 (1): 1-38.

[113] Frank M Z, Goyal V K. Testing the Pecking Order Theory of Capital Structure [J]. Journal of Financial Economics, 2003, 67 (2): 217-248.

[114] Fu T T, Juo J C, Chiang H C, et al. Risk-Based Decompositions of

the Meta Profit Efficiency of Taiwanese and Chinese Banks [J]. Omega, 2016, 62: 34-46.

[115] Fujii H, Managi S, Matousek R. Indian Bank Efficiency and Productivity Changes with Undesirable Outputs: a Disaggregated Approach [J]. Journal of Banking & Finance, 2014, 38: 41-50.

[116] Fukuyama H, Weber W L. Japanese Banking Inefficiency and Shadow Pricing [J]. Mathematical and Computer Modelling, 2008, 48 (11-12): 1854-1867.

[117] Fukuyama H, Weber W L. A Slacks-Based Inefficiency Measure for a Two-Stage System with Bad Outputs [J]. Omega, 2010, 38 (5): 398-409.

[118] Fukuyama H, Weber W L. Measuring Japanese Bank Performance: a Dynamic Network DEA Approach [J]. Journal of Productivity Analysis, 2015, 44 (3): 249-264.

[119] Galagedera D U A. Modelling Social Responsibility in Mutual Fund Performance Appraisal: A Two-Stage Data Envelopment Analysis Model with Non-Discretionary First Stage Output [J]. European Journal of Operational Research, 2019, 273 (1): 376-389.

[120] Galagedera D U A, Roshdi I, Fukuyama H, et al. A New Network DEA Model for Mutual Fund Performance Appraisal: An Application to US Equity Mutual Funds [J]. Omega, 2018, 77: 168-179.

[121] Galagedera D U A, Watson J, Premachandra I M, et al. Modeling Leakage in Two-Stage DEA Models: An Application to US Mutual Fund Families [J]. Omega, 2016, 61: 62-77.

[122] Golany B, Phillips F Y, Rousseau J J. Models for Improved Effectiveness Based on DEA Efficiency Results [J]. IIE Transactions, 1993, 25 (6): 2-10.

[123] Golany B, Roll Y. Some Extensions of Techniques to Handle Non-Discretionary Factors in Data Envelopment Analysis [J]. Journal of Productivity Analysis, 1993, 4 (4): 419-432.

[124] Golany B, Tamir E. Evaluating Efficiency-Effectiveness-Equality Trade-Offs: a Data Envelopment Analysis Approach [J]. Management Science, 1995, 41 (7): 1172-1184.

[125] GóMez T, GéMar G, Molinos-Senante M, et al. Assessing the Efficiency of Wastewater Treatment Plants: A Double-Bootstrap Approach [J].

Journal of Cleaner Production, 2017, 164: 315-324.

[126] Gomes E G, Lins M P E. Modelling Undesirable Outputs with Zero Sum Gains Data Envelopment Analysis Models [J]. Journal of the Operational Research Society, 2008, 59 (5): 616-623.

[127] Goulder L H, Parry I W H, Williams Iii R C, et al. The Cost-Effectiveness of Alternative Instruments for Environmental Protection in a Second-Best Setting [J]. Journal of Public Economics, 1999, 72 (3): 329-360.

[128] Guan J, Chen K. Modeling the Relative Efficiency of National Innovation Systems [J]. Research Policy, 2012, 41 (1): 102-115.

[129] Guo C, Shureshjani R A, Foroughi A A, et al. Decomposition Weights and Overall Efficiency in Two-Stage Additive Network DEA [J]. European Journal of Operational Research, 2017, 257 (3): 896-906.

[130] Guo P, Tanaka H. Fuzzy DEA: a Perceptual Evaluation Method [J]. Fuzzy Sets and Systems, 2001, 119 (1): 149-160.

[131] Guo C, Zhu J. Non-Cooperative Two-Stage Network DEA Model: Linear Vs. Parametric Linear [J]. European Journal of Operational Research, 2017, 258 (1): 398-400.

[132] GutiéRrez E, Lozano S. Efficiency Assessment and Output Maximization Possibilities of European Small and Medium Sized Airports [J]. Research in Transportation Economics, 2016, 56: 3-14.

[133] Hadi-Vencheh A, Foroughi A A, Soleimani-Damaneh M. A DEA Model for Resource Allocation [J]. Economic Modelling, 2008, 25 (5): 983-993.

[134] Hailu A, Veeman T S. Non-Parametric Productivity Analysis with Undesirable Outputs: an Application to the Canadian Pulp and Paper Industry [J]. American Journal of Agricultural Economics, 2001, 83 (3): 605-616.

[135] Han Y, Long C, Geng Z, et al. Carbon Emission Analysis and Evaluation of Industrial Departments in China: An Improved Environmental DEA Cross Model Based on Information Entropy [J]. Journal of Environmental Management, 2018, 205: 298-307.

[136] Hatami-Marbini A, Emrouznejad A, Tavana M. A Taxonomy and Review of the Fuzzy Data Envelopment Analysis Literature: Two Decades in the Making [J]. European Journal of Operational Research, 2011, 214 (3): 457-472.

[137] Haynes K E, Ratick S, Bowen W M, et al. Environmental Decision

Models: US Experience and a New Approach to Pollution Management [J]. Environment International, 1993, 19 (3): 261-275.

[138] Hennessy C A, Whited T M. How Costly Is External Financing? Evidence from a Structural Estimation [J]. The Journal of Finance, 2007, 62 (4): 1705-1745.

[139] Hoang V N, Coelli T. Measurement of Agricultural Total Factor Productivity Growth Incorporating Environmental Factors: a Nutrients Balance Approach [J]. Journal of Environmental Economics and Management, 2011, 62 (3): 462-474.

[140] Hoang V N, Rao D S P. Measuring and Decomposing Sustainable Efficiency in Agricultural Production: A Cumulative Exergy Balance Approach [J]. Ecological Economics, 2010, 69 (9): 1765-1776.

[141] Holod, D., Lewis, H. F. Resolving the Deposit Dilemma: A New DEA Bank Efficiency Model. Journal of Banking & Finance, 2011, 35 (11), 2801-2810.

[142] Hsieh C T, Klenow P J. Misallocation and Manufacturing TFP in China and India [J]. The Quarterly Journal of Economics, 2009, 124 (4): 1403-1448.

[143] Ignatius J, Ghasemi M R, Zhang F, et al. Carbon Efficiency Evaluation: An Analytical Framework Using Fuzzy DEA [J]. European Journal of Operational Research, 2016, 253 (2): 428-440.

[144] Jahanshahloo G R, Lotfi F H, Shoja N, et al. An Alternative Approach for Equitable Allocation of Shared Costs by Using DEA [J]. Applied Mathematics and Computation, 2004, 153 (1): 267-274.

[145] Jaud M, Kukenova M, Strieborny M. Finance, Comparative Advantage, and Resource Allocation [J]. Review of Finance, 2018, 22 (3): 1011-1061.

[146] Jensen J, Rasmussen T N. Allocation of CO2 Emissions Permits: A General Equilibrium Analysis of Policy Instruments [J]. Journal of Environmental Economics and Management, 2000, 40 (2): 111-136.

[147] Jin M, Zhao S, Kumbhakar S C. Financial Constraints and Firm Productivity: Evidence from Chinese Manufacturing [J]. European Journal of Operational Research, 2019, 275 (3): 1139-1156.

[148] John S. Liu, Louis Y. Y. Lu, Wen-Min Lu, et al. A Survey of DEA Applications [J]. Omega, 2013, 41: 893-902.

[149] Kao C. Efficiency Measurement and Frontier Projection Identification

for General Two‒Stage Systems in Data Envelopment Analysis [J]. European Journal of Operational Research, 2017, 261 (2): 679-689.

[150] Kao C, Hwang S N. Efficiency Decomposition in Two‒Stage Data Envelopment Analysis: An Application to Non-Life Insurance Companies in Taiwan [J]. European Journal of Operational Research, 2008, 185 (1): 418-429.

[151] Kao C, Liu S T. Fuzzy Efficiency Measures in Data Envelopment Analysis [J]. Fuzzy Sets and Systems, 2000, 113 (3): 427-437.

[152] Kao C, Liu S T. Stochastic Data Envelopment Analysis in Measuring the Efficiency of Taiwan Commercial Banks [J]. European Journal of Operational Research, 2009, 196 (1): 312-322.

[153] Kao C, Liu S T. Efficiencies of Two-Stage Systems with Fuzzy Data [J]. Fuzzy Sets and Systems, 2011, 176 (1): 20-35.

[154] Karabati S, Kouvelis P, Yu G. A Min-Max-Sum Resource Allocation Problem and Its Applications [J]. Operations Research, 2001, 49 (6): 913-922.

[155] Karsu Ö, Morton A. Incorporating Balance Concerns in Resource Allocation Decisions: a Bi‒Criteria Modelling Approach [J]. Omega, 2014, 44: 70-82.

[156] Kerstens K, Sadeghi J, Van De Woestyne I. Plant Capacity and Attainability: Exploration and Remedies [J]. Operations Research, 2019, 67 (4): 1135-1149.

[157] Khodabakhshi M, Gholami Y, Kheirollahi H. An Additive Model Approach for Estimating Returns to Scale in Imprecise Data Envelopment Analysis [J]. Applied Mathematical Modelling, 2010, 34 (5): 1247-1257.

[158] Khoshroo A, Izadikhah M, Emrouznejad A. Total Factor Energy Productivity Considering Undesirable Pollutant Outputs: A New Double Frontier Based Malmquist Productivity Index [J]. Energy, 2022, 258: 124819.

[159] Koopmans T C. Efficient Allocation of Resources [J]. Econometrica, 1951, 19 (4): 455-465.

[160] Korhonen P, SyrjäNen M. Resource Allocation Based on Efficiency Analysis [J]. Management Science, 2004, 50 (8): 1134-1144.

[161] Kouvelis P, Zhao W. Financing the Newsvendor: Supplier Vs. Bank, and the Structure of Optimal Trade Credit Contracts [J]. Operations Research, 2012, 60 (3): 566-580.

[162] Kraus A, Litzenberger R H. A State‒Preference Model of Optimal

Financial Leverage [J]. The Journal of Finance, 1973, 28 (4): 911-922.

[163] Kuosmanen T. Weak Disposability in Nonparametric Production Analysis with Undesirable Outputs [J]. American Journal of Agricultural Economics, 2005, 87 (4): 1077-1082.

[164] Kuosmanen T, Podinovski V. Weak Disposability in Nonparametric Production Analysis: Reply to FäRe and Grosskopf [J]. American Journal of Agricultural Economics, 2009, 91 (2): 539-545.

[165] Kuosmanen T, Zhou X, Dai S. How Much Climate Policy Has Cost for OECD Countries? [J]. World Development, 2020, 125: 104681.

[166] Lauwers L H, Van Huylenbroeck G. Materials Balance Based Modelling of Environmental Efficiency [R]. Proceedings of the Twenty-Fifth International Conference of Agricultural Economist, South Africa, 2003.

[167] Lee C Y. Demand Effects in Productivity and Efficiency Analysis [D]. Texas A&M University, 2012.

[168] Lee C Y. Distinguishing Operational Performance in Power Production: a New Measure of Effectiveness by DEA [J]. IEEE Transactions on Power Systems, 2014, 30 (6): 3160-3167.

[169] Lee C Y. Most Productive Scale Size Versus Demand Fulfillment: A Solution to the Capacity Dilemma [J]. European Journal of Operational Research, 2016, 248 (3): 954-962.

[170] Lee D H. Evaluation of the Development of Biobutanol with Reference to Continental Level: The Rebound Effect and Effectiveness of the Paris Agreement [J]. International Journal of Hydrogen Energy, 2016, 41 (46): 21600-21616.

[171] Lee J, Kim C, Choi G. Exploring Data Envelopment Analysis for Measuring Collaborated Innovation Efficiency of Small and Medium - Sized Enterprises in Korea [J]. European Journal of Operational Research, 2019, 278 (2): 533-545.

[172] Lee C Y, Johnson A L. Proactive Data Envelopment Analysis: Effective Production and Capacity Expansion in Stochastic Environments [J]. European Journal of Operational Research, 2014, 232 (3): 537-548.

[173] Lee C Y, Johnson A L. Effective Production: Measuring of the Sales Effect Using Data Envelopment Analysis [J]. Annals of Operations Research, 2015, 235 (1): 453-486.

[174] Leleu H. Shadow Pricing of Undesirable Outputs in Nonparametric

Analysis [J]. European Journal of Operational Research, 2013, 231 (2): 474-480.

[175] Lertworasirikul S, Fang S C, Joines J A, et al. Fuzzy Data Envelopment Analysis (DEA): a Possibility Approach [J]. Fuzzy Sets and Systems, 2003a, 139 (2): 379-394.

[176] Lertworasirikul S, Fang S C, Joines J A, et al. Fuzzy Data Envelopment Analysis: A Credibility Approach [M].//Verdegay J L. Fuzzy Sets Based Heuristics for Optimization, Springer, Berlin, Heidelberg, 2003b, 141-158.

[177] Lewis H F, Sexton T R. Network DEA: Efficiency Analysis of Organizations with Complex Internal Structure [J]. Computers & Operations Research, 2004, 31 (9): 1365-1410.

[178] Li Y, Chen Y, Liang L, et al. DEA Models for Extended Two-Stage Network Structures [J]. Omega, 2012, 40 (5): 611-618.

[179] Li F, Emrouznejad A, Yang G, et al. Carbon Emission Abatement Quota Allocation in Chinese Manufacturing Industries: An Integrated Cooperative Game Data Envelopment Analysis Approach [J]. Journal of the Operational Research Society, 2020, 71 (8): 1259-1288.

[180] Li Y, Lei X, Dai Q, et al. Performance Evaluation of Participating Nations at the 2012 London Summer Olympics by a Two-Stage Data Envelopment Analysis [J]. European Journal of Operational Research, 2015, 243 (3): 964-973.

[181] Li Y, Yang M, Chen Y, et al. Allocating a Fixed Cost Based on Data Envelopment Analysis and Satisfaction Degree [J]. Omega, 2013, 41 (1): 55-60.

[182] Li Y, Yang F, Liang L, et al. Allocating the Fixed Cost as a Complement of Other Cost Inputs: A DEA Approach [J]. European Journal of Operational Research, 2009, 197 (1): 389-401.

[183] Li H, Yang W, Zhou Z, et al. Resource Allocation Models' Construction for the Reduction of Undesirable Outputs Based on DEA Methods [J]. Mathematical and Computer Modelling, 2013, 58 (5-6): 913-926.

[184] Li A, Zhang A, Huang H, et al. Measuring Unified Efficiency of Fossil Fuel Power Plants Across Provinces in China: An Analysis Based on Non-Radial Directional Distance Functions [J]. Energy, 2018, 152: 549-561.

[185] Li F, Zhu Q, Chen Z. Allocating a Fixed Cost Across the Decision Making Units with Two-Stage Network Structures [J]. Omega, 2019, 83: 139-154.

[186] Li F, Zhu Q, Liang L. A New Data Envelopment Analysis Based

Approach for Fixed Cost Allocation [J]. Annals of Operations Research, 2019, 274 (1-2): 347-372.

[187] Liang L, Cook W D, Zhu J. DEA Models for Two-Stage Processes: Game Approach and Efficiency Decomposition [J]. Naval Research Logistics (NRL), 2008, 55 (7): 643-653.

[188] Liang L, Li Z Q, Cook W D, et al. Data Envelopment Analysis Efficiency in Two-Stage Networks with Feedback [J]. IIE Transactions, 2011, 43 (5): 309-322.

[189] Lin R. Allocating Fixed Costs and Common Revenue Via Data Envelopment Analysis [J]. Applied Mathematics and Computation, 2011, 218 (7): 3680-3688.

[190] Lin R. Allocating Fixed Costs or Resources and Setting Targets Via Data Envelopment Analysis [J]. Applied Mathematics and Computation, 2011b, 217 (13): 6349-6358.

[191] Lin R, Chen Z. Fixed Input Allocation Methods Based on Super CCR Efficiency Invariance and Practical Feasibility [J]. Applied Mathematical Modelling, 2016, 40 (9-10): 5377-5392.

[192] Liu S T. A Fuzzy DEA/AR Approach to the Selection of Flexible Manufacturing Systems [J]. Computers & Industrial Engineering, 2008, 54 (1): 66-76.

[193] Liu Y, Wang K. Energy Efficiency of China's Industry Sector: An Adjusted Network DEA (Data Envelopment Analysis) - Based Decomposition Analysis [J]. Energy, 2015, 93: 1328-1337.

[194] Liu W, Zhou Z, Ma C, et al. Two - Stage DEA Models with Undesirable Input-Intermediate-Outputs [J]. Omega, 2015, 56: 74-87.

[195] Lozano S. Nonradial Approach to Allocating Fixed-Costs and Common Revenue Using Centralized Dea [J]. International Journal of Information Technology & Decision Making, 2014, 13 (01): 29-46.

[196] Lozano S, Villa G. Centralized Resource Allocation Using Data Envelopment Analysis [J]. Journal of Productivity Analysis, 2004, 22 (1): 143-161.

[197] Lozano S, Villa G. Centralized DEA Models with the Possibility of Downsizing [J]. Journal of the Operational Research Society, 2005, 56 (4): 357-364.

[198] Lozano S, Villa G, BräNnlund R. Centralised Reallocation of Emission

Permits Using DEA [J]. European Journal of Operational Research, 2009, 193 (3): 752-760.

[199] Lozano S, Villa G, Canca D. Application of Centralised DEA Approach to Capital Budgeting in Spanish Ports [J]. Computers & Industrial Engineering, 2011, 60 (3): 455-465.

[200] Ma C Q, Ren Y S, Zhang Y J, et al. The Allocation of Carbon Emission Quotas to Five Major Power Generation Corporations in China [J]. Journal of Cleaner Production, 2018, 189: 1-12.

[201] Mandell M B. Modelling Effectiveness-Equity Trade-Offs in Public Service Delivery Systems [J]. Management Science, 1991, 37 (4): 467-482.

[202] Modigliani F, Miller M H. The Cost of Capital, Corporation Finance and the Theory of Investment [J]. The American Economic Review, 1958, 48 (3): 261-297.

[203] Modigliani F, Miller M H. Corporate Income Taxes and the Cost of Capital: a Correction [J]. The American Economic Review, 2009, 99 (5): 1714-1739.

[204] Muller N Z, Mendelsohn R. Efficient Pollution Regulation: Getting the Prices Right [J]. American Economic Review, 2009, 99 (5): 1714-1739.

[205] Murty S, Russell R R, Levkoff S B. On Modeling Pollution-Generating Technologies [J]. Journal of Environmental Economics and Management, 2012, 64 (1): 117-135.

[206] Myers S C. The Capital Structure Puzzle [J]. The Journal of Finance, 1984, 39 (3): 574-592.

[207] Myers, S C, Majluf, N S. Corporate Financing and Investment Decisions When Firms Have Information That Investors Do Not Have [J]. Journal of Financial Economics, 1984, 13 (2): 187-221.

[208] Nabavieh A, Gholamiangonabadi D, Ahangaran A A. Dynamic Changes in CO_2 Emission Performance of Different Types of Iranian Fossil-Fuel Power Plants [J]. Energy Economics, 2015, 52: 142-150.

[209] Pang J S, Chang-Sung Y. A Min-Max Resource Allocation Problem with Substitutions [J]. European Journal of Operational Research, 1989, 41 (2): 218-223.

[210] Paradi J C, Rouatt S, Zhu H. Two-Stage Evaluation of Bank Branch Efficiency Using Data Envelopment Analysis [J]. Omega, 2011, 39 (1): 99-109.

[211] Park K H, Weber W L. A Note on Efficiency and Productivity Growth in the Korean Banking Industry, 1992 - 2002 [J]. Journal of Banking & Finance, 2006, 30 (8): 2371-2386.

[212] Peyrache A. Cost Constrained Industry Inefficiency [J]. European Journal of Operational Research, 2015, 247 (3): 996-1002.

[213] Pham M D, Zelenyuk V. Weak Disposability in Nonparametric Production Analysis: A New Taxonomy of Reference Technology Sets [J]. European Journal of Operational Research, 2019, 274 (1): 186-198.

[214] Pittman R W. Multilateral Productivity Comparisons with Undesirable Outputs [J]. The Economic Journal, 1983, 93 (372): 883-891.

[215] Podinovski V V, Chambers R G, Atici K B, et al. Marginal Values and Returns to Scale for Nonparametric Production Frontiers [J]. Operations Research, 2016, 64 (1): 236-250.

[216] Podinovski V V, Kuosmanen T. Modelling Weak Disposability in Data Envelopment Analysis Under Relaxed Convexity Assumptions [J]. European Journal of Operational Research, 2011, 211 (3): 577-585.

[217] Ray S. Cost Efficiency in an Indian Bank Branch Network: A Centralized Resource Allocation Model [J]. Omega, 2016, 65: 69-81.

[218] Rothenberg T J, Smith K R. The Effect of Uncertainty on Resource Allocation in a General Equilibrium Model [J]. The Quarterly Journal of Economics, 1971, 85 (3): 440-459.

[219] Saati S, Memariani A. Reducing Weight Flexibility in Fuzzy DEA [J]. Applied Mathematics and Computation, 2005, 161 (2): 611-622.

[220] Saati S M, Memariani A, Jahanshahloo G R. Efficiency Analysis and Ranking of DMUs with Fuzzy Data [J]. Fuzzy Optimization and Decision Making, 2002, 1 (3): 255-267.

[221] Sánchez-GonzáLez C, Sarto J L, Vicente L. The Efficiency of Mutual Fund Companies: Evidence from an Innovative Network SBM Approach [J]. Omega, 2017, 71: 114-128.

[222] Sarah J, Khalili-Damghani K. Fuzzy Type-II De-Novo Programming for Resource Allocation and Target Setting in Network Data Envelopment Analysis: a Natural Gas Supply Chain [J]. Expert Systems with Applications, 2019, 117: 312-329.

[223] Saranga H, Moser R. Performance Evaluation of Purchasing and Supply

Management Using Value Chain DEA Approach [J]. European Journal of Operational Research, 2010, 207 (1): 197-205.

[224] Seiford L M, Zhu J. Profitability and Marketability of the Top 55 US Commercial Banks [J]. Management Science, 1999, 45 (9): 1270-1288.

[225] Seiford L M, Zhu J. Modeling Undesirable Factors in Efficiency Evaluation [J]. European Journal of Operational Research, 2002, 142 (1): 16-20.

[226] Sengupta J K. A Fuzzy Systems Approach in Data Envelopment Analysis [J]. Computers & Mathematics with Applications, 1992, 24 (8-9): 259-266.

[227] Serrasqueiro Z, Caetano A. Trade-Off Theory Versus Pecking Order Theory: Capital Structure Decisions in a Peripheral Region of Portugal [J]. Journal of Business Economics and Management, 2015, 16 (2): 445-466.

[228] Shi Y. Optimal System Design with Multiple Decision Makers and Possible Debt: a Multicriteria De Novo Programming Approach [J]. Operations Research, 1999, 47 (5): 723-729.

[229] Sueyoshi T, Goto M. Data Envelopment Analysis for Environmental Assessment: Comparison Between Public and Private Ownership in Petroleum Industry [J]. European Journal of Operational Research, 2012a, 216 (3): 668-678.

[230] Sueyoshi T, Goto M. DEA Radial and Non-Radial Models for Unified Efficiency Under Natural and Managerial Disposability: Theoretical Extension by Strong Complementary Slackness Conditions [J]. Energy Economics, 2012b, 34 (3): 700-713.

[231] Sun J, Wu J, Liang L, et al. Allocation of Emission Permits Using DEA: Centralised and Individual Points of View [J]. International Journal of Production Research, 2014, 52 (2): 419-435.

[232] Tavana M, Khalili-Damghani K, Arteaga F J S, et al. Efficiency Decomposition and Measurement in Two-Stage Fuzzy DEA Models Using a Bargaining Game Approach [J]. Computers & Industrial Engineering, 2018, 118: 394-408.

[233] Tirole J. The Theory of Industrial Organization [M]. Cambridge: MIT Press, 1988.

[234] Tone K. Variations on the Theme of Slacks-Based Measure of Efficiency in DEA [J]. European Journal of Operational Research, 2010, 200 (3): 901-907.

[235] Tone K, Tsutsui M. Network DEA: A Slacks-Based Measure Approach [J]. European Journal of Operational Research, 2009, 197 (1): 243-252.

[236] Tong G, Green C J. Pecking Order or Trade-off Hypothesis? Evidence on the Capital Structure of Chinese Companies [J]. Applied Economics, 2005, 37 (19): 2179-2189.

[237] Wang Q, Chiu Y H, Chiu C R. Non-Radial Metafrontier Approach to Identify Carbon Emission Performance and Intensity [J]. Renewable and Sustainable Energy Reviews, 2017, 69: 664-672.

[238] Wang C H, Gopal R D, Zionts S. Use of Data Envelopment Analysis in Assessing Information Technology Impact on Firm Performance [J]. Annals of Operations Research, 1997, 73: 191-213.

[239] Wang Z, He W. CO_2 Emissions Efficiency and Marginal Abatement Costs of the Regional Transportation Sectors in China [J]. Transportation Research Part D: Transport and Environment, 2017, 50: 83-97.

[240] Wang K, Huang W, Wu J, et al. Efficiency Measures of the Chinese Commercial Banking System Using an Additive Two-Stage DEA [J]. Omega, 2014, 44: 5-20.

[241] Wang Q, Su B, Zhou P, et al. Measuring Total-Factor CO_2 Emission Performance and Technology Gaps Using a Non – Radial Directional Distance Function: A Modified Approach [J]. Energy Economics, 2016, 56: 475-482.

[242] Wang K, Wei Y M. China'S Regional Industrial Energy Efficiency and Carbon Emissions Abatement Costs [J]. Applied Energy, 2014, 130: 617-631.

[243] Wang K, Wei Y M, Huang Z. Potential Gains from Carbon Emissions Trading in China: a DEA Based Estimation on Abatement Cost Savings [J]. Omega, 2016, 63: 48-59.

[244] Wang K, Wei Y M, Huang Z. Environmental Efficiency and Abatement Efficiency Measurements of China's Thermal Power Industry: A Data Envelopment Analysis Based Materials Balance Approach [J]. European Journal of Operational Research, 2018, 269 (1): 35-50.

[245] Wanke P F. Physical Infrastructure and Shipment Consolidation Efficiency Drivers in Brazilian Ports: A Two-Stage Network-DEA Approach [J]. Transport Policy, 2013, 29: 145-153.

[246] Wei Q, Chang T S. Optimal Profit-Maximizing System Design Data Envelopment Analysis Models [J]. Computers & Industrial Engineering, 2011a, 61

(4): 1275-1284.

[247] Wei Q L, Chang T S. Optimal System Design Series-Network DEA Models [J]. Journal of the Operational Research Society, 2011b, 62 (6): 1109-1119.

[248] Wu J, Chu J, An Q, et al. Resource Reallocation and Target Setting for Improving Environmental Performance of DMUs: An Application to Regional Highway Transportation Systems in China [J]. Transportation Research Part D: Transport and Environment, 2018, 61: 204-216.

[249] Wu J, Chu J F, Liang L. Target Setting and Allocation of Carbon Emissions Abatement Based on DEA and Closest Target: an Application to 20 APEC Economies [J]. Natural Hazards, 2016, 84 (1): 279-296.

[250] Wu G, Gonzalez R. Nonlinear Decision Weights in Choice Under Uncertainty [J]. Management Science, 1999, 45 (1): 74-85.

[251] Wu J, Jiang H, Chu J, et al. Coordinated Production Target Setting for Production-Pollutant Control Systems: A DEA Two-Stage Bargaining Game Approach [J]. Journal of the Operational Research Society, 2020, 71 (8): 1216-1232.

[252] Wu J, Yin P, Sun J, et al. Evaluating the Environmental Efficiency of a Two-Stage System with Undesired Outputs by a DEA Approach: An Interest Preference Perspective [J]. European Journal of Operational Research, 2016, 254 (3): 1047-1062.

[253] Wu H, Zhang D, Chen B, et al. Allocation of Emission Permits Based on DEA and Production Stability [J]. INFOR: Information Systems and Operational Research, 2018, 56 (1): 82-91.

[254] Wu J, Zhu Q, Chu J, et al. A DEA-Based Approach for Allocation of Emission Reduction Tasks [J]. International Journal of Production Research, 2016, 54 (18): 5618-5633.

[255] Wu J, Zhu Q, Cook W D, et al. Best Cooperative Partner Selection and Input Resource Reallocation Using DEA [J]. Journal of the Operational Research Society, 2016, 67 (9): 1221-1237.

[256] Wu J, Zhu Q, Ji X, et al. Two-Stage Network Processes with Shared Resources and Resources Recovered from Undesirable Outputs [J]. European Journal of Operational Research, 2016, 251 (1): 182-197.

[257] Wu J, Zhu Q, Liang L. CO_2 Emissions and Energy Intensity Reduction Allocation over Provincial Industrial Sectors in China [J]. Applied Energy, 2016, 166: 282-291.

[258] Xiao S, Sethi S P, Liu M, et al. Coordinating Contracts for a Financially Constrained Supply Chain [J]. Omega, 2017, 72: 71-86.

[259] Xie Q, Hu P, Jiang A, et al. Carbon Emissions Allocation Based on Satisfaction Perspective and Data Envelopment Analysis [J]. Energy Policy, 2019, 132: 254-264.

[260] Yang G, Fukuyama H. Measuring the Chinese Regional Production Potential Using a Generalized Capacity Utilization Indicator [J]. Omega, 2018, 76: 112-127.

[261] Yang L, Wang Y, Ma J, et al. Technology Investment Under Flexible Capacity Strategy with Demand Uncertainty [J]. International Journal of Production Economics, 2014, 154: 190-197.

[262] Yu M M, Chen L H. Centralized Resource Allocation with Emission Resistance in a Two-Stage Production System: Evidence from a Taiwan'S Container Shipping Company [J]. Transportation Research Part A: Policy and Practice, 2016, 94: 650-671.

[263] Yu M M, Chen L H, Hsiao B. A Fixed Cost Allocation Based on the Two - Stage Network Data Envelopment Approach [J]. Journal of Business Research, 2016, 69 (5): 1817-1822.

[264] Yu A, You J, Rudkin S, et al. Industrial Carbon Abatement Allocations and Regional Collaboration: Re-Evaluating China Through a Modified Data Envelopment Analysis [J]. Applied Energy, 2019, 233: 232-243.

[265] Zadeh L A. Fuzzy Sets as a Basis for a Theory of Possibility [J]. Fuzzy Sets and Systems, 1999, 100 (1): 9-34.

[266] Zhang N, Kong F, Choi Y, et al. The Effect of Size-Control Policy on Unified Energy and Carbon Efficiency for Chinese Fossil Fuel Power Plants [J]. Energy Policy, 2014, 70: 193-200.

[267] Zhou W, Lin T, Cai G. Guarantor Financing in a Four-Party Supply Chain Game with Leadership Influence [J]. Production and Operations Management, 2020, 29 (9): 2035-2056.

[268] Zhu W, Zhang Q, Wang H. Fixed Costs and Shared Resources Allocation in Two-Stage Network DEA [J]. Annals of Operations Research, 2019, 278 (1-2): 177-194.